宣传工作
常用规范表述
300例

吕飞 / 编著

人民日报出版社
·北京·

图书在版编目（CIP）数据

宣传工作常用规范表述300例 / 吕飞编著. — 北京：人民日报出版社，2021.8
ISBN 978-7-5115-6931-8

Ⅰ.①宣… Ⅱ.①吕… Ⅲ.①中国共产党—宣传工作—案例—汇编 Ⅳ.①D261.5

中国版本图书馆CIP数据核字（2021）第035335号

书　　名：	宣传工作常用规范表述300例
	XUANCHUAN GONGZUO CHANGYONG GUIFAN BIAOSHU 300 LI
作　　者：	吕　飞
出 版 人：	刘华新
责任编辑：	蒋菊平　刘　悦
封面设计：	三鼎甲
出版发行：	人民日报出版社
社　　址：	北京金台西路2号
邮政编码：	100733
发行热线：	（010）65369527　65369846　65369509　65369510
邮购热线：	（010）65369530　65363527
编辑热线：	（010）65369528　65363105
网　　址：	www.peopledailypress.com
经　　销：	新华书店
印　　刷：	大厂回族自治县彩虹印刷有限公司
法律顾问：	北京科宇律师事务所010-83622312
开　　本：	880mm×1230mm　1/32
字　　数：	237千字
印　　张：	11.25
版次印次：	2021年8月第1版　2025年7月第10次印刷
书　　号：	ISBN 978-7-5115-6931-8
定　　价：	38.00元

序

宣传工作是我党的重要工作。从石库门到天安门，从兴业路到复兴路，百年征程波澜壮阔，百年初心历久弥坚。在百年革命、建设、改革历程中，党的宣传思想工作发挥了极为重要的作用。当今世界正经历百年未有之大变局，我国正处于实现民族复兴关键时期，宣传工作肩负着更加重大的使命任务。习近平总书记在全国宣传思想工作会议上强调指出，坚持正确政治方向，在基础性、战略性工作上下功夫，在关键处、要害处下功夫，在工作质量和水平上下功夫，推动宣传思想工作不断强起来。我们要在宣传工作的关键处、要害处下功夫，与以习近平同志为核心的党中央保持高度一致，深刻领悟"两个确立"的决定性意义，增强"四个意识"、坚定"四个自信"、做到"两个维护"。

宣传工作规范表述是宣传工作非常重要的一部分，每一个特定阶段每一个特定表述都有其特定的政治含义。比如，习近平总书记在2012年党的十八大召开后的中外记者见面会上响亮提出"打铁还需自身硬"，这铿锵有力的七个字，在此后的5年里，化作一场自我革命的硬仗，并以傲人战绩写下了光辉篇章。2017年习近平总书记在党的十九大报告第十三部分开头鲜明提出"打铁必须自身硬"，这是对新时代全面从严治党目标和要求作出的总括式界定。5年过去了，七个字依然振聋发聩，其中，"还需"变成"必须"。两个字的修改，彰显我们党全面从严治党、赢得党心民心的自信和坚定。从"还需"到"必须"，语气更重、力度更强、要求更明，昭示了我们党全面加强党的领导、全面从严管党治党的坚定决心。

1921年9月，中国共产党创办了党的第一家出版机构——人民出版社。百年来，人民出版社始终肩负崇高的历史使命，为党和国家的出版事业作出了卓越贡献。精编精校，可谓是百年人民社的立社之本，也是百年人民社的光荣传统。人民出版社出版的《毛泽东选集》真正做到了"不错一字一点"。这是人民社全体编校人员共同努力下创造的出版史上的奇迹。"悬之国门，不易一字"。

吕飞同志入职人民出版社以来，在老一辈编校专家、大家的亲手带领、亲自教导下，成长很快，是近年来涌现出的年轻编校人员的优秀代表。本书是吕飞同志平时积累的一些宣传工作常用规范表述，对于宣传工作具有一定的启发意义和参考价值。希望他在今后的工作中不断学习，不断进步，取得更大的成绩。

是为序。

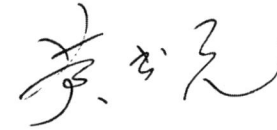

（第十二届全国政协委员，人民出版社原党委书记、社长）

2021年5月20日

目 录
CONTENTS

序 / 1
前 言 / 001

第一章 关于时事政治的相关用法(105例) / 003
  第一节 重要时政概念 / 005
  第二节 相关重要表述 / 057
第二章 关于党代会和两会的相关用法(95例) / 115
  第一节 党代会相关表述 / 117
  第二节 两会相关表述 / 181

第三章　关于经济的相关用法（50例）　　　/　225

第四章　关于社会文化的相关用法（50例）　　　/　275

参考文献　　　/　320

索　引　　　/　323

附表一　世界各国及其首都中英文名称对照表　　　/　329

后　记　　　/　349

前　言

舆论宣传是国之大事，事关党和国家前途命运，事关人民福祉，事关社会稳定。规范表述是我们宣传工作必须遵循的基本原则和要求。我们应坚定正确的政治方向和舆论导向，做一名政治坚定、业务精湛，让党和人民放心的宣传工作者。

语言文字是宣传工作的基础，规范表述要做到严肃性、准确性和灵活性。

严肃性是指宣传表述要与以习近平同志为核心的党中央保持高度一致，与中央文件用法保持高度一致。如中央提出"尊法学法守法用法"，其中的"尊法"就不能使用"遵法"。

准确性指表述要准确无误。比如，"四个伟大"的前后关系就不是随意排列的，而是有严密的内在逻辑关系，排在第一位的是伟大斗争，它是统揽"四个伟大"的前提；排在第二位的是伟大工程，它是统揽"四个伟大"的保障；排在第三位的是伟大事业，它是统揽"四个伟大"的方向；排在第四位的是伟大梦想，它是"四个伟大"的目标。

灵活性指宣传表述要与时俱进，根据情况的变化随时调整。例如，"全面与进步跨太平洋伙伴关系协定"是2017年

1月美国退出跨太平洋伙伴关系协定（TPP）后该协定的新名称。2017年11月11日，由启动TPP谈判的11个亚太国家共同发布了一份联合声明，宣布"已经就新的协议达成了基础性的重要共识"，并决定协定改名为"全面与进步跨太平洋伙伴关系协定"。2018年3月8日，参与"全面与进步跨太平洋伙伴关系协定"谈判的11国代表在智利首都圣地亚哥举行协定签字仪式。12月30日，全面与进步跨太平洋伙伴关系协定正式生效。而跨太平洋伙伴关系协定的前身是跨太平洋战略经济伙伴关系协定。

本书列举了在宣传表述中可能出现的300例常见错误用法，采用错误用法与正确用法两相对比的形式，附有论述、辨析，并引用党的十八大、十九大报告和十九届历次全会相关表述，特别是党的二十大报告和二十大党章修正案相关表述，同时以政府工作报告等作为对照，使读者知其然更知其所以然。辨析部分字词及相关知识点以《现代汉语词典》（商务印书馆2016年版）和《辞海》（上海辞书出版社2020年版）为依据，不具体一一列出。书中加入了"知识链接"的内容，更细致、更具体地介绍了相关知识点；还制作了一些表格，使对应的内容更醒目、更完善。

我们要认真学习习近平新时代中国特色社会主义思想，准确理解、正确使用相关重要概念、重要表述，在知行合一、学以致用上下功夫，大力弘扬理论联系实际的优良学风，更加自觉指导本职工作。

第一章

关于时事政治的相关用法

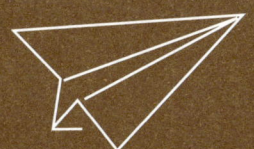

（105例）

导　言

　　2023年10月召开的全国宣传思想文化工作会议指出，党的十八大以来，宣传思想文化工作之所以取得历史性成就，最根本就在于有习近平总书记领航掌舵，有习近平新时代中国特色社会主义思想科学指引。习近平总书记在新时代文化建设方面的新思想新观点新论断，内涵十分丰富、论述极为深刻，是新时代党领导文化建设实践经验的理论总结，丰富和发展了马克思主义文化理论，构成了习近平新时代中国特色社会主义思想的文化篇，形成了习近平文化思想。

　　习近平文化思想既有文化理论观点上的创新和突破，又有文化工作布局上的部署要求，明体达用、体用贯通，明确了新时代文化建设的路线图和任务书，标志着我们党对中国特色社会主义文化建设规律的认识达到了新高度，表明我们党的历史自信、文化自信达到了新高度，并在我国社会主义文化建设中展现出了强大伟力，为做好新时代新征程宣传思想文化工作、担负起新的文化使命提供了强大思想武器和科学行动指南。要深刻领悟"两个确立"的决定性意义，增强"四个意识"、坚定"四个自信"、做到"两个维护"，持续加强对习近平文化思想的学习、研究、阐释，并自觉贯彻落实到宣传思想文化工作各方面和全过程。

　　我们在宣传思想文化工作中，要以习近平新时代中国特色社会主义思想为指导，以高度的政治责任感和历史使命感，深刻领悟"两个确立"的决定性意义，增强"四个意识"、坚定"四个自信"、做到"两个维护"，在时事政治方面多思多想、学深悟透，深刻理解其核心要义、精神实质、丰富内涵；在系统全面、融会贯通上下功夫，不断提高自己的理论水平。

第一节　重要时政概念

【1-1】历史用法：增强"四个意识"、坚定"四个自信",在思想上政治上行动上同以习近平同志为核心的党中央保持高度一致

正确用法：增强"四个意识"、坚定"四个自信"、做到"两个维护",在思想上政治上行动上同以习近平同志为核心的党中央保持高度一致

辨析:

"两个维护"是指坚决维护习近平总书记党中央的核心、全党的核心地位,坚决维护党中央权威和集中统一领导。

船重千钧,掌舵一人。一个国家、一个政党,领导核心至关重要。确立和维护习近平总书记党中央的核心、全党的核心地位,是全党全国各族人民的共同愿望,是推进全面从严治党、提高党的创造力凝聚力战斗力的迫切要求,是保持党和国家事业发展方向的根本保证。

习近平总书记党中央的核心、全党的核心地位,是在新的伟大斗争中形成的。党的十八届六中全会正式确立习近平总书记党中央的核心、全党的核心地位,党的十九大把习近

平总书记党中央的核心、全党的核心地位写入党章，这是历史和人民的共同选择、郑重选择、必然选择，是党和国家之幸、人民之幸、中华民族之幸。服从核心、维护核心就是服从大局、维护大局，就是最大的政治。

2021年11月，党的十九届六中全会审议通过的《中共中央关于党的百年奋斗重大成就和历史经验的决议》鲜明指出："党确立习近平同志党中央的核心、全党的核心地位，确立习近平新时代中国特色社会主义思想的指导地位，反映了全党全军全国各族人民共同心愿，对新时代党和国家事业发展、对推进中华民族伟大复兴历史进程具有决定性意义。"这是党的历史决议中鲜明提出"两个确立"。

"两个确立""两个维护"是党的十八大以来全党在革命性锻造中形成的共同意志，是新时代伟大实践取得的最重要政治成果，具有根本性、全局性、战略性、持久性意义，决定道路方向，决定事业成败，决定党的兴衰，决定国家和民族前途命运。"两个确立"是"两个维护"的政治前提和思想基础，"两个维护"是"两个确立"的政治责任和实践要求。

我们要更加紧密地团结在以习近平同志为核心的党中央周围，全面贯彻习近平新时代中国特色社会主义思想，深刻领悟"两个确立"的决定性意义，增强"四个意识"、坚定"四个自信"、做到"两个维护"，以时不我待、只争朝夕的奋斗精神，向着强国建设、民族复兴更加光明美好的未来，踔厉奋发、阔步前进！

【1-2】错误用法：在全党开展习近平新时代中国特色社会主义思想主题教育活动；在全党深入开展党的群众路线教育

正确用法：在全党开展习近平新时代中国特色社会主义思想主题教育；在全党深入开展党的群众路线教育实践活动

辨析：

《关于新形势下党内政治生活的若干准则》指出，"坚持开展党内集中学习教育"。在党的发展历程中，我们党总是根据某一时期的形势和任务，针对党内存在的突出问题，集中一段时间和精力有组织、有计划、有步骤地开展集中教育活动。延安整风就是我党历史上第一次大规模的集中教育。新中国成立后，我们党先后开展了1950年整风运动、1957年整风运动；改革开放后，1983年至1987年开展整党运动，1998年底至2000年底开展"三讲"教育活动，2000年底至2002年5月开展农村"三个代表"重要思想学习教育活动，2005年1月至2006年6月开展了实践"三个代表"重要思想为主要内容的保持共产党员先进性教育活动，2008年9月至2010年2月开展了深入学习实践科学发展观活动，2010年4月至2012年10月开展了以创建先进基层党组织、争做优秀共产党员为主要内容的创先争优活动；2013年6月至2014年10月，全党开展了党的群众路线教育实践活动；2019年6月开始，以县处级以上领导干部为重点，在全党自上而下分两批开展"不忘初心、牢记使命"主题教育。2021年，建党百年之际，党史学习教育在全党开展，以"学党史、悟思想、办实事、开新局"为明确要求，突出学史明理、学史增信、学史崇德、学史力行，教育引导全党同志回望历史来路、坚定历史自信、掌握历史主动、不断开拓新局。

党的二十大明确要求以县处级以上领导干部为重点在全党深入开展主题教育。2023年3月30日，中共中央政治局召开会议，决定从4月开始，在全党自上而下分两批开展学习贯彻习近平新时代中国特色社会主义思想主题教育。这次主题教育的总要求是"学思想、强党性、重实践、建新功"。开展这次主题教育，根本任务是坚持学思用贯通、知信行统一，把新时代中国特色社会主义思想转化为坚定理想、锤炼党性和指导实践、推动工作的强大力量，使全党始终保持统一的思想、坚定的意志、协调的行动、强大的战斗力，努力在以学铸魂、以学增智、以学正风、以学促干方面取得实实在在的成效。

主题教育后面之所以没有加"活动"二字，是因为"活动"意味着是阶段性的，不需要长期坚持，活动结束后相应的教育内容一并结束，而习近平新时代中国特色社会主义思想主题教育需要广大党员长期坚持学习，不断践行。

【1-3】历史表述：加强党的执政能力建设
规范表述：加强党的长期执政能力建设

辨析：
执政能力建设是党执政后的一项根本建设。党的执政能力，就是党提出和运用正确的理论、路线、方针、政策和策略，领导制定和实施宪法和法律，采取科学的领导制度和领导方式，动员和组织人民依法管理国家和社会事务、经济和文化事业，有效治党治国治军，建设社会主义现代化国家的本领。

党的建设的主线，回答的是党的建设所要解决的核心问题，在党的建设方方面面中起着把关定向的作用。党的十七大第一次明确提出党的建设的主线，即党的执政能力建设和先进性建设。十八大党章的表述为，"加强党的执政能力建设、先进性和纯洁性建设"。十九大修订党章增加"长期"二字，体现了我们党着眼长远、登高望远的政治品格，体现了我们党居安思危的忧患意识。二十大党章指出，"加强党的长期执政能力建设、先进性和纯洁性建设，以改革创新精神全面推进党的建设新的伟大工程"。

【1-4】历史用法：有中国特色的社会主义、有中国特色社会主义

正确用法：中国特色社会主义

辨析：

中国特色社会主义，又称"具有中国特色的社会主义"，是既坚持科学社会主义基本原则，又根据时代条件赋予鲜明中国特色的社会主义。包括中国特色社会主义道路、中国特色社会主义理论体系、中国特色社会主义制度、中国特色社会主义文化。其中，中国特色社会主义道路是实现路径，中

国特色社会主义理论体系是行动指南,中国特色社会主义制度是根本保障,中国特色社会主义文化是精神力量,四者统一于中国特色社会主义伟大实践。中国特色社会主义最本质的特征是中国共产党领导。中国特色社会主义是历史的结论、人民的选择,是根植于中国大地、反映中国人民意愿、适应中国和时代发展进步要求的科学社会主义。

★ 知识链接

中国特色社会主义用法经历了"有中国特色的社会主义""有中国特色社会主义""中国特色社会主义"三个阶段:

1982年9月至1992年10月用"有中国特色的社会主义"。1982年9月1日至11日在北京召开了党的十二大,邓小平同志主持大会开幕式并致开幕词,他指出:"我们的现代化建设,必须从中国的实际出发。无论是革命还是建设,都要注意学习和借鉴外国经验。但是,照抄照搬别国经验、别国模式,从来不能得到成功。这方面我们有过不少教训。把马克思主义的普遍真理同我国的具体实际结合起来,走自己的道路,建设有中国特色的社会主义,这就是我们总结长期历史经验得出的基本结论。""建设有中国特色的社会主义"是邓小平同志在总结中国社会主义建设正反两方面经验的基础上,对"什么是社会主义、怎样建设社会主义"的科学回答。1982年9月8日党的十二大报告的题目是《全面开创社会主义现代化建设的新局面》;1987年10月25日党的十三大报告的题目是

《沿着有中国特色的社会主义道路前进》。

1992年10月至2002年11月用"有中国特色社会主义"。1992年10月12日江泽民同志在党的十四大上作的报告的题目是《加快改革开放和现代化建设步伐，夺取有中国特色社会主义事业的更大胜利》。1997年9月12日江泽民同志在党的十五大上作的报告的题目是《高举邓小平理论伟大旗帜，把建设有中国特色社会主义事业全面推向二十一世纪》。

2002年后用"中国特色社会主义"。2002年11月8日江泽民同志在党的十六大上作的报告的题目是《全面建设小康社会，开创中国特色社会主义事业新局面》；2007年10月15日胡锦涛同志在党的十七大上作的报告的题目是《高举中国特色社会主义伟大旗帜 为夺取全面建设小康社会新胜利而奋斗》。2017年10月18日，习近平总书记在党的十九大上作了《决胜全面建成小康社会 夺取新时代中国特色社会主义伟大胜利》的报告。2022年10月16日，习近平总书记在党的二十大上作了《高举中国特色社会主义伟大旗帜 为全面建设社会主义现代化国家而团结奋斗》的报告，指出：以奋发有为的精神把新时代中国特色社会主义不断推向前进。

值得一提的是，从党的六大到十一大，大会的报告称政治报告，从十二大开始，历次党代会报告都不再称政治报告，而称报告。

（根据《人民日报》相关内容整理）

【1-5】历史用法：为把我国建设成为富强民主文明和谐的社会主义现代化国家而努力奋斗

正确用法：为把我国建设成为富强民主文明和谐美丽的社会主义现代化强国而努力奋斗

辨析：

建设社会主义现代化强国，实现中华民族伟大复兴，是中华民族的最高利益和根本利益。我们党领导中国人民进行的一切奋斗，归根结底都是为了实现这一伟大目标。当我国成为世界上第一个不是走资本主义道路，而是走社会主义道路建成的现代化强国时，我们党领导人民进行的伟大社会革命将更加充分展示出其历史意义。

党的十九大报告指出，为把我国建设成为富强民主文明和谐美丽的社会主义现代化强国而奋斗。党的二十大报告指出，全面建成社会主义现代化强国，总的战略安排是分两步走：从二〇二〇年到二〇三五年基本实现社会主义现代化；从二〇三五年到本世纪中叶把我国建成富强民主文明和谐美丽的社会主义现代化强国。

党的二十大报告主题词"为全面建设社会主义现代化国家、全面推进中华民族伟大复兴"，体现了中国特色社会主义事业奋斗目标。党的二十大报告指出，"从现在起，中国共产党的中心任务就是团结带领全国各族人民全面建成社会主义现代化强国、实现第二个百年奋斗目标，以中国式现代化全面推进中华民族伟大复兴"，而在主题词里用的是"全面建设社会主义现代化国家"。这是因为"第二个百年"奋斗目标是到本世纪中叶全面建成社会主义现代化强国,但是二十大在谋划本世纪中叶目标的同时,要布局实现这个目标的第一步,也就是未来五年,而未来五年落在"两步走"的第一步——到2035年基本实现社会主义现代化。所以在这里,没有使用"全面建成社会主义现代化强国",而使用了"全面建设社会主义现代化国家",再加上"全面推进中华民族伟大复兴",两个衔接起来,整个二十大的目标既有现实性的要求,也有长远性的指向。可以看出,党在谋划国家未来发展的时候,长中短是有机结合的。

请注意两者表述的不同,"全面建成社会主义现代化国家""开启全面建设社会主义现代化强国新征程"都是错误的。

【1-6】错误用法:中国共产党领导是中国特色社会主义制度的最大保障

正确用法:中国共产党领导是中国特色社会主义制度的最大优势

辨析:

党的十九届四中全会指出:中国共产党领导是中国特色社会主义最本质的特征,是中国特色社会主义制度的最大优势,党是最高政治领导力量。必须坚持党政军民学、东西南北中,党是领导一切的,坚决维护党中央权威,健全总揽全局、协调各方的党的领导制度体系,把党的领导落实到国家治理各方面各环节。

《中共中央关于坚持和完善中国特色社会主义制度、推进国家治理体系和治理能力现代化若干重大问题的决定》第一次集中概括了中国特色社会主义制度和国家治理体系的13个显著优势。其中第一个显著优势就是：坚持党的集中统一领导，坚持党的科学理论，保持政治稳定，确保国家始终沿着社会主义方向前进的显著优势。这充分说明，在众多优势中，中国共产党的领导是最显著、最根本、最突出的优势。这一优势统领其他各方面的优势，并使其他优势充分发挥治理效应。

【1-7】错误用法：坚持党总览全局、协调各方
　　　　正确用法：坚持党总揽全局、协调各方

辨析：

"总览"指全面地看，"总揽"指全面掌握。

坚持党总揽全局、协调各方的核心领导地位，是中国特色社会主义优越性的一个突出特点。习近平总书记强调："党中央是大脑和中枢，党中央必须有定于一尊、一锤定音的权威。"中央委员会、中央政治局、中央政治局常委会是党的领导决策核心，党中央作出的决策部署，党的纪检机关和组织、宣传、统战、政法等部门要坚决贯彻落实，国家的立法、司法、行政、监察机关的党组织要坚决贯彻落实，企事业单位、人民团体等的党组织也要坚决贯彻落实。党的地方组织必须确保党中央决策部署贯彻落实，有令即行、有禁即止。

【1-8】错误用法：我国社会的主要矛盾是人民日益增长的美好生活需求与不平衡不充分的发展之间的矛盾

正确用法：我国社会的主要矛盾是人民日益增长的美好生活需要和不平衡不充分的发展之间的矛盾

辨析：

"需要"指"对事物的欲望或要求"，是人们与生俱来的基本要求；"需求"指"由需要产生的要求"，是指人们在欲望驱动下的一种有条件的、可行的，又是最优的选择，这种选择使欲望达到有限的最大满足，即人们总是选择能负担的最佳物品。因此，此处应该用"需要"。

改革开放40多年来，我国社会生产力水平明显提高，人民生活显著改善，稳定解决了十几亿人的温饱问题。随着中国特色社会主义进入新时代，人们的物质性需要不断得到满足，开始更多追求社会性需要和心理性需要，比如期盼更好的教育、更可靠的社会保障、更高水平的医疗卫生服务、更舒适的居住条件、更优美的环境、更丰富的精神文化生活等等。这既是我国社会生产力水平显著提高的必然结果，又对我国未来经济社会发展提出了更高要求。我们要在继续推动发展的基础上，着力解决好发展不平衡不充分问题，更好满足人民日益增长的美好生活需要，更好推动人的全面发展、社会全面进步。

党的十九大报告指出："中国特色社会主义进入新时代，

我国社会主要矛盾已经转化为人民日益增长的美好生活需要和不平衡不充分的发展之间的矛盾。"必须认识到，我国社会主要矛盾的变化，没有改变我们对我国社会主义所处历史阶段的判断，我国仍处于并将长期处于社会主义初级阶段的基本国情没有变，我国是世界最大发展中国家的国际地位没有变。党的二十大报告指出："明确我国社会主要矛盾是人民日益增长的美好生活需要和不平衡不充分的发展之间的矛盾，并紧紧围绕这个社会主要矛盾推进各项工作，不断丰富和发展人类文明新形态。"

★ **知识链接**

人类社会是在矛盾运动中不断向前发展的。生产力和生产关系、经济基础和上层建筑之间的矛盾是社会的基本矛盾。社会主要矛盾是社会基本矛盾的体现，是各种具体社会矛盾的集中反映，在社会矛盾中居于主导地位。抓住主要矛盾带动全局工作，是我们党一贯坚持的做法。

党对社会主义社会主要矛盾的探索始于八大。党的八大指出："我们国内的主要矛盾，已经是人民对于经济文化迅速发展的需要同当前经济文化不能满足人民需要的状况之间的矛盾。"这是对当时国情的一个基本判断，这个判断为我们确定了党和国家的主要任务。

改革开放以来，在社会基本矛盾问题上，我们党延续了八大的认识。1981年党的十一届六中全会指出：在社会主义初级阶段，我国社会的主要矛盾是人民日益增长的物质文化需要同落后的社会生产（不是生产力）之间的矛盾。这个主要矛盾，贯穿于我国社会主义初级阶段的整个过程和社会生活的各个方面，决定了我们的根本任务是集中力量发展社会生产力。只有牢牢抓住这个主要矛盾，才能清醒地观察和把握社会矛盾的全局，有效地促进各种社会矛盾的解决。这一表述成为36年来我们一贯的表述，从十三大报告到十八大报告，我们都坚持了这一判断。党的十九大报告指出："我国社会主要矛盾已经转化为人民日益增长的美好生活需要和不平衡不充分的发展之间的矛盾。"这是一个重大的政治论断。

（根据历次党代会报告整理）

【1-9】错误用法："五位一体"总体布局是指政治建设、经济建设、文化建设、社会建设和生态建设五位一体，全面推进

　　　正确用法："五位一体"总体布局是指经济建设、政治建设、文化建设、社会建设和生态文明建设五位一体，全面推进

辨析：

"生态"是生物与环境以及生物与生物之间的相互关系；"生态文明"指人与自然和谐共生、全面协调、持续发展的社会状态。

2007年党的十七大首次提出建设生态文明，2012年党的十八大明确了生态文明建设的总体要求，并将生态文明建设

纳入中国特色社会主义"五位一体"总体布局。党的十九大对我国社会主义现代化建设作出新的战略部署,明确以"五位一体"总体布局推进中国特色社会主义事业,并从经济、政治、文化、社会、生态文明五个方面制定了统筹推进"五位一体"总体布局的战略目标,这是新时代推进中国特色社会主义事业的路线图,也是决胜全面建成小康社会的总号角。

党的二十大报告指出,大力推进生态文明建设,坚决维护国家安全。

★ **知识链接**

在宣传工作中,经常有人提出这样的疑问,党的十九大党章修正案已经规定要以党的政治建设为统领,党的十九大报告也指出,把党的政治建设摆在首位,为什么"五位一体"总体布局要把政治建设放在经济建设之后呢?

首先,我们需要明确把政治建设放在首位和以党的政治建设为统领的适用领域和理论范畴。无论是党的十九大报告强调要把政治建设放在首位,还是十九大党章修订案增写以党的政治建设为统领,其适用领域和理论范畴都是党的建设(或者称之为党的自身建设),说的都是党的建设总布局中把党的政治建设放在首位,或者说以党的政治建设为统领。具体说,党的总体布局就是"5+2",即党的政治建设、思想建设、组织建设、作风建设、纪律建设,把制度建设贯穿其中,深入开展反腐败斗争。而"五位一体"总体布局中的政治建设和党的建设总布局中的党的政治建设的内涵不同。

"五位一体"总体布局中的政治建设是指国家层面的政治建设,或者说是特指中国特色社会主义民主政治建设,也就是在党的十九大报告第六部分"健全人民当家作主制度体系,发展社会主义民主政治",包括坚持党的领导、人民当家作主、依法治国有机统一;加强人民当家作主制度保障;发挥社会主义协商民主重要作用;深化依法治国实践;深化机构和行政体制改革;巩固和发展爱国统一战线。

在"五位一体"总体布局中把经济建设放在政治建设之前是有原因的。坚持了马克思主义基本原理,即生产力决定生产关系,经济基础决定上层建筑;深刻吸取了"文化大革命"的历史教训,虽然生产关系和上层建筑对生产力和经济基础具有反作用,但是利用和发挥这种反作用必须是在坚持生产力决定生产关系、经济基础决定上层建筑的基本原理的前提下,而不是抛弃这个前提,无条件地、过分地夸大这种反作用;改革开放以来党领导人民始终坚持以经济建设为中心,总结改革开放历史经验,坚持科学发展,坚持全面发展,坚持以人民为中心的新发展理念。

【1-10】历史用法:"四个全面"战略布局指:全面建成小康社会、全面深化改革、全面依法治国、全面从严治党

正确用法:"四个全面"战略布局指:全面建设社会主义现代化国家、全面深化改革、全面依法治国、全面从严治党

辨析：

2014年11月，习近平总书记到福建考察调研时提出了"协调推进全面建成小康社会、全面深化改革、全面推进依法治国进程"的"三个全面"，2014年12月在江苏调研时则将"三个全面"上升到了"四个全面"，提出要"协调推进全面建成小康社会、全面深化改革、全面推进依法治国、全面从严治党，推动改革开放和社会主义现代化建设迈上新台阶"，新增了"全面从严治党"。"四个全面"战略布局是以习近平同志为核心的党中央治国理政战略思想的重要内容，闪耀着马克思主义与中国实际相结合的思想光辉，饱含着马克思主义的立场观点方法。"全面建成小康社会"是党提出的重大战略任务。党的十八大报告提出，确保到2020年实现全面建成小康社会宏伟目标，以及经济持续健康发展、人民民主不断扩大、文化软实力显著增强、人民生活水平全面提高、资源节约型、环境友好型社会建设取得重大进展等具体内涵。

2020年10月，党的十九届五中全会公报指出，"协调推进全面建设社会主义现代化国家、全面深化改革、全面依法治国、全面从严治党的战略布局"。"四个全面"的最新提法是："全面建设社会主义现代化国家、全面深化改革、全面依法治国、全面从严治党"。全面建成小康社会为开启全面建设社会主义现代化国家新征程奠定了坚实基础。全面建成小康社会，中华民族伟大复兴向前迈出了新的一大步，社会主义中国以更加雄伟的身姿屹立于世界东方。到2035年基本实现社会主义现代化，并为到本世纪中叶把我国建成社会主义现代化强国奠定坚实基础，这一战略安排充分考虑了我国发展的巨大潜力，是实事求是、符合实际的。

【1-11】错误用法：伟大斗争，伟大事业，伟大工程，伟大梦想
　　　　正确用法：伟大斗争，伟大工程，伟大事业，伟大梦想

辨析：

党的十九大报告对新时代中国共产党人的责任和使命进行了科学谋划，强调要进行伟大斗争、建设伟大工程、推进伟大事业、实现伟大梦想。"四个伟大"各有其明确内涵与指向，又相互联系、相互支撑，构成了一个有机整体。进行伟大斗争是基础，建设伟大工程是核心，推进伟大事业是方向，实现伟大梦想是目标。

党的十九大报告在阐述"四个伟大"时，"四个伟大"的前后关系不是随意排列的，而是有严密的内在逻辑关系。排在第一位的是伟大斗争，它是统揽"四个伟大"的前提；排在第二位的是伟大工程，它是统揽"四个伟大"的保障；排在第三位的是伟大事业，它是统揽"四个伟大"的方向；排在第四位的是伟大梦想，它是统揽"四个伟大"的目标。

党的二十大报告指出，"以中国式现代化推进中华民族伟大复兴，统揽伟大斗争、伟大工程、伟大事业、伟大梦想"。

【1-12】错误用法：继续进行具有许多新特点的伟大斗争

　　正确用法：继续进行具有许多新的历史特点的伟大斗争

权威出处：

　　我们正在进行具有许多新的历史特点的伟大斗争，这是以习近平同志为核心的党中央作出的重大判断。习近平总书记在2019年秋季学期中央党校（国家行政学院）中青年干部培训班开班式上指出："中华民族伟大复兴，绝不是轻轻松松、敲锣打鼓就能实现的，实现伟大梦想必须进行伟大斗争。在前进道路上我们面临的风险考验只会越来越复杂，甚至会遇到难以想象的惊涛骇浪。我们面临的各种斗争不是短期的而是长期的，至少要伴随我们实现第二个百年奋斗目标全过程。"我们要认真学习习近平总书记关于新时代伟大斗争的重要论述，深刻认识新时代伟大斗争新的历史特点，科学把握新时代伟大斗争的基本要求，做敢于斗争、善于斗争的战士，坚决把新时代伟大斗争进行到底。党的二十大报告指出，"党中央审时度势、果敢抉择，锐意进取、攻坚克难，团结带领全党全军全国各族人民撸起袖子加油干、风雨无阻向前行，义无反顾进行具有许多新的历史特点的伟大斗争"。

　　"备豫不虞，为国常道"。当前，我国正处于一个大有可为的历史机遇期，发展形势总的形势是好的，但前进道路不可能一帆风顺。我们要继续进行具有许多新的历史特点的伟大斗争，准备战胜一切艰难险阻，朝着我们党确立的伟大目标奋勇前进。

【1-13】错误用法：道路自信、理论自信、文化自信、制度自信
正确用法：道路自信、理论自信、制度自信、文化自信

辨析：

2016年7月1日，习近平总书记在庆祝中国共产党成立95周年大会上的讲话中指出："坚持不忘初心、继续前进，就要坚持中国特色社会主义道路自信、理论自信、制度自信、文化自信，坚持党的基本路线不动摇，不断把中国特色社会主义伟大事业推向前进。"这是我们党第一次把"四个自信"并列作为一个整体提出。这是对党的十八大报告中提出的道路自信、理论自信、制度自信"三个自信"的创造性拓展和完善。文化自信是对中国特色社会主义文化先进性的自信。坚持文化自信就是要激发党和人民对中华优秀传统文化的历史自豪感，在全社会形成对社会主义核心价值观的普遍共识和价值认同。

中国特色社会主义道路是实现社会主义现代化、创造人民美好生活的必由之路，中国特色社会主义理论体系是指导党和人民实现中华民族伟大复兴的正确理论，中国特色社会主义制度是当代中国发展进步的根本制度保障，中国特色社会主义文化是激励全党全国各族人民奋勇前进的强大精神力量。全党要更加自觉地坚定道路自信、理论自信、制度自信、文化自信，既不走封闭僵化的老路，也不走改旗易帜的邪路，保持政治定力，坚持实干兴邦，始终坚持和发展中国特色社会主义。党的二十大报告指出，"我们要坚持对马克思主义的坚定信仰、对中国特色社会主义的坚定信念，坚定

道路自信、理论自信、制度自信、文化自信"。

【1-14】错误用法：自力更生，艰苦奋斗，为把我国建设成为富强民主文明和谐美丽的社会主义现代化强国而奋斗

　　正确用法：自力更生，艰苦创业，为把我国建设成为富强民主文明和谐美丽的社会主义现代化强国而奋斗

辨析：

　　自力更生，艰苦创业是我们党的一个优良传统，也是建设社会主义的必然要求，社会主义要消灭剥削，消除两极分化，实现全社会共同富裕，必须靠全体人民在自力更生的基础上艰苦创业。同时，把自力更生、艰苦创业作为党的基本路线的一个内容，更是基于对我国国情的深刻认识。自力更生不是排斥外援，艰苦创业也不是主张过苦日子，而是要求我们有实现中华民族伟大复兴的历史责任感，以主人翁的姿态投身到全面改革和社会主义现代化建设的大潮中去。

　　党章在总纲部分指出："中国共产党在社会主义初级阶段的基本路线是：领导和团结全国各族人民，以经济建设为中心，坚持四项基本原则，坚持改革开放，自力更生，艰苦创业，为把我国建设成为富强民主文明和谐美丽的社会主义现代化强国而奋斗。"

【1-15】错误用法： 当今世界正面临百年未有之大变局

正确用法：当今世界正经历百年未有之大变局

辨析：

2018年6月，习近平总书记在中央外事工作会议上深刻指出，当前我国处于近代以来最好的发展时期，世界处于百年未有之大变局，两者同步交织，相互激荡。后来，习近平总书记以"三个前所未有"阐述了世界大变局的发展趋势，即"新兴市场国家和发展中国家的崛起速度之快前所未有，新一轮科技革命和产业变革带来的新陈代谢和激烈竞争前所未有，全球治理体系与国际形势变化的不适应、不对称前所未有"。

"面临"指面前遇到，"经历"指亲身见过、做过或者遭受过。针对之前"当今世界正面临百年未有之大变局"，党的十九届四中全会作出了"当今世界正经历百年未有之大变局，我国正处于实现中华民族伟大复兴关键时期"的战略判断，党的十九届五中全会进一步深化了这一判断，"当今世界正经历百年未有之大变局，新一轮科技革命和产业变革深入发展，国际力量对比深刻调整，和平与发展仍然是时代主题，人类命运共同体理念深入人心，同时国际环境日趋复杂，不稳定性不确定性明显增加"。党的二十大报告指出，"当前，世界百年未有之大变局加速演进，新一轮科技革命和产业变革深入发展，国际力量对比深刻调整，我国发展面临新的战略机遇"。

【1-16】错误用法：我国日益走进世界舞台中央

正确用法：我国日益走近世界舞台中央

辨析：

"走进"是走进去的意思，进入了内部。"走近"是走得靠近，指靠近，未进入内部。

随着中国日益走近世界舞台中央，我国在国际上的话语权和影响力也"水涨船高"。过去，中国"个头小"，说话没人听。现在不一样了，中国变成"大块头"了，世界上的事情大家都想听听中国怎么说，国际社会期望看到消除全球治理赤字的中国方案。中国作为负责任的大国，将积极参与全球治理体系改革和建设，引领世界格局演变方向，引领人类文明发展方向。

习近平总书记在庆祝改革开放 40 周年大会上的讲话中指出："我国日益走近世界舞台中央，成为国际社会公认的世界和平的建设者、全球发展的贡献者、国际秩序的维护者！"

【1-17】历史用法：推进马克思主义中国化

正确用法：推进马克思主义中国化时代化

辨析：

二十大党章修正案在总纲第二十七自然段中将"推进马克思主义中国化"修改为"推进马克思主义中国化时代化"。这充分表明，以习近平同志为核心的党中央对理论创新创造的认识进入了新境界，为全党牢牢坚持以马克思主义为指导,推动党和国家事业取得新的更大成就提供了重要遵循。

与时俱进是马克思主义的理论品格,理论的生命力在于创新,不断谱写马克思主义中国化时代化新篇章。党的二十大报告指出,"开辟马克思主义中国化时代化新境界"。

【1-18】错误用法:改革开放只有进行式没有完成式

　　正确用法:改革开放只有进行时没有完成时

权威出处:

习近平总书记2012年12月31日在主持十八届中央政治局第二次集体学习时的讲话中指出:"中国特色社会主义是与时俱进的事业。从这个意义上说,改革开放只有进行时没有完成时。没有改革开放,就没有中国的今天,也就没有中国的明天。现在,推进改革开放有了更坚实的基础,但改革开放越往纵深发展,发展中的问题和发展后的问题、一般矛盾和深层次矛盾、有待完成的任务和新提出的任务越交织叠加、错综复杂。改革开放中的矛盾只能用改革开放的办法来解决。"

【1-19】错误用法:改革发展稳定、内政国防外交、治党治国治军

　　正确用法:改革发展稳定、内政外交国防、治党治国治军

权威出处:

习近平总书记2019年10月28日在党的十九届四中全会上所作的说明中指出,"当今世界正经历百年未有之大变局,

国际形势复杂多变，改革发展稳定、内政外交国防、治党治国治军各方面任务之繁重前所未有，我们面临的风险挑战之严峻前所未有。……我们要打赢防范化解重大风险攻坚战，必须坚持和完善中国特色社会主义制度、推进国家治理体系和治理能力现代化，运用制度威力应对风险挑战的冲击。"

【1-20】错误用法：中俄全面战略伙伴关系
正确用法：新时代中俄全面战略协作伙伴关系
辨析：

2019年6月5日，中国国家主席习近平同俄罗斯联邦总统普京签署《中华人民共和国和俄罗斯联邦关于发展新时代全面战略协作伙伴关系的联合声明》和《中华人民共和国和俄罗斯联邦关于加强当代全球战略稳定的联合声明》，决定将两国关系提升为"新时代中俄全面战略协作伙伴关系"。这是中国对外双边关系中首次出现"新时代全面战略协作伙伴关系"的新表述、新定位，意义重大，含义深远。"新时代中俄全面战略协作伙伴关系"含义深远，内容丰富，意味着两国把双边关系定位提升到一个前所未有的新高度，意味着两国的战略协作步入更高水平，向更广、更深的方向挺进。

习近平外交思想的光辉实践，在国际变局中提升了我国的国际地位和影响，开创了中国特色大国外交的新局面。我国同主要大国关系总体稳定、均衡发展，有力地促进了世界和平。

【1-21】错误用法：推动建设中阿利益命运共同体；金砖国家工业革命伙伴关系

正确用法：推动建设中阿利益和命运共同体；金砖国家新工业革命伙伴关系

权威出处：

2018年7月10日，中阿合作论坛第八届部长级会议在北京开幕。国家主席习近平出席开幕式并发表题为《携手推进新时代中阿战略伙伴关系》的重要讲话。习近平主席强调，中阿合作论坛在开展对话、加强合作方面大有可为。要适应新时代中阿关系发展，论坛建设要有新气象、新作为。要通过加强交流，让双方思想形成更多交汇。让我们发扬丝路精神，一步一个脚印朝着目标前行，为实现中阿两大民族伟大复兴、推动建设中阿利益和命运共同体而不懈努力！

2020年11月17日，金砖国家领导人第十二次会晤以视频方式举行。习近平主席出席并发表重要讲话。习近平主席说："中方愿同各方一道加强建设金砖国家新工业革命伙伴关系。我们将在福建省厦门市建立金砖国家新工业革命伙伴关系创新基地，欢迎金砖国家积极参与。"2023年8月24日，金砖国家领导人第十五次会晤特别记者会宣布，邀请沙特、埃及、阿联酋、阿根廷、伊朗、埃塞俄比亚正式成为金砖大家庭成员。

【1-22】历史用法：发展更加广泛、更加充分、更加健全的人民民主

正确用法：发展更加广泛、更加充分、更加健全的全过程人民民主

辨析：

二十大党章在总纲第十七自然段，将"发展更加广泛、更加充分、更加健全的人民民主"修改为"发展更加广泛、更加充分、更加健全的全过程人民民主"，突出强调人民民主是全过程人民民主。作出这样的修改，充分彰显了我国人民民主的鲜明特色和显著优势，为新时代发展社会主义民主政治、建设社会主义政治文明提供了重要指引和遵循。

【1-23】错误用法：国家总体安全观

正确用法：总体国家安全观

权威出处：

2014年4月15日，中共中央总书记、国家主席、中央军委主席、中央国家安全委员会主席习近平主持召开中央国家安全委员会第一次会议并发表重要讲话。习近平总书记强调，要准确把握国家安全形势变化新特点新趋势，坚持总体国家安全观，走出一条中国特色国家安全道路；要构建集政治安全、国土安全、军事安全、经济安全、文化安全、社会安全、科技安全、信息安全、生态安全、资源安全、核安全等于一体的国家安全体系。

党的二十大报告指出，"必须坚定不移贯彻总体国家安

全观,把维护国家安全贯穿党和国家工作各方面全过程,确保国家安全和社会稳定"。

【1-24】错误用法:培育和践行社会主义价值观

　　正确用法:培育和践行社会主义核心价值观

权威出处:

　　党的十八大报告提出:"倡导富强、民主、文明、和谐,倡导自由、平等、公正、法治,倡导爱国、敬业、诚信、友善,积极培育和践行社会主义核心价值观。"富强、民主、文明、和谐是国家层面的价值目标,自由、平等、公正、法治是社会层面的价值取向,爱国、敬业、诚信、友善是公民个人层面的价值准则,这24个字是社会主义核心价值观的基本内容。

　　党的二十大报告指出,"广泛践行社会主义核心价值观。社会主义核心价值观是凝聚人心、汇聚民力的强大力量"。

【1-25】错误用法:建成全面小康社会

　　正确用法:全面建成小康社会

权威出处:

　　党的十二大正式提出,到20世纪末要使人民生活达到小康水平。党的十三大提出经济建设"三步走"战略。党的十四大把人民生活由温饱进入小康作为90年代改革和建设的一项主要任务。党的十五大把"三步走"战略进一步具体化。党的十六大在人民生活总体上达到小康水平的基础上,提出本世纪头20年全面建设惠及十几亿人口的更高水平的小康社会的目标。党的十七大提出全面建设小康社会的新要求。党的十八大提出全面建成小康社会,并作出新的部署。党的十九大在党和国家事业取得历史性成就、发生历史性变革的基础上,发出决胜全面建成小康社会的动员令,要求全党在"两个一百年"奋斗目标的历史交汇期,既全面建成小康社会、实现第一个百年奋斗目标,又乘势而上开启全面建设社会主义现代化国家新征程,向第二个百年奋斗目标进军。全面建成小康社会,是我们党向人民、向历史作出的庄严承诺,是实现中华民族伟大复兴中国梦的重要里程碑。

习近平总书记2021年7月1日在庆祝中国共产党成立一百周年大会上的讲话中指出:"我代表党和人民庄严宣告,经过全党全国各族人民持续奋斗,我们实现了第一个百年奋斗目标,在中华大地上全面建成了小康社会,历史性地解决了绝对贫困问题,正在意气风发向着全面建成社会主义现代化强国的第二个百年奋斗目标迈进。"

★ **知识链接**

1979年12月,邓小平同志第一次提出小康概念。1982年9月召开的党的十二大,确定"从一九八一年到本世纪末的二十年,我国经济建设总的奋斗目标是,在不断提高经济效益的前提下,力争使全国工农业的年总产值翻两番",实现这个目标,"城乡人民的收入将成倍增长,人民的物质文化生活可以达到小康水平",这是党的全国代表大会首次使用"小康"概念,并作为主要奋斗目标。1987年10月召开的党的十三大,提出了"三步走"发展战略目标,即:第一步,从1981年到1990年,国民生产总值翻一番,解决人民温饱问题;第二步,从1991年到20世纪末,国民生产总值再翻一番,人民生活达到小康水平;第三步,到21世纪中叶,人均国民生产总值达到中等国家水平,人民生活比较富裕,基本实现现代化。这样,就将小康列为第二步目标。党的十六大报告提出"全面建设小康社会"的基本标准。党的十八大报告正式提出全面建成小康社会,阐明更具明确政策导向、更加针对发展难题、更好顺应人民意愿的新要求。党的十九大报告强调,从现在到2020年,是全面建成小康社会决胜期,要"使全面建成小康社会得到人民认可、经得起历史检验"。

从"解决温饱"到"更加宽裕";从"总体小康"到"全面小康";从"全面建设小康"到"全面建成小康",再到"决胜全面建成小康社会",表明党对建设小康社会的认识在不断深化,已经成为我们党团结带领全国各族人民共同奋斗的时代主题。

（根据《人民日报》相关内容整理）

【1-26】错误用法:坚持依法治国和依德治国相结合
　　　正确用法:坚持依法治国和以德治国相结合

辨析:

坚持依法治国和以德治国相结合,是中国特色社会主义法治道路的鲜明特点。法律是成文的道德,道德是内心的法律。法律和道德都具有规范社会行为、调节社会关系、维护社会秩序的作用，在国家治理中都有其地位和功能。在我国社会主义法治实践中，我们一手抓法治、一手抓德治，充分发挥法治对道德的保障作用，运用法治手段解决道德领域突出问题，同时强化道德对法治的支撑作用，把道德要求贯彻到法治建设中，形成道德和法治相辅相成、法治和德治相得益彰的良好局面。

十八届中央政治局2016年12月9日就我国历史上的法治和德治进行第三十七次集体学习。中共中央总书记习近平在主持学习时强调，法律是准绳，任何时候都必须遵循；道德是基石，任何时候都不可忽视。在新的历史条件下，我们要把依法治国基本方略、依法执政基本方式落实好，把法治中国建设好，必须坚持依法治国和以德治国相结合，使法治和德治在国家治理中相互补充、相互促进、相得益彰，推进国家治理体系和治理能力现代化。

【1-27】错误用法： 科学立法、公正执法、严格司法、全民守法
　　　　正确用法：科学立法、严格执法、公正司法、全民守法

权威出处：

"科学立法、严格执法、公正司法、全民守法"是党的十八大报告中提出的新16字方针。这是新时代社会主义法治的建设方针，是促进国家治理体系和治理能力现代化的方式，是建设法治国家，实现依法治国的基本要求。首先要科学立法，巩固法治根基，其次要严格执法，建设法治政府，

做到公正司法，守卫公平正义，最后是全民守法，倡导社会新风。党的十八大报告指出："全面推进依法治国。法治是治国理政的基本方式。要推进科学立法、严格执法、公正司法、全民守法，坚持法律面前人人平等，保证有法必依、执法必严、违法必究。"党的二十大报告指出，"全面推进科学立法、严格执法、公正司法、全民守法，全面推进国家各方面工作法治化"。

【1-28】错误用法：遵法学法守法用法

正确用法：尊法学法守法用法

权威出处：

2015年2月2日，习近平总书记在省部级主要领导干部学习贯彻党的十八届四中全会精神全面推进依法治国专题研讨班上，对各级领导干部提出了明确要求："领导干部要做尊法学法守法用法的模范，带动全党全国一起努力，在建设中国特色社会主义法治体系、建设社会主义法治国家上不断见到新成效。"

"尊法"指尊重法律，"遵法"指遵守法律。"尊法学法守法用法"，首先是尊重法律，因后面已有"守法"，故用"尊法"而不用"遵法"。

做尊法的模范，就要带头尊崇法治、敬畏法律；做学法的模范，就要带头了解法律、掌握法律；做守法的模范，就要带头遵纪守法、捍卫法治；做用法的模范，就要带头厉行法治、依法办事。

党的二十大报告指出,"发挥领导干部示范带头作用,努力使尊法学法守法用法在全社会蔚然成风"。

【1-29】错误用法:治国理政新理论新思想新战略
    正确用法:治国理政新理念新思想新战略

辨析:

  "理念"指思想、观念,而"理论"则是指人们由实践概括出来的关于自然界和社会的知识的有系统的结论。党的十八届五中全会公报首次提出"治国理政新理念新思想新战略"。如今,这个说法所包括的诸多关键词,早已为人们耳熟能详。党的十八大以来,以习近平同志为核心的党中央创造性地形成一系列治国理政新理念新思想新战略,为在新的历史条件下深化改革开放、加快推进社会主义现代化提供了科学理论指导和行动指南。以习近平同志为核心的党中央勇于实践、善于创新,在深化对共产党执政规律、社会主义建设规律、人类社会发展规律认识基础上进行了一系列发展理念创新、发展思想创新、发展战略创新,新理念新思想新战略是被国家发展进步和人民实实在在的获得感所证明的创新,体现了党中央高超的治国理政能力。

  党的二十大报告指出,我们"提出一系列治国理政新理念新思想新战略,实现了马克思主义中国化时代化新的飞跃"。

【1-30】历史用法:"打铁还需自身硬"
　　　正确用法:"打铁必须自身硬"

辨析:

　　习近平总书记在2012年党的十八大召开后的中外记者见面会上响亮提出"打铁还需自身硬",这铿锵有力的七个字,在此后的5年里,化作一场自我革命的硬仗,并以"挽狂澜于既倒"的傲人战绩写下光辉篇章。

　　习近平总书记在党的十九大报告第十三部分开头就鲜明提出"打铁必须自身硬",这是对新时代全面从严治党目标和要求作出的总括式界定。5年过去了,七个字依然振聋发聩,其中,"还需"变成"必须"。两个字的修改,彰显我们党全面从严治党、赢得党心民心的自信和坚定。从"还需"到"必须",语气更重、力度更强、要求更明,昭示了我们党全面加强党的领导、全面从严管党治党的坚定决心。

　　党的二十大报告指出,"我们深入推进全面从严治党,坚持打铁必须自身硬",确保党永远不变质、不变色、不变味。

【1-31】错误用法:"抓早抓小,动辄得咎"
　　　正确用法:"抓早抓小,动辄则咎"

辨析:

　　2015年12月24日的中央纪委机关报《中国纪检监察报》指出,近期中央领导同志反复强调"抓早抓小,动辄则咎"。"动辄得咎"原意是"动不动就受到责备和处分"。常用作贬义,如"不要束缚手脚,动辄得咎"。从"得"到"则",一字之变，完成了从被动到主动的转换，境界立现！在党风廉政建设的新阶段、新语境下，这就具有了特殊含义。从过去一段时间的实际情况看，在廉洁自律方面，不规矩的动作实在太多。腐朽之风、恶俗之气，在一些党员、干部那里深入骨髓，很难疗治。再不狠"咎"，队伍会烂下去。在此情势之下，动辄则咎，保持高压，实为矫枉的必需之举。

从以往的经验教训来看，党风廉政建设狠话放得不少，道理讲得很多，但并没有从根本上解决问题，扭转形势。何故？恐怕和要求空泛、究责不力不无关系。党风廉政建设，一定要对人对事。违规之事，不因事细事小而不抓；违纪之人，不问官职不讲来头，一律查处。不面对具体的人和事，就好像"抽刀断水，挥剑斩云"。鉴于这些年有的地方纪律松弛甚至已经名存实亡，动辄则咎，严肃整饬，实为拨乱的必需之策。"动辄则咎"的告诫，在当下给我们一个极重要启示，就是在廉洁自律问题上，应该格外警惕，格外谨慎，格外严格。

【1-32】错误用法：自我净化、自我革新、自我完善、自我提高能力

正确用法：自我净化、自我完善、自我革新、自我提高能力

辨析：

党的十八大报告提出，党要"增强自我净化、自我完善、自我革新、自我提高能力"，"四个自我"能力是沿着自

我净化—完善—革新—提高的逻辑顺序展开的。党的十九大报告进一步要求，要"以零容忍态度惩治腐败，不断增强党自我净化、自我完善、自我革新、自我提高的能力，始终保持党同人民群众的血肉联系"。怎样落实好党的十九大精神，不断增强党的"四个自我"能力？首先，要突出党的政治路线、思想路线、组织路线、群众路线，使增强"四个自我"能力保持正确方向；其次，要突出问题导向，使增强"四个自我"能力更具针对性、时效性；最后，要突出领导带头、以上率下，使增强"四个自我"能力层层示范、落地见效。

党的二十大报告指出，"我们要落实新时代党的建设总要求，健全全面从严治党体系，全面推进党的自我净化、自我完善、自我革新、自我提高，使我们党坚守初心使命，始终成为中国特色社会主义事业的坚强领导核心"。

【1-33】错误用法：把权利关进制度的笼子里

正确用法：把权力关进制度的笼子里

辨析：

"权力"一般指政治上的强制力量；"权利"一般指与"义务"相对的，法律上的权利，即自然人、法人和非法人组织依法行使的权能与享受的权益。把权力关进制度的笼子里，是指加强对权力的制约和监督，使权力在正确的轨道上运行，保证权力正确行使。

习近平总书记在十八届中央纪委二次全会上指出："要

加强对权力运行的制约和监督,把权力关进制度的笼子里,形成不敢腐的惩戒机制、不能腐的防范机制、不易腐的保障机制。""把权力关进制度的笼子里"这一重要论述,用形象的语言表达了丰富的内涵,为构建科学有效的权力运行体系、规范权力运行、有效防止腐败,为全面提高党的建设科学化水平、推动廉洁政治建设指明了方向、提供了遵循。

【1-34】错误用法:构建一体推进不想腐、不能腐、不敢腐体制机制

正确用法:构建一体推进不敢腐、不能腐、不想腐体制机制

辨析:

不敢腐、不能腐、不想腐三者密不可分,不是三个阶段的划分,也不是三个阶段的割裂,而是相互融合、环环相扣的有机整体。不敢腐是前提,指的是纪律、法治、威慑,解决的是腐败成本问题。不能腐是关键,指的是制度、监督、约束,解决的是腐败机会问题。不想腐是根本,指的是认知、觉悟、文化,解决的是腐败动机问题。"三不"缺一不可,必须强化系统集成,注重协同高效,形成反腐败工作的强大合力和整体效应。

党的十八大以来,围绕一体推进"不敢腐、不能腐、不想腐",习近平总书记做过多次重要论述。2013年1月,在十八届中央纪委二次全会上强调,形成不敢腐的惩戒机制、不能腐的防范机制、不易腐的保障机制;2014年1月,在

十八届中央纪委三次全会上要求，形成"不敢腐、不能腐、不想腐"的有效机制；2018年1月，在十九届中央纪委二次全会上强调，强化不敢腐的震慑，扎牢不能腐的笼子，增强不想腐的自觉；2019年1月，在十九届中央纪委三次全会上指出，深化标本兼治，夯实治本基础，一体推进"不敢腐、不能腐、不想腐"；2020年1月，在十九届中央纪委四次全会上强调，一体推进"不敢腐、不能腐、不想腐"，不仅是反腐败斗争的基本方针，也是新时代全面从严治党的重要方略；2021年1月，在十九届中央纪委五次全会上要求，坚定不移推进反腐败斗争，不断实现"不敢腐、不能腐、不想腐"一体推进战略目标；2022年1月，在十九届中央纪委六次全会上强调，保持反腐败政治定力，不断实现"不敢腐、不能腐、不想腐"一体推进战略目标。

党的二十大报告指出，只要存在腐败问题产生的土壤和条件，反腐败斗争就一刻不能停，必须永远吹冲锋号。坚持不敢腐、不能腐、不想腐一体推进，同时发力、同向发力、综合发力。从"不敢腐、不能腐、不易腐"，到"不敢腐、不能腐、不想腐"，再到"构建一体推进不敢腐、不能腐、不想腐体制机制"，表述上的变化，体现对全面从严治党方向、方针、方法认识的与时俱进、不断深化。这不仅是新时代全面从严治党和反腐败斗争的经验和规律总结，也是明确的战略规划。

【1-35】错误用法：自重自警自省自励

正确用法：自重自省自警自励

辨析：

2013年6月28日，习近平总书记在全国组织工作会议上的讲话中指出："成为好干部，就要不断改造主观世界、加强党性修养、加强品格陶冶。要时刻用党章、用共产党员标准要求自己，要有'与人不求备，检身若不及'的精神，时刻自重自省自警自励，努力做到'心不动于微利之诱，目不眩于五色之惑'，老老实实做人，踏踏实实干事，清清白白为官。"

自重是人生的重要准则。必须坚持自重，注重党性修养，坚决维护自身作为中国共产党党员的形象。珍惜自己，使自己的言行与中国共产党党员、领导干部的身份相符合。自省，就是自己反省、检查自己，就是进行严格的自我批评、自我解剖，找出自己的缺点、错误和不足，采取措施，克服缺点，纠正错误，弥补不足，向更高的目标努力。时刻自警，防患于未然。应当坚持时刻警醒，在对待权力、地位、利益上，要有清醒头脑和平衡心态，始终保持崇高的思想境界。自励，不时自己鼓励自己、激励自己前进。遇到困难时，要勉励自己不退缩，不泄气，开拓进取，迎难而上。在自励中培养自己坚忍不拔、自强不息、积极进取、百折不挠的品格。

【1-36】历史用法：士官

正确用法：军士

解析：

2021年施行的《中华人民共和国国防法》，用"军士"取代了"士官"这个长期使用的称谓。从士官到军士，反映了我军军事人力资源制度的新变化。军队的基础在基层，基层的主体在士兵，士兵的中坚在军士。习近平主席对军士队伍高度重视，强调他们是"部队中非常基础的骨干力量"，要求他们"不断提高能力水平，努力做大师傅，带出好徒弟"。这一重要指示精辟概括了军士队伍在部队建设中的地位和作用，为他们履职尽责和建功立业指明了努力方向。

我军军士制度是伴随改革开放和社会主义现代化建设的发展而产生的。在革命战争年代至新中国成立后的相当长一段时间内，我军人员结构只有士官和军官两个层次。1978年，第五届全国人大常委会第一次会议通过了《关于兵役制问题的决定》，我军开始实行义务兵和志愿兵相结合的兵役制度，规定部分超期服役的义务兵可以改为志愿兵，留在部队长期服役，标志着我军军士制度的初步创立。1988年，国务院、中央军委颁布《中国人民解放军现役士兵服务条例》，实行新的士兵服役制度，将志愿兵役制士兵称为士官。此后，我军士官制度在1999年、2009年进行两次重大改革，逐步形成具有我军特色的士官制度体系，对于保留和稳定部队骨干队伍、优化兵员结构、增强基层管理力量起到重要作用。这次深化国防和军队改革，着眼实现军事人员现代化，加强军事人力资源制度体系设计，把军队人员分为军官、军士、义务兵和文职人员4类，把士官统一改称军士，改革完善军士政策制度,明确军士是战斗骨干和装备操作维护骨干,是军队建设和军事斗争准备的基础骨干力量,推动军士队伍的职责使命、发展空间和地位作用发生历史性变化。

【1-37】错误用法:守土有责、守土尽责、守土负责
　　　　正确用法:守土有责、守土负责、守土尽责
辨析:

守土有责,要解决好守什么土、有什么责的问题。宣传思想工作就是要巩固马克思主义在意识形态领域的指导地位,巩固全党全国人民团结奋斗的共同思想基础。这是我们党的理想信念之基,也是党的宣传思想工作者必须坚守之"土"。守土负责,就是要在其位、谋其职,细化职责、强化责任。守土尽责,就是要尽心尽力地履行职责,确保坚守的"城池"万无一失。尽责之"尽",体现的是由内而外的自我责任,是一种更严格的标准、更高尚的情操。宣传思想部门的同志既要履行好职业责任,更要增强自我责任,尽忠职守、过得硬、靠得住。

2013年8月19日,习近平总书记在全国宣传思想工作会议上指出:宣传思想部门承担着十分重要的职责,必须守土有责、守土负责、守土尽责。宣传思想部门工作要强起来,首先是领导干部要强起来,班子要强起来。各级宣传部门领导同志要加强学习、加强实践,真正成为让人信服的行家里手。

【1-38】历史用法：建立健全民主选举、民主决策、民主管理、民主监督的制度和程序

正确用法：建立健全民主选举、民主协商、民主决策、民主管理、民主监督的制度和程序

辨析：

二十大党章修正案将总纲第十七自然段的"建立健全民主选举、民主决策、民主管理、民主监督的制度和程序"修改为"建立健全民主选举、民主协商、民主决策、民主管理、民主监督的制度和程序"，增写"民主协商"的内容。作出这样的修改，主要有以下考虑：协商民主是实践全过程人民民主的重要形式，协商民主在我国有着强大的生命力，推动协商民主制度化、规范化、程序化发展。

【1-39】错误用法：时效度

正确用法：时度效

辨析：

2016年2月19日，习近平总书记在党的新闻舆论工作座谈会上指出："要抓住时机、把握节奏、讲究策略，从时度效着力，体现时度效要求。"习近平总书记关于时度效的重要论述，体现了我们党对新媒体条件下新闻舆论工作规律的透彻认识和深刻把握，对做好当前新闻舆论工作具有重要的指导意义。

首先，时，就是时机、节奏。时效决定成效，速度赢得先机。注重传播学上的"首发效应"，深刻把握"第一时间

原则"。其次，度，就是力度、分寸。掌握新闻舆论引导的"度"是做好新闻的基本功。只有掌控好力度和尺度，才能取得良好的传播效果。再次，效，就是效果、时效。新闻舆论工作最重要看效果，这个效果就是群众口碑好、社会共识强。时度效三个方面是不可分割的有机整体，从整体上把握好时效度，将三者有机结合起来，做到合时、适度、有效，新闻舆论工作才能真正增强吸引力和感染力。把握好时效度的有机统一，需要媒体从业人员具备较强的思想政治素质、判断能力和业务素养。

【1-40】错误用法：高举旗帜、引领导向，围绕中心、服务大局，团结人民、鼓舞士气，成风化人、凝心聚力，澄清谬误、明辨是非，连接中外、沟通世界

正确用法：高举旗帜、引领导向，围绕中心、服务大局，团结人民、鼓舞士气，成风化人、凝心聚力，澄清谬误、明辨是非，联接中外、沟通世界

权威出处：

2016年2月19日，习近平总书记在党的新闻舆论工作座谈会上指出："在新的时代条件下，党的新闻舆论工作的职责和使命是：高举旗帜、引领导向，围绕中心、服务大局，团结人民、鼓舞士气，成风化人、凝心聚力，澄清谬误、明辨是非，联接中外、沟通世界。"习近平总书记所讲的这六

个方面、"48个字",继承并创新发展了我们党对新闻舆论工作职责使命的一贯精神,是对新闻舆论工作职责使命最鲜明最准确的概括,体现了新时代对新闻舆论工作的新要求,指明了新时代新闻舆论工作的努力方向。

"联接中外、沟通世界",是新闻舆论工作开放性和沟通作用的集中体现,关系坚持扩大对外开放基本国策,关系增强国家文化软实力。

【1-41】错误用法:严以用权、严以修身、严以律己,谋事要实、做人要实、创业要实

正确用法:严以修身、严以用权、严以律己,谋事要实、创业要实、做人要实

辨析:

2014年3月9日,习近平总书记在参加十二届全国人大二次会议安徽代表团审议时提出:各级领导干部都要树立和发扬好的作风,既严以修身、严以用权、严以律己,又谋事要实、创业要实、做人要实。这也称为"三严三实"。2015年4月10日,中共中央办公厅印发《关于在县处级以上领导干部开展"三严三实"专题教育方案》,对2015年县处级以上领导干部开展"三严三实"专题教育作出安排。

做官先做人,做人必修身;领导工作,就是掌权用权;掌权用权就要严以律己。因此要按照严以修身、严以用权、严以律己的顺序。干事不干事是老百姓衡量干部的第一把尺子,干事就是要脚踏实地、真抓实干,敢于担当责任,善于

解决问题，努力创造出经得起实践、人民、历史检验的实绩；谋事创业还要做老实人、说老实话、干老实事，襟怀坦白，公道正派。"三严三实"是党员干部修身做人的重要指导，用权律己的基本遵循，干事创业的行为准则，意义十分重大。

【1-42】错误用法：不断提高政治判断力、政治觉悟力、政治执行力

正确用法：不断提高政治判断力、政治领悟力、政治执行力

辨析：

政治判断力是前提（是否问题），政治领悟力是关键（深浅问题），政治执行力是根本（虚实问题），三者共同构成了讲政治这个整体。

习近平总书记在中央政治局民主生活会上强调，我们党要始终做到不忘初心、牢记使命，把党和人民事业长长久久推进下去，必须增强政治意识，善于从政治上看问题，善于把握政治大局，不断提高政治判断力、政治领悟力、政治执行力。领导干部旗帜鲜明讲政治，最根本最重要的就是要增强政治意识，把握政治方向，锻造坚强政治能力，在提高政治判断力、政治领悟力、政治执行力上下功夫。

党的二十大报告指出，"不断提高政治判断力、政治领悟力、政治执行力，确保党中央权威和集中统一领导，确保党发挥总揽全局、协调各方的领导核心作用"。

第一章 关于时事政治的相关用法

【1-43】错误用法：脚力、脑力、笔力、眼力；"高级红""低级黑"

正确用法：脚力、眼力、脑力、笔力；"低级红""高级黑"

权威出处：

习近平总书记2018年8月在全国宣传思想工作会议上指出，宣传思想干部要不断掌握新知识、熟悉新领域、开拓新视野，增强本领能力，加强调查研究，不断增强脚力、眼力、脑力、笔力，努力打造一支政治过硬、本领高强、求实创新、能打胜仗的宣传思想工作队伍。

2019年2月27日，中共中央印发《中共中央关于加强党的政治建设的意见》明确指出，要以正确的认识、正确的行动坚决做到"两个维护"，坚决防止和纠正一切偏离"两个维护"的错误言行，不得搞任何形式的"低级红""高级黑"，决不允许对党中央阳奉阴违，做两面人、搞两面派、搞"伪忠诚"。

【1-44】错误用法：统筹世界百年未有之大变局和中华民族伟大复兴战略全局

正确用法：统筹中华民族伟大复兴战略全局和世界百年未有之大变局

解析：

当前深刻复杂变化的国内外环境，要求我们坚持用全面、辩证、长远的眼光正确看待应对各种矛盾挑战，及时适应新情况新要求。关键是坚持正确的历史观、大局观、发展观，统筹国内国际两个大局。最为重要和关键的，就是更好统筹中华民族伟大复兴的战略全局和世界百年未有之大变局。习近平总书记指出："领导干部要胸怀两个大局，一个是中华民族伟大复兴的战略全局，一个是世界百年未有之大变局，这是我们谋划工作的基本出发点。"

实现中华民族伟大复兴，概括了近代以来中国历史发展的主线，以最恢宏的气势描绘出历代仁人志士追求的伟大梦想。当前，中华民族伟大复兴进入关键时期，中国正经历着我国历史上最为广泛而深刻的社会变革，也正在进行着人类历史上最为宏大而独特的实践创新。百年未有之大变局，概括起来说，就是当前国际格局和国际体系正在发生深刻调整，全球治理体系正在发生深刻变革，国际力量对比正在发生近代以来最具革命性的变化，世界范围呈现出影响人类历史进程和趋向的重大态势。

"两个大局"是相互交织、相互激荡、相互影响的。党的十九届五中全会指出，"全党要统筹中华民族伟大复兴战略全局和世界百年未有之大变局"。中华民族伟大复兴是世界百年未有之大变局的重要组成部分，是影响这一大变局前途和走向的关键因素之一；世界百年未有之大变局，给中华民族伟大复兴带来了机遇和挑战。中华民族伟大复兴绝不是轻轻松松、敲锣打鼓就能实现的，必须进行具有许多新的历史特点的伟大斗争。我们要发扬斗争精神、保持战略定力，越是艰险越向前，既通过推进中华民族伟大复兴的战略全局推动世界百年未有之大变局正向发展,又利用世界百年未有之大变局的积极因素推进中华民族伟大复兴的战略全局,全面建设社会主义现代化国家,推动构建人类命运共同体,为中国人民开辟更加幸福美好的未来,也造福世界各国人民。

【1-45】错误用法:打黑除恶专项斗争
　　正确用法:扫黑除恶专项斗争
权威出处:
　　中共中央、国务院于2018年1月发出了《关于开展扫黑除恶专项斗争的通知》。《通知》指出,为深入贯彻落实党的十九大部署和习近平总书记重要指示精神,保障人民安居乐业、社会安定有序、国家长治久安,进一步巩固党的执政基础,党中央、国务院决定,在全国开展扫黑除恶专项斗争。《通知》强调,在全国开展扫黑除恶专项斗争,是以习近平同志为核心的党中央作出的重大决策,事关社会大局稳定和国家长治久安,事关人心向背和基层政权巩固,事关进行伟大斗争、建设伟大工程、推进伟大事业、实现伟大梦想。各地区各部门要进一步提高政治站位,切实增强"四个意识",充分认识开展扫黑除恶专项斗争的重大意义,切实把思想和行动统一到党中央部署上来,科学谋划、精心组织、周密实施,坚决打赢扫黑除恶专项斗争这场攻坚仗。

　　党的二十大报告指出,"强化社会治安整体防控,推进扫黑除恶常态化,依法严惩群众反映强烈的各类违法犯罪活动"。

【1-46】错误用法：党的十八大以来，我们党以猛药去疴、重典治乱的决心，以刮骨疗毒、壮士断腕的勇气，坚定不移"打虎""拍蝇"

正确用法：党的十八大以来，我们党以猛药去疴、重典治乱的决心，以刮骨疗毒、壮士断腕的勇气，坚定不移"打虎""拍蝇""猎狐"

辨析：

党的十八大以来，我们党以猛药去疴、重典治乱的决心，以刮骨疗毒、壮士断腕的勇气，坚定不移"打虎""拍蝇""猎狐"。对反腐败斗争形势的严峻性和复杂性一点也不能低估。2014年7月，公安部部署开展了缉捕在逃境外经济犯罪嫌疑人专项行动——"猎狐2014"。截至2014年12月31日，全国公安机关共从69个国家和地区抓获经济犯罪人员680名。

以习近平同志为核心的党中央作出全面从严治党的战略部署，以理论武装凝心聚魂，以整饬作风激浊扬清，以严明纪律强化约束，以从严治吏匡正用人导向，以"打虎""拍蝇""猎狐"惩治腐败，党在革命性锻造中更加坚强。

党的十九大报告指出："坚持反腐败无禁区、全覆盖、零容忍，坚定不移'打虎'、'拍蝇'、'猎狐'，不敢腐的目标初步实现，不能腐的笼子越扎越牢，不想腐的堤坝正在构筑，反腐败斗争压倒性态势已经形成并巩固发展。"党的二十大报告指出，"不敢腐、不能腐、不想腐一体推进，'打虎'、

'拍蝇'、'猎狐'多管齐下,反腐败斗争取得压倒性胜利并全面巩固"。

【1-47】错误用法:慵懒散奢
　　正确用法:庸懒散奢

辨析:

党的十八大报告指出:"下决心改进文风会风,着力整治庸懒散奢等不良风气,坚决克服形式主义、官僚主义,以优良党风凝聚党心民心、带动政风民风。"

"庸"指不高明,没有作为;"慵"指困倦,懒。"庸懒散奢"应该使用"庸"。"庸"表现在能力平庸,不学习、不思考,能力不足、水平不高,不会、不能抓落实;甘于平庸,满足于过得去,不思进取,得过且过;立足于稳,墨守成规,安于现状,害怕改变,不愿创造性抓落实。"懒"就是没有基本的责任心、使命感,也就无所谓抓不抓落实。"散"就是表现在抓落实方法上的散乱、组织观念上的散漫。零零散散抓落实,只及一点、不及其余,以点代面、挂一漏万,信马由缰,不成篇章,没有体系;自由散漫,党性原则不强,组织纪律观念、全局意识淡薄,凭个人的主观好恶抓落实,选择性抓落实、看菜吃饭、看人下菜、讲关系亲疏、看职务大小、算个人得失,不根据工作本身轻重缓急抓落实、不是排除万难"立马落实",而是边等边看"选择落实"、口是心非"应付落实"、随心所欲"自主落实"、顶死钢簧"就不落实"。"奢"就是抓工作不讲效益与成本,落实高成本低效益并存，本着花别人的钱办别人的事的态度，不计成本，不讲效益，既浪费公共资源，又让效果大打折扣。

【1-48】历史用法：人才优先发展
　　　　正确用法：人才引领发展

辨析：

　　进入新世纪，党中央先后三次召开人才工作会议。第一次是2003年召开的全国人才工作会议，明确提出实施人才强国战略。第二次是2010年召开的全国人才工作会议，确立了人才优先发展的战略布局。第三次是2021年9月召开的中央人才工作会议，习近平总书记强调，要坚持人才引领发展的战略地位。从"全国人才工作会议"到"中央人才工作会议"，从"人才优先发展"到"人才引领发展"，鲜明凸显了党中央对人才工作的重视程度，对人才发展规律认识深度的与时俱进。"优先"体现的是顺序，"引领"强调的是作用；"优先"着眼于人才队伍自身建设，"引领"彰显了人才在经济社会发展全局中的地位和作用。

　　党的二十大报告指出："我们要坚持教育优先发展、科技自立自强、人才引领驱动，加快建设教育强国、科技强国、人才强国，坚持为党育人、为国育才，全面提高人才自主培养质量，着力造就拔尖创新人才，聚天下英才而用之。"

【1-49】错误用法：划出最大同心圆；把做人做事的底线画出来
　　　　正确用法：画出最大同心圆；把做人做事的底线划出来

辨析：

"画"指用笔或者类似笔的东西作出图形、线或作为标记的文字，如画十字、画等号、画同心圆；"划"指划分，如划出底线、划出红线。

党的十九大报告指出："要高举爱国主义、社会主义旗帜，牢牢把握大团结大联合的主题，坚持一致性和多样性统一，找到最大公约数，画出最大同心圆。"

2016年4月，习近平总书记对在全党开展"两学一做"学习教育作出重要指示："两学一做"学习教育，基础在学，关键在做。要突出问题导向，学要带着问题学，做要针对问题改，把合格的标尺立起来，把做人做事的底线划出来，把党员的先锋形象树起来，用行动体现信仰信念的力量。

【1-50】历史用法：推动建设持久和平、共同繁荣的和谐世界
　　　　正确用法：推动建设持久和平、普遍安全、共同繁荣、开放包容、清洁美丽的世界

解析：

二十大党章修正案将总纲第二十四自然段的"推动建设持久和平、共同繁荣的和谐世界"的表述，修改为"推动建设持久和平、普遍安全、共同繁荣、开放包容、清洁美丽的世界"。作出这样的修改，主要基于以下考虑。"建设一个持久和平、普遍安全、共同繁荣、开放包容、清洁美丽的世界"的重大倡议，是2017年1月18日国家主席习近平在日内瓦万国宫出席"共商共筑人类命运共同体"高级别会议时首次提出的。这一重大倡议一经提出就得到国内外的高度评价和热烈响应，多次载入国际多边、双边文件，产生广泛而深远的国际影响。这次修改党章，在原有"持久和平""共同繁荣"的基础上，增写"普遍安全""开放包容""清洁美丽"，完整表述习近平总书记这一重大倡议，是适时的、必要的，具有重大意义。

普遍安全，深刻反映了世界各国人民对安全和稳定的共同期盼。开放包容，深刻揭示了人类文明发展的前进动力。清洁美丽，深刻表达了世界各国保护地球家园的共同责任。

第二节　相关重要表述

【1-51】错误用法：半殖民半封建社会

　　　　正确用法：半殖民地半封建社会

辨析：

　　半殖民地半封建社会是指在形式上保留有封建社会国家机关及主权所有，同时在经济、政治、文化上受到外国资本主义国家控制与压迫的社会。随着其他资本主义国家控制力度的加强，一部分国家会完全丧失国家主权，成为彻底的殖民地国家；另一部分国家则发生反弹，取得独立地位。大部分国家半殖民地半封建社会的形成是不平等条约造成的直接影响。中国共产党将近代中国的社会性质总概括为"半殖民地半封建社会"。1939年12月，毛泽东同志主持撰写的《中国革命和中国共产党》一书指出，认清中国大陆近代半殖民地半封建社会的特点和主要矛盾，是认清一切革命问题的基本根据。

【1-52】错误用法：南京民国政府

　　　　正确用法：南京国民政府

辨析：

　　1925年3月孙中山逝世后，在中国共产党推动下，于7

月1日将原孙中山陆海军大元帅府改组而成国民政府，通称"广东革命政府"。1927年1月随着北伐战争的胜利发展，国民政府迁至武汉，通称"武汉政府"。同年4月12日蒋介石在上海发动反革命政变，18日在南京另立"国民政府"，称为南京国民政府。7月15日以汪精卫为首的武汉政府宣布反共，叛变革命，与南京政府合流。从此，国民政府成为国民党领导的代表帝国主义、封建主义和官僚资本主义利益的反动政权。1949年中国人民取得了解放战争的伟大胜利，国民政府被推翻。

★ 知识链接

国民政府与民国政府

民国政府即中华民国政府，民国政府与国民政府是包含与被包含的关系，国民政府是民国政府的一个组成部分。能够代表民国的合法政府主要有三个：（一）中华民国临时政府，（二）北洋政府，（三）国民政府。汪精卫投日后，1940年在南京成立的伪国民政府，则是一个彻头彻尾的汉奸傀儡政权。

中华民国临时政府

这是辛亥革命之后民国成立的第一个名义上的全国性政府，也是民国在全国范围内的第一个合法政府。为了能够推翻清王朝、实现南北统一，以孙中山为首的中华民国临时政府同意以民国大总统之位换取袁世凯出面逼清王朝退位。随后，孙中山履行承诺，辞去了临时大总统之位。袁世凯在北京就任民国大总统，历史正式进入北洋政府时期。

北洋政府

虽然袁世凯闹过复辟、袁世凯死后北洋系走向了长期分裂，但在很长一段时期里，北洋政府一直都是民国唯一获得世界各国广泛承认的合法政府。直到奉系入主北京、张作霖建立安国军政府，北洋政府一直都是民国的合法政府。因此，张作霖也成了北洋政府的最后一任"大总统"，虽然张作霖并没有大总统的名分。

随着张作霖命丧皇姑屯、张学良宣布易帜，国民政府才正式成为民国的合法政府。东北易帜宣告了北洋政府的结束，历史正式进入国民政府时期。

国民政府

1925年3月孙中山逝世后，在中国共产党推动下，于7月1日将原孙中山陆海军大元帅府改组而成国民政府，通称"广东革命政府"。1927年1月随着北伐战争的胜利发展，国民政府迁至武汉，通称"武汉政府"。同年4月12日蒋介石在上海发动反革命政变，18日在南京另立"国民政府"。7月15日以汪精卫为首的武汉政府宣布反共，叛变革命，与南京政府合流。从此，国民政府成为国民党领导的代表帝国主义、封建主义和官僚资本主义利益的反动政权。

由此可见，国民政府只是民国的合法政府之一，在它之前还有中华民国临时政府和北洋政府两个合法政府存在。民国指的是1949年10月1日以前的中华民国,台湾当局则只是中国的一个地方政府,只有中华人民共和国中央人民政府才是代表中国的唯一合法中央政府。

(摘编自《辞海》相关内容)

【1-53】错误用法:左倾机会主义;"右"倾机会主义;极"左";极"右"

正确用法:"左"倾机会主义;右倾机会主义;极左;极右

辨析:

左倾是指政治上追求进步、同情劳动人民的倾向。而带引号的"左"倾,则是政治思想上超越客观,脱离社会现实条件,陷入空想、盲动和冒险的倾向。所以,为了表示贬义,特在左字上添加了引号,即"左"倾,以区别于真正的左倾。"左"倾思想表现为急于求成,主观地夸大革命力量,轻视敌人力量和客观困难,在革命和建设中采取盲目的冒险的行动;或者在革命组织内部混淆两类不同性质的矛盾,采取残酷斗争、无情打击的政策;或者在同盟军问题上实行关门主义,打倒一切。

我们一般说的"左"倾指"左"倾机会主义。机会主义指工人运动或无产阶级政党内部出现的背离马克思主义基本原则的思潮、路线,是资产阶级和小资产阶级的反映,有两种表现形式:右倾机会主义,其特点是为了眼前暂时的利益而忘记根本大计,企图引导无产阶级去适合资产阶级一群一党的私利;"左"倾机会主义,其特点是超越客观过程的一定阶段,采取盲动主义以及关门主义等。两者都以主观和客观相分裂、认识和实际相脱离为特征,因而在一定条件下可以互相转化。

所谓极左,也就是把左派的思路推向极端,突破"自由的底线",所谓极右,也就是把右派的思路推向极端,突破"平等的底线",把反对国家限制强者推演成要强者控制国家欺凌弱者,宣称"国家就是为强者存在的",实行寡头专政,取消对弱者的一切保护,一切自由。极左和极右一样,都是对社会极其有害的。

大革命失败后,以毛泽东为代表的共产党人深入农村,开展土地革命,创建农村革命根据地。然而,并不是所有的共产党人都认识到建立农村革命根据地的重要性。大革命失败后,革命已经暂时处于低潮,党内一些人却主观认为革命形势"一直高涨",不顾敌我力量对比悬殊,确定实行以城市暴动为中心的全国暴动总策略,不顾客观可能盲目举行武装起义。由于大革命失败后反动派对共产党人实行极其残酷的大屠杀,在党内有些人也由此产生了强烈的阶级复仇情绪,因此在起义过程中不注意政策与策略,一味采取烧杀政策。因此,大革命失败后的一段时间,党内一度出现了"左"倾盲动错误,使革命受到了不应有的损失。

李立三的"左"倾冒险错误就给中国革命造成了严重的危害。1931年1月党的六届四中全会为标志,一种比"立三路线"更"左"的王明"左"倾教条主义开始统治全党。一直到1935年1月遵义会议前的这4年时间,称之为王明"左"倾教条主义统治党的时间。1937年11月,王明从莫斯科回国,随后出席12月召开的中央政治局会议,在这次会议上,王明在报告中一方面强调要坚持抗战、巩固和扩大以国共合作为中心的统一战线,但另一方面又提出"一切经过统一战线""一切服从抗日"的主张,对中共中央洛川会议以来在统一战线上本来正确的主张加以批评和指责,又犯了右倾错误。

【1-54】错误用法:四一二政变;七一五政变

正确用法:四一二反革命政变;七一五反革命政变

辨析:

四一二反革命政变是指1927年4月12日蒋介石在上海发动的反革命政变。在北伐战争顺利发展,工农运动不断高涨的形势下,国民党内以蒋介石为代表的右派集团加紧勾结帝国主义和大资产阶级,准备背叛革命。1927年4月12日,被蒋介石收买的青红帮流氓冒充工人,向分驻各处的工人纠察队队部发动袭击。随后,国民党第二十六军周凤岐部借口调解"工人内讧",强行解除工人纠察队武装并打死打伤纠察队员二三百人。13日,上海工人举行总罢工,再次遭受国民党军队屠杀。此后,蒋介石继续对共产党人和革命群众进行捕杀。四一二反革命政变,使大革命受到严重的摧残,标志着大革命的部分失败,是大革命从胜利走向失败的转折点。

1927年四一二反革命政变和马日事变后，一度标榜反对蒋介石的汪精卫集团势力迅速扩张，并加紧反革命活动。7月15日，汪精卫等人在武汉召开"分共"会议，宣布与共产党决裂，彻底背叛了孙中山制定的国共合作和反帝、反封建纲领。随后，又在"清党"的名义下大肆搜捕屠杀共产党人和革命群众，镇压工农群众。七一五反革命政变标志着第一次国共合作的最终破裂和大革命的失败。

【1-55】错误用法：第五次反围剿
　　　　正确用法：第五次反"围剿"

辨析：

中央苏区第五次反"围剿"是指1933年9月25日开始的，中国工农红军第一方面军在江西南部、福建西部反对国民党军第五次"围剿"的战役。从1933年9月25日至1934年10月间，蒋介石调集约100万兵力，采取"堡垒主义"新战略，对中央革命根据地进行大规模"围剿"。这时，王明"左"倾教条主义在红军中占据了统治地位，拒不接受毛泽东的正确建议，用阵地战代替游击战和运动战，用所谓"正规"战争代替人民战争，使红军完全陷于被动地位。经过一年苦战，终未取得反"围剿"的胜利。最后中央领导机关和红军主力于1934年10月仓促退出根据地。

类似地，抗战时期的反"扫荡"也应该加引号。我们在宣传工作中要树立政治意识，分清敌我关系。历史上内外反动派加在革命者身上的带有污蔑丑化意味的词一般应加引号,反之则正常使用。如1949年5月至1953年,中国人民解放军对残留在大陆的土匪、特务武装进行的作战行动就称为剿匪作战。

【1-56】错误用法:伪"满洲国"
　　正确用法:伪满洲国
辨析:
　　伪满洲国,是日本帝国主义侵占中国东北后建立的傀儡政权。1931年11月,日本侵略者把已废黜的清朝末代皇帝溥仪从天津秘密接到东北。1932年3月9日在长春成立,溥仪为伪执政,年号"大同",郑孝胥为伪国务总理。同年4月即同日本政府签订卖国的《日满协定书》,按此密约,伪满洲国的一切活动,都必须听从日本指挥。1934年3月1日更名为"满洲帝国",溥仪改称"皇帝",年号改为"康德"。1945年随着中国抗日战争的胜利而覆灭。
　　因为"伪"字已经表示否定,故其后不应再加引号表否定。

【1-57】错误用法:八年抗日战争
　　正确用法:"十四年抗日战争";"八年全面抗日战争"
辨析:
　　抗日战争是指中国各族人民在中国共产党倡导的、以国共合作为基础的抗日民族统一战线旗帜下,抗击日本帝国主义侵略的民族解放战争,是世界反法西斯战争的重要组成部分和东方主战场。以1931年九一八事变为起点,到1945年9月结束,经历了长达14年艰苦卓绝的斗争。中国抗日战争胜利,是近代以来中国抗击外来入侵的第一次完全胜利,为世界反法西斯战争胜利作出了巨大贡献。其中,1937年7月7日,日本帝国主义在卢沟桥发起进攻,中国军队予以还击。这就是卢沟桥事变,也称七七事变,从此中国人民开始了全面的抗日战争。

【1-58】错误用法:九一八事件

正确用法:九一八事变

辨析:

"事件"指历史上或社会上发生的不寻常的大事情,如"9·11"事件;"事变"为政治、军事方面的重大变化,特指突然发生的重大政治、军事性事件,如"七七事变""西安事变"。

九一八事变是1931年9月18日夜日本在中国东北蓄意制造并发动的一场侵华战争,是日本帝国主义侵华的开端。1931年9月18日夜,在日本关东军安排下,铁道"守备队"炸毁沈阳柳条湖附近的南满铁路路轨(沙俄修建,后被日本所占),并栽赃嫁祸于中国军队。日军以此为借口,炮轰沈阳北大营,是为"九一八事变"。次日,日军侵占沈阳,又陆续侵占了东北三省。1932年2月,东北全境沦陷。此后,日本在中国东北建立了伪满洲国傀儡政权,开始了对东北人民长达14年之久的奴役和殖民统治。九一八事变是日本帝国主义长期以来推行对华侵略扩张政策的必然的结果，也是企图把中国变为其独占的殖民地而采取的重要步骤。它同时标志着世界反法西斯战争的开始，揭开了第二次世界大战东方战场的序幕。

【1-59】错误用法：一二九运动
正确用法：一二·九运动

辨析：

一二·九运动是土地革命战争后期，中国共产党领导的一次大规模学生爱国运动。1931年日本帝国主义侵占中国东北后，又逐渐将侵略势力扩展到华北，国民党政府坚持妥协退让政策，准备成立"冀察政务委员会"，以适应日本提出的"华北政权特殊化"要求。在严重的民族危机面前，中共发表了《八一宣言》，号召全国人民起来抗日救国。1935年12月9日，北平学生6000余人举行示威游行，高呼"停止内战，一致抗日""打倒日本帝国主义""反对华北自治运动"。游行学生遭到国民党政府镇压。次日，北平各校学生宣布总罢课。12月16日，学生和1万余名市民再度举行示威游行，迫使"冀察政务委员会"延期成立。全国人民纷纷响应，掀起了中国人民抗日救国的新高潮。毛泽东同志指出，一二·九运动是动员全民族抗战的运动，有着重大的历史意义。

请注意月份表示运动、事变时中圆点的用法，特别是在11月、12月、1月时可能引起歧义的情况下，如"一·二八抗战""一二·一运动"。

第一章 关于时事政治的相关用法

【1-60】错误用法：校场口事件

　　正确用法：较场口事件

辨析：

　　"校场"是旧时操演或比武的场地。重庆较场口比较特殊，在清代的古地图上即标注为"较场"，较场口是明清时期的练兵场，也是川东武生考取武举的地方，有"大校场"和"小校场"之分。小校场如今还在，即小较场巷。这一地名容易混淆。

　　较场口事件是1946年国民党特务殴打民主人士的事件。1946年2月10日，重庆各界群众在较场口广场举行大会，庆祝政治协商会议成功召开。国民党派特务捣毁会场，打伤李公朴（不是李公仆）、郭沫若等民主人士和新闻记者等60多人。这一事件暴露了国民党政府破坏政协决议、坚持独裁内战的真面目。

【1-61】错误用法：建国以来

　　正确用法：中华人民共和国成立以来；新中国成立以来

辨析：

　　"建国"意为"建立中国"，我们国家自约公元前2070年建立夏朝至今已经几千年了。1949年10月1日，毛泽东同志在天安门城楼上宣布："中华人民共和国中央人民政府今天成立了！"这标志着中华人民共和国的成立。这不是建国，没有两个中国的建立，而是历史的中国发展到现代意义上的中国。现在表述当以"中华人民共和国成立以来"为宜。"新中国成立以来"是"中华人民共和国成立以来"更简洁的表述，也是一种规范的用法。1949年10月1日中华人民共和国的成立，掀开了中国历史的崭新一页，"旧中国"和"新中国"，标志着中国两个紧密相连又相互区别的阶段，而中国也从此有了更加客观、全面、科学和体现时代特色的含义。

习近平总书记2019年10月1日在庆祝中华人民共和国成立70周年大会上的讲话中说："今天，我们隆重集会，庆祝中华人民共和国成立70周年。"党的二十大报告指出，"在新中国成立特别是改革开放以来长期探索和实践基础上，经过十八大以来在理论和实践上的创新突破，我们党成功推进和拓展了中国式现代化"。

【1-62】错误用法：中国革命、建设、改革开放是一项完整事业

正确用法：中国革命、建设、改革是一项完整事业

辨析：

中国革命、建设和改革是近代以来中华民族的历史选择，中国走社会主义道路是中国革命、建设、改革的成功之道，中国革命、建设和改革是世界发展潮流与我国国情相结合的产物，中国革命、建设和改革具有社会性质的统一性。只有科学地回答"中国革命、建设、改革是一项完整事业"这一重大课题，我们才能在坚持中国特色社会主义道路上不动摇，不断增强走这条正确道路的自觉性坚定性，不断拓展

这条正确道路的丰富内涵，创造中国特色社会主义事业更加美好的未来。其中"改革"是指党的十一届三中全会，在我们党和国家面临向何处去的重大历史关头，从根本上纠正"文化大革命"及以前的"左"倾错误，作出了把党和国家的工作中心转移到经济建设上来、实行改革开放的历史性决策，从而实现了新中国成立以来具有深远意义的伟大历史性转折。"革命、建设、改革"是递进发展、有机统一的关系。

习近平总书记2013年12月26日在纪念毛泽东同志诞辰120周年座谈会上的讲话中指出："我们党领导的革命、建设、改革伟大实践，是一个接续奋斗的历史过程，是一项救国、兴国、强国，进而实现中华民族伟大复兴的完整事业。"

【1-63】错误用法：1949年10月1日新中国成立后，开始使用"中国人民解放军"的称谓

正确用法：1948年11月1日，中共中央军委作出《关于统一全军组织及部队番号的规定》，团以上各部队均冠以"中国人民解放军"的称谓

辨析：

早在抗日战争的战略反攻阶段，八路军、新四军一度使用"解放军"的称谓。1946年6月，国民党发动全面内战。"人民解放军"的称谓被重新提出。1946年9月12日，《解放日报》在社论中再次使用"人民解放军"的称谓。1946年10月3日，《解放日报》在《为实现一月停战协定及政协决

议而斗争》的社论中，第一次正式提出"中国人民解放军"的称谓。

1947年10月10日，《中国人民解放军宣言》发表，这是全军性改称"人民解放军"的重要标志。到1948年初，全军各部队均改称为中国人民解放军。1948年11月1日，中共中央军委作出《关于统一全军组织及部队番号的规定》，团以上各部队均冠以"中国人民解放军"的称谓。从此，"中国人民解放军"的称谓一直沿用至今。

【1-64】错误用法：联合国军
正确用法："联合国军"

辨析：

"联合国军"，是1950年根据联合国安理会通过的美国以朝鲜战争为由提出"建议联合国成员国向大韩民国提供为制止武装进攻并恢复这一地区的国际和平与安全所必需的援助"，并且提出以集体安全为由制裁朝鲜的决议。美国国务院和国防部共同起草一项提案，提出成立"联合国军"司令部，由美军推荐一名司令统一指挥，麦克阿瑟、李奇微和马克·克拉克先后担任司令。"联合国军"总部设在日本东京。

"联合国军"并非联合国实体，也不在联合国命令和控制范围内。它不是安理会附属机构也不通过联合国预算资助。"联合国军"是冷战时期的产物，名不符实，不具合法性，充斥着军事对抗色彩。

第一章　关于时事政治的相关用法

★ 知识链接

抗美援朝战争

1950年6月25日，朝鲜内战爆发。美国总统杜鲁门命令美军驻太平洋第七舰队侵入台湾海峡，声称"阻止对台湾的任何进攻"，美国的行径不仅严重侵犯了中国的主权和领土完整，威胁了新中国的安全，而且在关键时刻阻挠了中国统一的进程。随后美国操纵联合国安理会通过非法决议，纠集以美国为首的16个国家组织"联合国军"，武装入侵朝鲜。

中国政府对于美国政府的侵略行径立即作出反应。6月28日，毛泽东发表讲话，号召"全国和全世界的人民团结起来，进行充分的准备，打败美帝国主义的任何挑衅"，表明中国的严正立场。7月13日，中央军委着手组建东北边防军。9月15日，以美国为首的"联合国军"从仁川登陆，并很快进抵"三八线"。美国当局低估了中国人民的决心和力量，对中国政府多次警告充耳不闻。"联合国军"于10月7日越过"三八线"，19日占领平壤，进而把战火引向鸭绿江边，严重威胁中国的国家安全。应朝鲜党和政府请求，中共中央作出了抗美援朝、保家卫国的战略决策。10月8日，中央军委主席毛泽东签署命令，组成中国人民志愿军，任命彭德怀为司令员兼政委。

经过了五次战役，尤其是第四、第五次战役，美国政府意识到，要打到鸭绿江边迅速结束朝鲜战争已经毫无希望，于是试图谈判结束战争。从1951年7月开始,双方在开城(后迁至板门店)举行停战谈判。自此,战争进入边谈边打的相持阶段。

1953年7月27日,《朝鲜停战协定》在板门店正式签字。朝鲜战争以中朝军队和人民的胜利宣告结束。

(摘自《中国共产党的九十年》,中共党史出版社、
党建读物出版社2016年版)

【1-65】错误用法:在新民主主义时期,党形成的三大优良作风是理论联系实际、密切联系群众、实事求是

正确用法:在新民主主义时期,党形成的三大优良作风是理论联系实际、密切联系群众、批评和自我批评

辨析:

党的作风是党的马克思主义的领导作风、思想作风、工作作风。在新民主主义时期,党形成了三大优良作风,分别是理论联系实际的作风、密切联系群众的作风、批评和自我批评的作风。批评和自我批评的作风就是对党内、同志之间在思想上、作风上、工作中存在的缺点错误,真诚而又严肃地提出批评,帮助犯错误的同志提高认识,取得进步;对自身的缺点、错误认真地进行自我检查,提出纠正的方法,取得深刻的教训。批评和自我批评,要本着"团结——批评

——团结"的原则,采取"惩前毖后,治病救人"的方针,团结同志,改正错误,取得进步。

【1-66】历史用法:无产阶级专政
　　正确用法:人民民主专政

辨析:

人民民主专政是有中国特色的无产阶级专政。在新中国成立前夕,我们党领导人民民主统一战线将"无产阶级专政"转变为"人民民主专政"。人民民主专政是指工人阶级领导的,以工农联盟为基础的,对人民实行民主和对敌人实行专政的国家制度,是中国人民实行无产阶级专政的一种形式。它是以毛泽东为代表的中国共产党人把马克思列宁主义关于无产阶级专政理论同中国具体情况相结合而创建的适合中国国情和革命传统的政权形式。

起着临时宪法作用的《中国人民政治协商会议共同纲领》,明确"中国人民民主专政是中国工人阶级、农民阶级、小资产阶级、民族资产阶级及其他爱国民主分子的人民民主统一战线的政权,而以工农联盟为基础,以工人阶级为领导"。也就是说,民族资产阶级、小资产阶级不是专政的对象,而是人民的一部分,是人民民主专政的阶级基础。这就将马克思主义无产阶级专政中国化为"人民民主专政",实现了马克思主义国家学说和政体理论中国化最为关键的一步。

【1-67】错误用法：1949年10月1日，毛泽东在天安门城楼上庄严宣告"中国人从此站立起来了"

正确用法：1949年9月21日，毛泽东在中国人民政治协商会议第一次全体会议开幕式上宣告"中国人从此站立起来了"

辨析：

1949年9月21日举行了中国人民政治协商会议第一次全体会议开幕式，毛泽东在开幕词中庄严宣告："我们有一个共同的感觉，这就是我们的工作将写在人类的历史上，它将表明：占人类总数四分之一的中国人从此站立起来了""我们的民族将再也不是一个被人侮辱的民族了""让那些内外反动派在我们面前发抖罢，让他们去说我们这也不行那也不行罢，中国人民的不屈不挠的努力必将稳步地达到自己的目的"。

1949年10月1日，庆祝中华人民共和国中央人民政府成立典礼在首都北京举行，毛泽东在天安门城楼上庄严宣告："中华人民共和国中央人民政府今天成立了！"中华人民共和国的成立，标志着中国近代以来无数仁人志士为之奋斗的民族独立、人民解放的基本历史任务的胜利完成，并由此开始了为实现国家繁荣富强、人民共同富裕的基本任务而奋斗的新征程，具有重大而深远的意义。

【1-68】错误用法：大跃进运动
正确用法："大跃进"运动

辨析：

指1958—1960年全国在经济建设中开展的以实现工农业生产高指标为主要特征的群众运动。1957年9月起，毛泽东在中共八届三中全会、南宁会议和成都会议上多次批评"反冒进"。1957年10月27日，《人民日报》社论首次提出"大跃进"口号。1958年5月，中共八大二次会议通过社会主义建设总路线，"大跃进"在全国展开。8月，北戴河会议通过一系列经济建设高指标计划，提出1958年钢产量在1957年基础上翻一番，达到1070万吨。会后，掀起几千万人参加的大炼钢铁运动。以高指标、瞎指挥、浮夸风和"共产风"为主要标志的"左"倾错误泛滥，1959年中一度有所控制，庐山会议提出"反右倾"后，"左"倾错误更为膨胀，国民经济遭受巨大破坏。

1960年6月，中共中央在上海举行政治局扩大会议，初步总结几年来经济工作的经验教训，"大跃进"运动得以逐步停止。这场运动是党在探索建设社会主义道路过程中的一次严重挫折，其失误是急于求成，在建设速度上盲目求快。故应该在大跃进上加引号表否定。

【1-69】错误用法：文化大革命
　　正确用法："文化大革命"

辨析：

　　"文化大革命"，简称"文革"，是1966年5月到1976年10月由领导者错误发动，被反革命集团利用，给党、国家和各族人民带来严重灾难的内乱。发动的指导思想是"无产阶级专政下继续革命的理论"。1966年5月中共中央政治局扩大会议和同年8月中共八届十一中全会的召开，是"文化大革命"全面发动的标志。1976年10月上旬中共中央政治局采取果断措施粉碎"四人帮"，党依靠自己的力量结束了"文化大革命"。1981年6月，党的十一届六中全会审议和通过的《关于建国以来党的若干历史问题的决议》，对"文化大革命"作了正确总结，科学分析了在这些事件中党的指导思想的正确和错误，分析了产生错误的主观因素和社会原因，从根本上否定了"文化大革命"。因此，"文化大革命"需加引号表示否定。

　　习近平总书记2013年12月26日在纪念毛泽东同志诞辰120周年座谈会上的讲话中指出："毛泽东同志晚年的错误有其主观因素和个人责任，还在于复杂的国内国际的社会历史原因，应该全面、历史、辩证地看待和分析。""前事不忘，后事之师。一个马克思主义政党对自己的错误所抱的态度，是衡量这个党是否真正履行对人民群众所负责任的一个最重要最可靠的尺度。我们党对自己包括领袖人物的失误和错误历来采取郑重的态度，一是敢于承认，二是正确分析，三是坚决纠正,从而使失误和错误连同党的成功经验一起成为宝贵的历史教材。""历史总是向前发展的,我们总结和吸取历史教训,目的是以史为鉴、更好前进。"

【1-70】错误用法:四项基本原则指"坚持社会主义道路,坚持人民民主专政,坚持共产党的领导,坚持改革开放"

  正确用法:四项基本原则指"坚持社会主义道路,坚持人民民主专政,坚持共产党的领导,坚持马克思列宁主义、毛泽东思想"

辨析:

　　1979年3月30日,邓小平在党的理论工作务虚会上发表了《坚持四项基本原则》的讲话,强调在社会主义现代化的过程中,必须始终"坚持社会主义道路"、"坚持无产阶级专政"(1981年改为"人民民主专政")、"坚持共产党的领导"、"坚持马列主义、毛泽东思想"四项基本原则。1981年6月,中共十一届六中全会决议指出要坚持四项基本原则。《中华人民共和国宪法》明确规定必须坚持四项基本原则。在发展中国特色社会主义的整个历史进程中,必须始终坚持四项基本原则。坚持四项基本原则,是立国之本;坚持改革开放,是强国之路。

　　党的十八大关于《中国共产党章程(修正案)》的决议指出:"改革开放是强国之路,是新时期最鲜明的特点。我国过去三十多年的快速发展靠的是改革开放,未来发展也必须坚定不移依靠改革开放。只有改革开放，才能发展中国、发展社会主义、发展马克思主义。把这方面内容写入党章，有利于全党更加深刻地认识坚持改革开放的重大意义，更加自觉、更加坚定地推进改革开放。"

【1-71】错误用法：邓小平南巡讲话

　　　　正确用法：邓小平南方谈话

辨析：

　　1992年，在我国的改革开放进行到关键时刻，邓小平同志怀着对改革开放与中华民族命运的深厚关切，于1月18日至2月21日前往武昌、深圳、珠海、上海等地视察，发表了一系列重要讲话，后来被整理为《在武昌、深圳、珠海、上海等地的谈话要点》。邓小平同志的讲话思想高屋建瓴，从理论上回答了长期困扰和束缚人民思想的许多重大问题，这就是著名的南巡讲话。

　　南巡讲话是我国改革开放史上的重大事件，在当时引起了强烈反响。1992年2月24日《人民日报》发表了社论《改革的胆子再大一些》，南巡讲话也被整理成中央二号文件下发。邓小平的南巡讲话思想，主导了1992年10月召开的党的十四大的政治路线，最终确立了社会主义市场经济的地位。由于"南巡"一词带有帝制色彩，容易让人想到古代帝王的巡幸，在后来的宣传中都使用南方谈话来代替南巡讲话。从此南方谈话一直被沿用。

第一章 关于时事政治的相关用法

【1-72】错误用法：消除剥削，消灭两极分化，最终达到共同富裕

正确用法：消灭剥削，消除两极分化，最终达到共同富裕

辨析：

"消除"指除去不利的事物，"消灭"指除掉敌对的或有害的人或事物。因此，应该是"消灭剥削""消除两极分化"。

邓小平同志指出："社会主义的本质是解放生产力，发展生产力，消灭剥削，消除两极分化，最终达到共同富裕。"促进贫困地区加快发展，对推动城乡、区域经济社会协调发展，对提高贫困地区群众生活水平，保障社会公平正义具有重要作用。我们要通过深入推进扶贫开发，加快贫困地区经济社会发展，推动缩小贫困地区的发展差距，让全体人民共享改革发展成果，不断为实现共同富裕打下坚实基础。

【1-73】错误用法：面向现代化，面向未来，面向世界

正确用法：面向现代化，面向世界，面向未来

权威出处：

1983年10月1日，邓小平为北京景山学校题词："教育要面向现代化，面向世界，面向未来"。这为新时期我国教育体制的改革和发展指明了正确的方向。后来，人们又将"三个面向"的内涵延伸到科技、文化及其他社会生活领域，作为本领域、本行业改革、开放工作的指导方针和行动

口号。发展中国特色社会主义文化，就是以马克思主义为指导，坚守中国文化立场，立足当代中国现实，结合当今时代条件，发展面向现代化、面向世界、面向未来的，民族的科学的大众的社会主义文化，推动社会主义精神文明和物质文明协调发展。

【1-74】错误用法：东欧巨变、苏联解体；苏联东欧剧变；苏东巨变

正确用法：苏联解体、东欧剧变；苏东剧变

辨析：

"巨变"指巨大的变化，适用巨变的语句，大都对这种变化有预料或认为这种变化是合理或必然的，如"家乡面貌发生了巨变"。"剧变"指剧烈的变化，适用剧变的语句，大都对这种变化不能预料、常常是人们不希望发生的情况突然发生，如"政治局面发生了剧变"。

苏联解体、东欧剧变是20世纪80年代末90年代初发生的有重要影响的世界性历史事件。有着90多年历史、执政70多年的苏联共产党最终解散，第一个社会主义大国苏联最终解体，东欧社会主义国家接连垮台，社会主义制度在这些地区整体消失，东欧社会主义阵营的大厦轰然倾覆。从时间顺序上看，东欧"政治地震"在先，苏联解体在后，但这场重大事件的肇始者和事件源头在苏联，主要是苏共领导人戈尔巴乔夫倡导的"新思维"及其指导下的"改革"。戈尔巴乔夫对东欧国家的剧变采取纵容和支持态度，实际上与西

方和苏东内部的反共反社会主义势力一起加速了剧变进程，加速了苏共瓦解和苏联解体，故称"苏东剧变"。

2018年8月30日《经济日报》发文指出："苏东剧变后，世界社会主义事业走入低谷。历史给中国共产党人提出一个全新的课题：中国共产党能否基于马克思主义基本原理并为发展马克思主义作出中国的原创性贡献，打破西方学者关于资本主义制度'终结人类历史'的狂妄臆想，引领中国走向繁荣富强，进而为世界社会主义运动发展作出贡献？党的十八大以来，以习近平同志为核心的党中央接过历史的接力棒，在中国共产党人以一系列重大理论创新引领中国稳住阵脚向前发展的基础上，从理论和实践结合上系统回答新时代坚持和发展什么样的中国特色社会主义、怎样坚持和发展中国特色社会主义这个重大时代课题，提出一系列新理念新思想新战略，创立了习近平新时代中国特色社会主义思想。"

【1-75】错误用法：邓小平同志提出的"三个有利于"指有利于发展社会主义生产力、有利于增强社会主义的综合国力、有利于提高人民的生活水平

正确用法：邓小平同志提出的"三个有利于"指有利于发展社会主义社会生产力、有利于增强社会主义国家的综合国力、有利于提高人民的生活水平

辨析：

1992年初，邓小平在视察南方时，针对一段时期以来，党内和国内不少人在改革开放问题上迈不开步子，不敢闯，以及理论界对改革开放性质的争论，指出："要害是姓'资'还是姓'社'的问题。判断的标准，应该主要看是否有利于发展社会主义社会的生产力，是否有利于增强社会主义国家的综合国力，是否有利于提高人民的生活水平。"从此，"三个有利于"成为人们衡量一切工作是非得失的判断标准。

"三个有利于"标准，充分体现了以人民为中心的发展思想，是判断中国特色社会主义的根本标准。可以说，中国特色社会主义事业不断向前推进，每一步前进，都与坚持"三个有利于"标准分不开。随着改革开放深入推进，我国在取得巨大成就的同时，也出现了过度追求经济高速增长导致的生态环境严重破坏、贫富差距日益扩大、利益固化等现象，我们所面对的社会问题，比20世纪要复杂得多，因此更需要解放思想，转变观念，坚持"三个有利于"标准，用高度务实的系统思维观察世界，避免看问题的简单化和概念化。

【1-76】错误用法：《国家"八七"扶贫攻坚战略》；扶贫攻坚战

正确用法：《国家八七扶贫攻坚计划》；脱贫攻坚战

辨析：

1994年4月15日，国务院印发《国家八七扶贫攻坚计划》。这一计划提出，从1994年到2000年，集中人力、物力、财力,动员社会各界力量,力争用7年左右的时间,基本解决当时全国农村8000万贫困人口的温饱问题。"八七"即是8000万贫困人口在7年内解决之简述。根据有关文件,"公文标题中除法规、规章名称加书名号外,一般不用标点符号。"因此不在"八七"上面加引号。

党的十八届五中全会把"扶贫攻坚"改为"脱贫攻坚",提出到2020年一定要兑现脱贫承诺。2015年11月29日,发布了《中共中央 国务院关于打赢脱贫攻坚战的决定》。2020年,这场举全党全国之力的脱贫攻坚战取得决定性胜利。11月23日,是一个载入史册的不平凡的日子,我国最后9个贫困县实现贫困退出。2021年2月25日,习近平总书记在全国脱贫攻坚总结表彰大会上庄严宣告:我国脱贫攻坚战取得了全面胜利。

【1-77】错误用法:实现好、发展好、维护好最广大人民根本利益

正确用法:实现好、维护好、发展好最广大人民根本利益

辨析:

"实现好、维护好、发展好"是一个不断递进的过程,只有"实现好"才能"维护好",只有"维护好",才能"发展好"。

要坚持人民主体地位,顺应人民群众对美好生活的向往,不断实现好、维护好、发展好最广大人民根本利益,做

到发展为了人民、发展依靠人民、发展成果由人民共享；要通过深化改革、创新驱动，提高经济发展质量和效益，生产出更多更好的物质精神产品，不断满足人民日益增长的物质文化需要；要全面调动人的积极性、主动性、创造性，为各行业各方面的劳动者、企业家、创新人才、各级干部创造发挥作用的舞台和环境；要坚持社会主义基本经济制度和分配制度，调整收入分配格局，完善以税收、社会保障、转移支付等为主要手段的再分配调节机制，维护社会公平正义，解决好收入差距问题，使发展成果更多更公平惠及全体人民。

【1-78】错误用法：发展为了人民、发展依靠人民、发展成果与人民共享

正确用法：发展为了人民、发展依靠人民、发展成果由人民共享

辨析：

"与人民共享"指跟人民一起共享，"由人民共享"指归人民共享，这是完全不同的表述。

党的二十大报告指出，"坚持以人民为中心的发展思想。维护人民根本利益，增进民生福祉，不断实现发展为了人民、发展依靠人民、发展成果由人民共享，让现代化建设成果更多更公平惠及全体人民"。

第一章　关于时事政治的相关用法

【1-79】错误用法：利为民所谋、情为民所系、权为民所用

　　正确用法：权为民所用、情为民所系、利为民所谋

辨析：

　　2002年12月6日，胡锦涛和中央书记处的同志到西柏坡考察学习时指出："各级领导干部要坚持深入基层、深入群众，倾听群众呼声，关心群众疾苦，时刻把人民群众安危冷暖挂在心上，做到权为民所用、情为民所系、利为民所谋。"

　　胡锦涛同志的重要讲话阐明了我们党全心全意为人民服务的宗旨在执政条件下就是以人为本、执政为民，贯彻落实以人为本、执政为民的根本措施就是做到权为民所用、情为民所系、利为民所谋。"权为民所用、情为民所系、利为民所谋"思想的三个方面是紧密联系在一起的，是不可分割的统一体。"权为民所用"是关键，是起决定作用的，作为执政党，只有"权为民所用"才能谈得上"情为民所系""利为民所谋"；"情为民所系"是"权为民所用""利为民所谋"的思想前提和感情基础，只有对人民群众充满深厚的感情，才能为人民掌好权、谋好利；"利为民所谋"是"权为民所用""情为民所系"的出发点和落脚点，"权为民所用""情为民所系"最终目的是把最广大人民的根本利益实现好、维护好、发展好。

【1-80】错误用法:《反国家分裂法》《中华人民共和国反分裂国家法》

正确用法:《反分裂国家法》

辨析:

《反分裂国家法》是为了反对和遏制"台独"分裂势力分裂国家,促进祖国和平统一,维护台湾海峡地区和平稳定,维护国家主权和领土完整,维护中华民族的根本利益,根据宪法制定的法律。《反分裂国家法》由中华人民共和国第十届全国人民代表大会第三次会议于2005年3月14日通过,于2005年3月14日公布,自公布之日起施行。

《反分裂国家法》仅适用于台湾问题,主要内容是鼓励两岸继续交流合作,但同时也首次明确提出了在三种情况下中国大陆可用"非和平手段"处理台湾问题的底线。该法公布实施以来,在反对和遏制"台独"分裂行径、维护台海和平稳定、促进两岸关系和平发展等方面,发挥了十分重要的作用。

【1-81】错误用法:增强政治敏感性和政治鉴别力

正确用法:增强政治敏锐性和政治鉴别力

辨析:

敏感指生理上或心理上对外界事物反应很快;敏锐指(感觉)灵敏,(眼光)尖锐。只有具备高度的政治敏锐性,才能见微知著、明辨是非,才能练就"草摇叶响知鹿过、松风一起知虎来、一叶易色而知天下秋"的本领,才能"不畏浮云遮望眼"、透过现象看本质。

2018年6月29日,习近平总书记在主持党的十九届中央政治局第六次集体学习时的讲话中指出,"全党同志特别是各级领导干部必须增强风险意识,提高防范政治风险能力。要教育引导各级领导干部增强政治敏锐性和政治鉴别力,对容易诱发政治问题特别是重大突发事件的敏感因素、苗头性倾向性问题,做到眼睛亮、见事早、行动快,及时消除各种政治隐患。"

【1-82】错误用法:有法可依、有法必依、执法必严、违法必纠
正确用法:有法可依、有法必依、执法必严、违法必究

辨析:

"纠"指纠正,有错必纠;"究"指追究,对违法者要追究法律责任。

在继承新中国成立初期法制建设成就和对"文革"拨乱反正的基础上,党的十一届三中全会提出了社会主义法制建设的"十六字方针",即"有法可依、有法必依、执法必严、违法必究"。"十六字方针"适应改革开放初期的具体国情,要为改革开放提供一个良好的制度环境,"有法可依"必然成为法制建设的重点。

1997年党的十五大报告提出,到2010年基本形成中国特色社会主义法律体系。2007年党的十七大提出,要完善中国特色社会主义法律体系。2012年党的十八大报告明确提出,法治是治国理政的基本方式。党的十九大报告继续明确"全面推进依法治国的总目标之一就是建设中国特色社会主义法治体系"。党的十九届四中全会提出"坚持和完善中国特色社会主义法治体系,提高党依法治国、依法执政能力",将法治体系建设与依法治国、依法执政能力紧密地联系在一起,为从理论上深入研究和阐述法治体系建设与提升治理效能的关系提供了非常清晰的政策思路。

【1-83】错误用法:坚持干部队伍年轻化、知识化、专业化
　　　　正确用法:坚持干部队伍革命化、年轻化、知识化、专业化

辨析:

1982年9月,党的十二大首次把"努力实现干部队伍的革命化、年轻化、知识化、专业化"的方针载入党章,此后的党章都重申了这一方针。"四化"方针是针对整个干部队伍建设的总体要求,是德才兼备、以德为先原则在新的历史条件下的具体表现。

革命化,主要指干部应该忠诚于马克思主义,坚持走中国特色社会主义道路,具有较高的理论素养和坚定的共产主义信念,具有全心全意为人民服务的无私奉献精神等。年轻化,主要是指领导干部应年富力强、精力充沛,在干部队伍和领导班子的年龄上形成梯次结构,能够胜任繁重的工作任务。知识化和专业化,主要是指干部队伍特别是领导班子成员应具备一定的科技、文化、专业知识,领导班子成员应形成合理的专业结构。"四化"方针是一个相互联系、不可分割的整体,其中革命化是前提,年轻化是关键,知识化、专

业化是基本条件，四者缺一不可。只有全面理解和把握干部队伍"四化"方针，才能在实践中坚决贯彻落实。

【1-84】错误用法：改革开放和社会主义现代化建设时期
　　　　正确用法：改革开放和社会主义现代化建设新时期
辨析：

中国共产党百余年历史可以划分为四个历史时期：从1921年7月中国共产党成立至1949年10月中华人民共和国成立，是党的新民主主义革命时期。从1949年10月至1978年12月党的十一届三中全会召开，是党的社会主义革命和建设时期。从1978年12月至2012年11月党的十八大召开，是党的改革开放和社会主义现代化建设新时期。从2012年11月至今是党的中国特色社会主义新时代，这个时期如果划下限的话，从历史学和政治学角度可以划到21世纪中期。

在党的历史进程中，我们使用过新时期、新阶段、新世纪新阶段、新时代等不同的概念。新时期指的是党的十一届三中全会以来开启的改革开放和社会主义现代化建设新时期。新世纪新阶段说的是从20世纪跨入21世纪，就是指21世纪。新阶段用得最广泛。新时代和新时期、新阶段的表述是怎样的关系呢？新时代在一定意义上和新时期、新阶段有相同相通之处，主要是从党和国家事业的历史性变革，从深刻变化的国际国内形势，从我们所处的历史方位、所肩负的历史使命和历史任务这个角度使用的概念。新时代比新时期、新阶段更鲜明、更响亮、更具感召力,更能反映出时代本质的特征。需要说明的是,这里我们所说的新时代,不是历史学上时代划分的概念。从党的十八大起,我国社会发展处在一个新的历史起点上,中国特色社会主义进入了新时代。党的十八大是中国特色社会主义进入新时代的历史坐标点,是重大历史节点。

【1-85】错误用法:科学执政、依法执政、民主执政
　　　　正确用法:科学执政、民主执政、依法执政
辨析:

党章明确规定:"党要适应改革开放和社会主义现代化建设的要求,坚持科学执政、民主执政、依法执政,加强和改善党的领导。"这一执政理念的提出,深刻阐明了我们党的执政方式,明确回答了我们党怎样执政、为谁执政、靠什么执政的重大问题,是党的执政能力建设的重要目标和要求,是我们党对执政理念、执政目标和执政规律的新认识。

科学执政、民主执政、依法执政三者是相互联系、辩证统一的。科学执政是基础,民主执政是核心,依法执政是保证。科学执政、民主执政、依法执政三位一体,共同构成党的执政方式,反映党的执政理念和执政规律。

党的二十大报告指出,"坚持科学执政、民主执政、依法执政,贯彻民主集中制,创新和改进领导方式,提高党把方向、谋大局、定政策、促改革能力,调动各方面积极性"。

【1-86】错误用法：极端宗教思想；极端宗教主义；极端宗教势力

　　正确用法：宗教极端思想；宗教极端主义；宗教极端势力

权威出处：

　　《人民日报》2014年5月7日发表了题为《不给宗教极端思想任何市场》的文章，其中指出，宗教倡导的社会关系应是和谐、和睦，宗教推崇的文化应是和合、宽容。宗教极端思想，就是歪曲宗教信仰的本意，以错误的解读、偏激的阐发，诱使人离开信仰的正道而堕入歧途。为了有效抵制、清除宗教极端思想，我们要全面贯彻落实党的宗教信仰自由政策，遵守国家宪法对宗教信仰自由的保障，让全社会善待宗教；同时我们要积极引导宗教与社会主义社会相适应，使宗教活动"遵守国家的法律、法规和方针政策"。

　　党的二十大报告指出，"共建共治共享的社会治理制度进一步健全，民族分裂势力、宗教极端势力、暴力恐怖势力得到有效遏制，扫黑除恶专项斗争取得阶段性成果，有力应对一系列重大自然灾害，平安中国建设迈向更高水平"。

　　相应地，"极端宗教主义"应为"宗教极端主义"；"极端宗教势力"应为"宗教极端势力"。

【1-87】错误用法：中国共产党是工人阶级的先锋队，同时是中国人民的先锋队

正确用法：中国共产党是中国工人阶级的先锋队，同时是中国人民和中华民族的先锋队

辨析：

中国共产党同时是中国人民和中华民族的先锋队，深刻揭示了中国共产党的代表性和群众性。党在瓦窑堡会议决议中就明确指出，中国共产党"又是全民族的先锋队，因此一切愿意为着共产党的主张而奋斗的人，不问他们的阶级出身如何，都可以加入共产党"。中国共产党自身没有任何私利，不仅代表中国工人阶级的利益，而且代表中国人民和中华民族的利益。实现国家富强、民族振兴、人民幸福，不仅符合中国工人阶级的利益，也是中国人民和中华民族的根本利益所在。

"两个先锋队"体现了党的阶级基础的先进性与代表人民利益的广泛性的有机统一。今天，中国共产党作为执政党，绝不仅仅只对本阶级负责，而必须对全国人民、全民族负责。

【1-88】错误用法：普世价值

正确用法："普世价值"

辨析：

"普世价值"实际上是以西方为中心的价值观，是"西方文明的独特产物"。"普世价值"是西方对付非西方社会的意识形态。价值是客体对于主体需要的满足和意义。在现实

世界，人的主体形态是多层次、多样化的，主客体之间的关系也是如此。因此，并不存在超越时空、永恒不变的价值观念。"普世价值"实际上是以西方为中心的价值观，是"西方文明的独特产物"。它经历了从西方宗教的普世主义，到西方神学家倡导的普世伦理，再到而今代表着西方强势话语、专指西方政治理念和制度模式的演变过程。

长期以来，一些西方国家把他们演绎的"自由""民主""人权"等价值观念鼓吹为"普世价值"，在世界范围内进行推销，对那些不听命、不顺从他们的国家，更是挥舞价值观念的大棒进行打压。我们要警惕借所谓"普世价值"抹黑我们党、我国社会主义制度和文化传统的行为，加快构建充分反映中国特色、民族特性、时代特征的价值体系，努力抢占价值体系的制高点。

习近平总书记在联合国成立70周年系列峰会上的讲话中指出："和平、发展、公平、正义、民主、自由，是全人类的共同价值，也是联合国的崇高目标。"习近平总书记站在全人类价值共识的制高点上，提出了全人类的"共同价值"，为积极培育和践行社会主义核心价值观指明了新的方向，丰富了新的内涵，提供了新的基本遵循。党的二十大报告指出，"我们真诚呼吁，世界各国弘扬和平、发展、公平、正义、民主、自由的全人类共同价值，促进各国人民相知相亲，尊重世界文明多样性，以文明交流超越文明隔阂、文明互鉴超越文明冲突、文明共存超越文明优越，共同应对各种全球性挑战"。

【1-89】错误用法：宪政

正确用法：依宪治国、依宪执政

辨析：

坚持依宪治国、依宪执政，是习近平法治思想"十一个坚持"的重要内容，是全面依法治国的重大原则制度和重点工作，也是以习近平同志为核心的党中央治国理政的鲜明特点。坚定"四个自信"，必须坚定宪法自信，增强宪法自觉。我国宪法好不好，中国人民最有发言权。我们不能用西方宪政理论来评价中国的法治实践，更不能套用西方的宪法规则或条款来设计我国的宪法制度。我们讲依宪治国、依宪执政，同西方所谓"宪政"有本质区别，不能把二者混为一谈，我们依据的是《中华人民共和国宪法》。在这一点上，必须头脑清醒、立场坚定，保持战略定力。

党的二十大报告指出，"坚持依法治国首先要坚持依宪治国，坚持依法执政首先要坚持依宪执政，坚持宪法确定的中国共产党领导地位不动摇，坚持宪法确定的人民民主专政的国体和人民代表大会制度的政体不动摇"。

【1-90】错误用法：颜色革命

正确用法："颜色革命"

辨析：

所谓"颜色革命"是指进入21世纪以来，在东欧、高加索、中亚、北非和西亚等地区发生了一系列以颜色命名、以"非暴力"或"可控混乱"方式进行的政权更迭运动，其实质是外部势力通过各种手段在有关国家进行各领域渗透、培植政治反对派并鼓励其利用社会矛盾推翻现政权的一种政治颠覆活动。

习近平总书记2015年5月18日在中央统战工作会议上的讲话中指出:"治国理政,必须'立治有体,施治有序'。政治制度对一个国家长治久安具有十分重要的意义。西方国家策划'颜色革命',往往从所针对的国家的政治制度特别是政党制度开始发难,大造舆论,大肆渲染,把不同于他们的政治制度和政党制度打入另类,煽动民众搞街头政治。当今世界,意识形态领域看不见硝烟的战争无处不在,政治领域没有枪炮的较量一直未停。"

【1-91】错误用法:世界观、价值观、人生观

正确用法:世界观、人生观、价值观

辨析:

世界观是人们对世界各种现象和事物的总的看法,其中包括社会观、自然观以及伦理观、审美观等。人生观主要是指对人生问题的总的看法,包括人生的意义、目的、态度和理想等。价值观主要是指人们对客观事物的一种认识和评价。

习近平总书记2016年7月1日在庆祝中国共产党成立95周年大会上的讲话中指出,"每一名党员干部都要坚守'三严三实',拧紧世界观、人生观、价值观这个'总开关',做到心中有党、心中有民、心中有责、心中有戒,把为党和人民事业无私奉献作为人生的最高追求。各级领导干部要加快

知识更新、加强实践锻炼，使专业素养和工作能力跟上时代节拍，避免少知而迷、无知而乱，努力成为做好工作的行家里手。"党的二十大报告指出，"解决好世界观、人生观、价值观这个总开关问题，自觉做共产主义远大理想和中国特色社会主义共同理想的坚定信仰者和忠实实践者"。

【1-92】错误用法："一带一路"国际合作论坛
正确用法："一带一路"国际合作高峰论坛

辨析：

"一带一路"国际合作高峰论坛是中国政府主办的高规格论坛活动，主要包括开幕式、圆桌峰会和高级别会议三个部分。第一届"一带一路"国际合作高峰论坛于2017年5月14日至15日在北京举行，29位外国元首、政府首脑及联合国秘书长、红十字国际委员会主席等3位重要国际组织负责人出席高峰论坛。

2019年4月25日至27日，第二届"一带一路"国际合作高峰论坛在北京举行，来自150多个国家和90多个国际组织的近5000名外宾应约而来。

2023年10月，在共建"一带一路"倡议提出10周年之际，第三届"一带一路"国际合作高峰论坛在北京隆重举行。在高峰论坛开幕式上，习近平主席发表题为《建设开放包容、互联互通、共同发展的世界》的主旨演讲，回顾10年成就，总结成功经验，宣布中国支持高质量共建"一带一路"的八项行动，为"一带一路"明确了新方向，开辟了新愿景，注入了新动力。

【1-93】错误用法：环境保护督查；"互联网＋督察"
　　　　正确用法：环境保护督察；"互联网＋督查"

辨析：

几十年来，我国经历了由区域环保督查到环境督察的变迁。2015年7月1日的《环境保护督察方案（试行）》及2016年9月22日的《关于省以下环保机构监测监察执法垂直管理制度改革试点工作的指导意见》，启动了对绿色执政进行法治化监督督察的进程，也确保环保督政工作顺利开展。2019年6月，《中央生态环境保护督察工作规定》以党内法规形式强化生态文明体系建设。督查到督察的转变，也是由督企到督政的转变。

环境保护督政是环保新常态下提出的一项新制度，该制度使环境执法的对象由单纯的企业转变为地方政府和企业，且"监企督政，督政为先"。这一新型环境监管模式，有利于推进地方环境保护目标责任制的落实，因为它能有效督促地方政府积极采取措施改善环境质量。我国对地方环境质量负责的主体为地方人民政府，环境质量不达标，地方人民政府应当负总责；而各级人民政府环境保护主管部门对环境保护工作行使统一监督管理权。因此，上级人民政府环境保护主管部门，有权对下级人民政府及其环境保护行政主管部门完成环境保护目标责任制的行为进行监督。2008年到2015年，原环境保护部门对排污企业的监督检查属于"督查"。

2015年之后，由"督查"向"督察"变化。这反映在监管对象、职权目标、工作机制上的根本不同。首先，在监管对象方面，"环保督查"针对企业，而"环保督察"针对各级党委、政府及有关职能部门。其次，在职权目标方面，督查主要进行企业污染物减排核查工作以及跨区域环境问题的协调，督察的目标是督促落实地方党委和政府的环保主体责任，建立完善的环保长效机制，加快解决环境问题。最后，在工作机制方面，督查主要是协调和监督管理，没有处罚权，而环保督察实现了环境保护的"党政同责、一岗双责"和"终身追责"。"党政同责、一岗双责"明确除分管部门及其负责人之外，党委也要对环保负责；各个分管岗位，除本职工作之外，还要承担相应的环保责任。"终身追责"规定在2015年8月发布的《党政领导干部生态环境损害责任追究办法（试行）》中，只要损害生态环境，不论领导干部是在位还是退休，都要追责。这样，不重视环境保护的地方党委和政府，谁应该承担何种责任的问题有了明确依据。

"互联网+督查"是国务院办公厅于2019年4月22日开通的平台，向社会征集四方面问题线索或意见建议。企业和群众可以登录中国政府网或下载国务院客户端，进入国务院"互联网+督查"专栏，也可以进入国务院"互联网+督查"小程序来进行提供线索、反映问题、提出建议。国办将对收到的问题线索和意见建议进行汇总整理，督促有关地方、部门处理。

【1-94】历史用法：少数民族地区

　　　　规范用法：民族地区

辨析：

"少数民族"这个称谓是一个在人口多寡上与汉族相对应的数量概念，在我国不带有歧视少数民族或民族不平等的含义。这一称谓早已约定俗成，为全国各族干部、群众所接受。但是，"少数民族"称谓，在欧美资本主义国家，是带有权利不平等、受歧视、受统治的含义的。因此，在国际交往中使用这个称谓，容易引起误解，需要加以解释。

我国已发表和出版的中央文件和重要著作中多使用"民族地区"。

党的二十大报告指出，"支持革命老区、民族地区加快发展，加强边疆地区建设，推进兴边富民、稳边固边"。

【1-95】错误用法：完善党委领导、政府负责、民主协商、社会协同、公众参与、法制保障、科技支撑的社会治理体系

　　　　正确用法：完善党委领导、政府负责、民主协商、社会协同、公众参与、法治保障、科技支撑的社会治理体系

辨析：

"法制"和"法治"是两个既有联系又有区别的概念。法制是法律制度的简称，属于制度的范畴；法治是法律治理的简称，相对于"人治"而言，是一种治国原则和方法。两

者的联系在于，法制是法治的基础和前提条件，要实行法治，必须具有完备的法制；法治是法制的立足点和归宿，法制的发展前途必然是最终实现法治。从"法制"到"法治"，又从"法治"到"全面法治"，这是我们党推进国家治理法治化的历史轨迹。

1954年我国第一部宪法即"五四宪法"的制定，标志了中国步入社会主义法制建设轨道。1997年党的十五大把依法治国确立为党领导人民治国理政的基本方略，把建设社会主义法治国家确立为治国理政的建设目标，实现了从"法制"向"法治"的历史性转变。2014年党的十八届四中全会通过的《中共中央关于全面推进依法治国若干重大问题的决定》，标志着我们党关于依法治国理论和实践实现了从"法治"到"全面法治"的第二次转型。党的十九大，开启了全面依法治国的新征程。党的十九届四中全会通过的决定指出："必须加强和创新社会治理，完善党委领导、政府负责、民主协商、社会协同、公众参与、法治保障、科技支撑的社会治理体系，建设人人有责、人人尽责、人人享有的社会治理共同体，确保人民安居乐业、社会安定有序，建设更高水平的平安中国。"

【1-96】**错误用法**：强化管党治党主体责任和监督责任
　　正确用法：强化全面从严治党主体责任和监督责任
辨析：
　　二十大党章修正案总纲将"强化管党治党主体责任和监

督责任"修改为"强化全面从严治党主体责任和监督责任"。这不只是字面上的变化，更体现了实践的发展和认识的深化。2013年11月，党的十八届三中全会提出"落实党风廉政建设责任制，党委负主体责任，纪委负监督责任"，这是在党的历史上首次以中央决定的形式，明确区分党委的主体责任和纪委的监督责任，突出党委抓党风廉政建设的主体地位和主导作用。伴随实践发展，"两个责任"逐步深化为"管党治党主体责任和监督责任"并写入十九大党章。2019年10月，党的十九届四中全会提出"完善和落实全面从严治党责任制度"。2020年3月，中共中央办公厅印发《党委（党组）落实全面从严治党主体责任规定》。二十大党章修正案充分吸收这些重大制度创新成果，将"强化管党治党主体责任和监督责任"修改为"强化全面从严治党主体责任和监督责任"，彰显了我们党坚定不移纵深推进全面从严治党的决心意志，是对各级党组织落实全面从严治党"两个责任"强有力的指导和规范，有利于巩固和发展全党动手一起抓党建的良好局面。

作出这一修改，突出了全面从严治党这个新时代党的建设的鲜明主题，丰富了贯彻落实管党治党政治责任的内涵和要求。要以贯彻落实党的二十大精神为契机，紧紧围绕加强和改善党的全面领导，完善和落实全面从严治党责任体系，压实各级党委（党组）全面从严治党主体责任特别是"一把手"第一责任人责任，贯通落实相关职能部门监管职责，健全各负其责、统一协调的管党治党责任格局。要坚持全面从严治党各领域各方面各环节全覆盖，督促主要领导干部严于律己、严负其责、严管所辖，把责任传导给所有班子成员，压给下面的书记，确保管党治党不留空白。纪检监察机关要发挥监督专责机关作用，协助党委全面从严治党，推动管党治党责任全面覆盖、层层传导，不断增强党的创造力、凝聚力、战斗力，确保党始终成为中国特色社会主义事业的坚强领导核心。

【1-97】错误用法："四个服从"指个人服从组织，少数服从多数，下级服从上级，全党服从中央

正确用法："四个服从"指党员个人服从党的组织，少数服从多数，下级组织服从上级组织，全党各个组织和全体党员服从党的全国代表大会和中央委员会

辨析：

《中国共产党章程》规定：党员个人服从党的组织，少数服从多数，下级组织服从上级组织，全党各个组织和全体党员服从党的全国代表大会和中央委员会。这一规定被简称为"四个服从"，它是民主集中制组织原则的重要内容，也是党的政治纪律的核心内容，贯穿于党的建设的各个环节。

1922年党的二大通过的党章规定，"全国大会及中央执行委员会之议决，本党党员皆须绝对服从之""本党一切会议均取决多数，少数绝对服从多数""下级机关须完全执行上级机关之命令；不执行时，上级机关得取消或改组之"。从党的二大到六大党章都强调要执行中央决议，要求所有党

员把遵守党的纪律作为最高责任。1938年党的六届六中全会首次明确提出了"四个服从",即"个人服从组织,少数服从多数,下级服从上级,全党服从中央"。1945年党的七大通过的党章将"四个服从"发展完善为"党的个人服从所属党的组织,少数服从多数,下级组织服从上级组织,部分组织统一服从中央"。此后历次修改的党章都把"四个服从"作为民主集中制的一项基本原则。1982年党的十二大通过的党章对"四个服从"作了新表述,即"党员个人服从党的组织,少数服从多数,下级组织服从上级组织,全党各个组织和全体党员服从党的全国代表大会和中央委员会"。这一表述,一直延续到党的二十大通过的党章。

【1-98】错误用法:整风肃纪

正确用法:正风肃纪

辨析:

"正风"指树立正派的作风、好的风气;"整风"指整顿思想作风和工作作风。

习近平总书记2020年1月13日在中国共产党第十九届中央纪律检查委员会第四次全体会议上发表重要讲话时强调,我们坚持以正风肃纪反腐凝聚党心军心民心,坚决惩治腐败、纠治不正之风,坚决清除影响党的先进性和纯洁性的消极因素,健全为人民执政、靠人民执政的各项制度,让人民始终成为中国共产党执政和中国特色社会主义事业发展的磅礴力量。党的二十大报告指出,"坚持以严的基调强化正风肃纪"。

【1-99】错误用法:《中共中央关于全面深化改革若干问题的决定》

正确用法:《中共中央关于全面深化改革若干重大问题的决定》

权威出处：

2013年11月12日，党的十八届三中全会研究了全面深化改革的若干重大问题，通过了《中共中央关于全面深化改革若干重大问题的决定》。《决定》深刻剖析了我国改革发展稳定面临的重大理论和实践问题，阐明了全面深化改革的重大意义和未来走向。指出，全面深化改革的总目标是完善和发展中国特色社会主义制度，推进国家治理体系和治理能力现代化。经济体制改革的核心问题是处理好政府和市场的关系，使市场在资源配置中起决定性作用和更好发挥政府作用。

★ 知识链接

改革开放以来的历次三中全会

1978年以来，中国共产党召开的历次三中全会的主题都是推进改革：党的十一届三中全会开创了中国改革开放的历史新时期，党的十二届三中全会通过了关于经济体制改革的决定，党的十三届三中全会原则通过了价格、工资改革的初步方案，党的十四届三中全会通过了建立社会主义市场经济体制的决定，党的十五届三中全会通过了关于农业和农村工作的决定，党的十六届三中全会通过了关于完善社会主义市场经济体制的决定，党的十七届三中全会通过了推进农村改革发展的决定，党的十八届三中全会通过了关于全面深化改革若干重大问题的决定，党的十九届三中全会通过了关于深化党和国家机构改革的决定。

（根据历次党代会报告整理）

【1-100】错误用法：搞任人唯亲、排斥异己的有之，搞团团伙伙、拉帮结派的有之，搞匿名诬告、制造谣言的有之，搞收买人心、拉动选票的有之，搞封官许愿、弹冠相庆的有之，搞尾大不掉、妄议中央的有之

正确用法：搞任人唯亲、排斥异己的有之，搞团团伙伙、拉帮结派的有之，搞匿名诬告、制造谣言的有之，搞收买人心、拉动选票的有之，搞封官许愿、弹冠相庆的有之，搞自行其是、阳奉阴违的有之，搞尾大不掉、妄议中央的有之

权威出处：

习近平总书记在党的十八届四中全会第二次会议上首次提出党内存在"七个有之"的问题。在党的十八届六中全会第二次全体会议上，习近平总书记进一步强调："坚持把纪律

挺在前面，严明党的政治纪律和政治规矩，着力推动全党牢记'五个必须'、防止'七个有之'，保证全党团结统一、步调一致。""七个有之"严重削弱党的集中统一领导，严重危害党的先进性和纯洁性，是对党的干部路线的公然挑战，严重破坏党的政治纪律和政治规矩，严重污染党的政治生态。

【1-101】错误用法：福摩萨，福尔摩萨

正确用法：台湾

辨析：

"福摩萨"（Formosa）起初是葡萄牙人对台湾岛的称呼，意为"美丽之岛"。这个词自大航海时代开始在西方人当中流行，在很长时间内，是他们对于这个岛屿的正式称谓。即使在了解到中国人称此岛为"台湾"后，他们仍长期称其为"福摩萨"。这并非仅仅因为他们惯性地沿用一个为其所喜爱的名称，还因为他们不愿割舍这一名称所包含的历史情感。荷兰人被郑成功驱逐后，西方人对这个"美丽之岛"的关注未曾中断。他们强调荷据时代在台湾史上的地位，对这一时代的结束和中国政府治理台湾的现实甚为不甘，期待着再次改变台岛政治局面的机会。

"福摩萨""福尔摩萨"具有殖民色彩，我们在宣传时不得使用；如确需使用时，必须加引号。

【1-102】错误用法:民国38年10月1日

正确用法:1949年10月1日

辨析:

中华民国,简称民国,1912—1949年9月中国国家的名称。民国纪年,是中华民国的国家纪年方式,由中华民国政府规范颁布,表记时称作中华民国××年,简称民国××年、民××。1949年中国人民在中国共产党的带领下推翻了南京国民政府,建立了中华人民共和国。1949年9月27日,中国人民政治协商会议第一届全体会议一致通过:中华人民共和国采用公元纪年。1949年10月1日,中华人民共和国成立。在宣传工作中,切记民国纪年只能算到民国三十八年九月,1949年10月1日起,开始使用公元纪年。

民国纪年	公元日期	干支日期
民国元年	1912年	壬子年
民国二年	1913年	癸丑年
民国三年	1914年	甲寅年
民国四年	1915年	乙卯年
民国五年	1916年	丙辰年
民国六年	1917年	丁巳年
民国七年	1918年	戊午年
民国八年	1919年	己未年
民国九年	1920年	庚申年
民国十年	1921年	辛酉年

续表

民国纪年	公元日期	干支日期
民国十一年	1922年	壬戌年
民国十二年	1923年	癸亥年
民国十三年	1924年	甲子年
民国十四年	1925年	乙丑年
民国十五年	1926年	丙寅年
民国十六年	1927年	丁卯年
民国十七年	1928年	戊辰年
民国十八年	1929年	己巳年
民国十九年	1930年	庚午年
民国二十年	1931年	辛未年
民国二十一年	1932年	壬申年
民国二十二年	1933年	癸酉年
民国二十三年	1934年	甲戌年
民国二十四年	1935年	乙亥年
民国二十五年	1936年	丙子年
民国二十六年	1937年	丁丑年
民国二十七年	1938年	戊寅年
民国二十八年	1939年	己卯年
民国二十九年	1940年	庚辰年
民国三十年	1941年	辛巳年

续表

民国纪年	公元日期	干支日期
民国三十一年	1942年	壬午年
民国三十二年	1943年	癸未年
民国三十三年	1944年	甲申年
民国三十四年	1945年	乙酉年
民国三十五年	1946年	丙戌年
民国三十六年	1947年	丁亥年
民国三十七年	1948年	戊子年
民国三十八年	1949年	己丑年

【1-103】错误用法：香港是英国的殖民地

正确用法：英国对香港实行殖民统治

辨析：

在香港回归祖国之前，英国在香港实行的是典型的殖民式统治，但这并不等于香港就是殖民地。因为，通常意义上的殖民地主要是指因为外国统治、管辖而丧失了主权的国家。香港是中国领土的一部分，是作为一个主权国家的中国要对被占领的领土恢复行使主权的问题。所以，殖民地概念不适用于香港。

清朝之后的中国政府均不承认"割让"香港的不平等条约，从未放弃对香港的领土主权。中华人民共和国恢复在联合国的合法席位后不久，当时的中国常驻联合国代表黄华于1972年3月8日致函联合国非殖民化委员会主席,明确宣布:"香港、澳门是属于历史上遗留下来的帝国主义强加于中国的一系列不平等条约的结果。香港和澳门是被英国和葡萄牙当局占领的中国领土的一部分,解决香港、澳门问题完全是属于中国主权范围内的问题,根本不属于通常的'殖民地'范畴。"联合国非殖民化特别委员会于同年6月15日通过决议,向联大建议从上述的殖民地名单中删去香港和澳门。中国政府在港澳问题上的立场在国际上得到了广泛的支持。同年11月8日,联合国大会以99票对5票,通过了将香港、澳门从殖民地名单上删除的决议。中国此举是对历史事实的确认,更是对国家主权的坚定维护。同理,1895年至1945年被日本帝国主义占领时期的台湾也不是殖民地。

我们在宣传工作中不能将香港、澳门、台湾表述为殖民地,只能表述为英国、葡萄牙、日本曾分别对这三个地方实行殖民统治。

【1-104】错误用法:努力建设团结富裕文明和谐美丽的社会主义西藏;努力建设团结和谐、繁荣富裕、文明进步、安居乐业、生态良好的社会主义新疆

正确用法:努力建设团结富裕文明和谐美丽的社会主义现代化新西藏;努力建设团结和谐、繁荣富裕、文明进步、安居乐业、生态良好的新时代中国特色社会主义新疆

权威出处：

在中央第七次西藏工作座谈会上，习近平总书记发表重要讲话，强调指出面对新形势新任务，必须全面贯彻新时代党的治藏方略，努力建设团结富裕文明和谐美丽的社会主义现代化新西藏。讲话深刻阐释了新时代党的治藏方略和做好西藏工作的指导思想，明确了当前和今后一个时期西藏工作的目标任务、方针政策、战略举措，是指导新时代西藏工作的纲领性文献，为做好新时代西藏工作提供了根本遵循。

在第三次中央新疆工作座谈会上，习近平总书记发表的重要讲话，深刻阐明新时代党的治疆方略，明确当前和今后一个时期新疆工作的指导思想、目标任务、方针政策、战略举措，具有很强的政治性、思想性、理论性，是指导新时代新疆工作的纲领性文献。做好新疆工作，最根本的是要完整准确贯彻新时代党的治疆方略，多谋长远之策，多行固本之举，努力建设团结和谐、繁荣富裕、文明进步、安居乐业、生态良好的新时代中国特色社会主义新疆。

【1-105】错误用法： 中国共产主义青年团简称共青团或者青年团

　　正确用法： 中国共产主义青年团简称共青团

辨析：

1957年5月15日至25日，中国新民主主义青年团第三次全国代表大会举行，决定将中国新民主主义青年团改名为中国共产主义青年团。中国共产主义青年团是中国共产党领导的先进青年的群团组织,受中国共产党中央委员会管辖;同时,受中国共产党的委托领导中国少年先锋队的工作,指导中华全国学生联合会开展工作。中国共产主义青年团为党培养、输送了大批新生力量和工作骨干。共青团加强思想政治工作,把思想政治工作贯穿所开展的全部工作;带领青年在经济社会发展中发挥主力军和突击队作用;贯彻党管青年原则,充分发挥党联系青年的桥梁和纽带作用,为党做好青年群众工作;高举爱国主义旗帜,坚决维护和发展全国各族青年之间的平等团结互助和谐;为把中国建设成为富强民主文明和谐美丽的社会主义现代化强国,为最终实现共产主义而奋斗。

★ 知识链接

中国新民主主义青年团建立

1922年5月,中国社会主义青年团在广州成立。1925年更名为中国共产主义青年团。1936年11月,为建立抗日民族统一战线,广泛地团结各界青年投入抗日救亡斗争,根据中共中央《关于青年工作的决定》,共青团开始了自上而下的改造。1937年4月,西北青年救国联合会成立,团中央停止工作。随着抗战胜利在即,各地青救会即将完成历史使命,有的没有及时适应新的形势变化,日渐涣散,尤其不能满足已经涌现出的大量先进青年的政治进步的需求。时代呼唤一个先进青年组织的出现。1946年11月5日,中共中央向各解放区发出《关于建立民主青年团的提议》，明确了要推动解放区的试建青年团工作。在各解放区建青年团的基础上，经过认真筹备，1949年4月，中国新民主主义青年团第一次全国代表大会在北平召开，宣告了中国新民主主义青年团的正式建立。

（摘自中国青年网，http://qnzz.youth.cn/zhuanti/qys/xmzyqnt/qntjj/201203/t20120331_2047442.htm）

第二章

关于党代会和两会的相关用法

（95例）

导 言

习近平总书记在党的十九大闭幕会上发表重要讲话时指出，我们作为党的全国代表大会代表，使命光荣，责任重大，一定要牢记党的初心和使命，牢记自己肩负的神圣职责，认真学习党的理论和路线方针政策，贯彻落实党关于决胜全面建成小康社会、开启全面建设社会主义现代化国家新征程的战略部署，在思想上政治上行动上同党中央保持高度一致；一定要密切同广大党员和人民群众的联系，及时反映广大党员和人民群众呼声，正确行使代表权利，自觉接受党和人民监督；一定要发挥模范带头作用，自觉按照新时代党的建设总要求改造和提高自己，积极投身新时代中国特色社会主义伟大实践，为党和国家事业贡献自己的智慧和力量，为全体党员作出表率，不辜负广大党员信任。

习近平总书记在庆祝全国人大成立60周年大会上深刻指出，在中国实行人民代表大会制度是中国人民在人类制度史上的伟大创造。60年的实践充分证明，人民代表大会制度是符合中国国情和实际、体现社会主义国家性质、保障人民当家作主、保障实现中华民族伟大复兴的好制度。人民代表大会制度是坚持党的领导、人民当家作主、依法治国有机统一的根本制度安排，是中国特色社会主义制度的重要组成部分，也是支撑中国国家治理体系和治理能力的根本政治制度。

本章主要是关于党代会和两会的相关重要表述，列举了可能出错的知识点，并就与党代会和两会相关的知识加以延伸、加以深化，从一个比较长的时间维度上叙述了党史、新中国史、改革开放史、社会主义发展史。通过了解"四史"，我们可以更好地认识中国共产党先进的政治属性、崇高的政治理想、高尚的政治追求、纯洁的政治品质，不忘初心、牢记使命。

第一节　党代会相关表述

【2-1】错误用法：1921年7月1日，中国共产党第一次全国代表大会在上海法租界望志路106号（今兴业路76号）开幕，所以每年的7月1日就成为中国共产党成立纪念日。

正确用法：1921年7月23日，中国共产党第一次全国代表大会在上海法租界望志路106号（今兴业路76号）开幕。每年的7月1日是中国共产党成立纪念日。

辨析：

党的一大开幕的准确日期很长一段时间大家并不是很清楚，1921年7月23日这个日期是后来党史工作者考证的结果。目前能看到最早一份关于一大情况的记载是形成于1921年下半年的《中国共产党第一次代表大会》的材料，其中清楚地写道："代表大会定于六月二十日召开，可是来自北京、汉口、广州、长沙、济南和日本的代表，直到七月二十三日才到达上海，于是代表大会开幕了。"可惜这份材料存放在中共驻共产国际代表团，很长时间人们并不知晓。

中共中央第一次正式将每年7月1日确立为党成立的纪

念日是1941年6月。为了振奋全国军民坚持抗战的信心，中共中央决定庆祝党成立20周年。1941年6月，《中央关于中国共产党诞生二十周年、抗战四周年纪念指示》将7月1日作为党成立纪念日。此后，每年7月1日就成为中国共产党成立纪念日。

【2-2】错误用法：党的一大制定了正式的党章
  正确用法：党的二大制定了正式的党章
辨析：

党的一大于1921年7月23日至31日在上海和浙江嘉兴南湖召开。出席大会的各地代表共13人。鉴于当时党员人数少、地方组织尚不健全，决定暂不成立中央委员会，先建立三人组成的中央局，并选举陈独秀任书记，张国焘为组织主任，李达为宣传主任。党的第一个中央机关由此产生。中共一大通过的中国共产党纲领，确定党的名称为"中国共产党"。中共一大通过了《关于当前实际工作的决议》，规定党在当前的中心任务，是组织工人阶级，加强对工人的领导，注意在工人和其他劳动人民中发展党员，在反对军阀官僚的斗争中，维护无产阶级的利益。

党的一大时，党尚处于幼年时期，缺乏对国情的深入了解，因而没有制定出自己的章程，只通过了一个500多字、内容简略的纲领。1922年7月，党的二大通过了《中国共产党章程》，共分六章二十九条，分为党员、组织、会议、纪律、经费、附则。二大党章是党的第一部正式党章，它标志着党的创建工作的最后完成。从此,中国共产党有了自己的立党之本和最高行为规范。

党的历次全国代表大会一览表

届次	时间	地点	代表人数	代表党员人数
第一次	1921年7月23—31日	上海	13	50多
第二次	1922年7月16—23日	上海	12	195
第三次	1923年6月12—20日	广州	30多	420
第四次	1925年1月11—22日	上海	20	994
第五次	1927年4月27日至5月9日	武汉	82	57900多
第六次	1928年6月18日至7月11日	莫斯科	142	4000多
第七次	1945年4月23日至6月11日	延安	755	121万
第八次	1956年9月15—27日	北京	1026	1073万
第九次	1969年4月1—24日	北京	1512	2200万
第十次	1973年8月24—28日	北京	1249	2800万
第十一次	1977年8月12—18日	北京	1510	3500多万
第十二次	1982年9月1—11日	北京	1690	3900多万
第十三次	1987年10月25日至11月1日	北京	1936	4600多万
第十四次	1992年10月12—18日	北京	1989	5100多万
第十五次	1997年9月12—18日	北京	2048	5800多万
第十六次	2002年11月8—14日	北京	2114	6600多万

续表

届次	时间	地点	代表人数	代表党员人数
第十七次	2007年10月15—21日	北京	2213	7300多万
第十八次	2012年11月8—14日	北京	2268	8200多万
第十九次	2017年10月18—24日	北京	2280	8900多万
第二十次	2022年10月16—22日	北京	2296	9600多万

（根据历次党代会报告整理）

【2-3】错误用法：党的二大提出了明确的反帝反封建的民主革命纲领，其内容是打倒军阀、推翻国际帝国主义的压迫、实现共产主义

正确用法：党的二大提出了明确的反帝反封建的民主革命纲领，其内容是打倒军阀、推翻国际帝国主义的压迫、统一中国为真正的民主共和国

辨析：

1922年7月16日至23日，党的二大在上海召开。出席会议的代表共12名，代表全国195名党员。陈独秀主持大会，并代表中央局向大会作一年来的工作报告。大会根据世界革命形势和中国政治经济状况，制定了党的最高纲领和最低纲领。大会宣言指出，中国共产党是中国无产阶级政党，它的目的是要组织无产阶级，用阶级斗争的手段，建立劳农专政的政治，铲除私有财产制度，渐次达到一个共产主义的

社会。这是党的最终奋斗目标,是党的最高纲领。为了实现党的最高纲领,大会提出在目前(1922年)历史条件下的最低纲领,这就是:消除内乱,打倒军阀,建设国内和平;推翻国际帝国主义的压迫,达到中华民族完全独立;统一中国为真正的民主共和国。

中共二大正确地分析了中国的社会性质,中国革命的性质、对象、动力和前途,指出了中国革命要分两步走,在中国近代史上第一次明确地提出了彻底的反帝反封建的民主革命纲领,为中国各民族人民的革命斗争指明了方向,对中国革命具有重大的深远的意义。

【2-4】错误用法:党的三大决定共产党员以个人身份加入国民党,实现国共合作,同时必须在政治上、思想上、组织上保持自己的先进性

正确用法:党的三大决定共产党员以个人身份加入国民党,实现国共合作,同时必须在政治上、思想上、组织上保持自己的独立性

辨析:

1923年6月12日至20日,党的三大在广东召开。陈独秀主持会议并代表第二届中央执行委员会作报告。大会的主要议程有三项:一、讨论党纲草案;二、讨论同国民党建立革命统一战线问题;三、选举党的中央执行委员会。经过讨论,大会接受了共产国际关于中国共产党同中国国民党进行合作的指示,通过了《关于国民运动及国民党问题的议决

案》《中国共产党第三次全国代表大会宣言》等文件。这些文件的中心思想是，党在现阶段"应该以国民革命运动为中心工作"，共产党员以个人身份加入国民党，采取党内合作的形式，同国民党建立联合战线，以完成反帝反封建的国民革命的重要任务。文件还规定了要保持中国共产党在政治上的独立性的一些原则。

党的三大根据马列主义的策略原则和共产国际的指示，结合中国革命的具体情况，充分发扬民主，在分析中国社会矛盾和明确中国革命性质的基础上，正确解决了建党初期，党内在国共合作问题上存在的重大分歧，统一了全党的认识，正式确定了共产党员以个人身份加入国民党，与国民党进行党内合作的策略方针，使党能够团结一切可能联合的力量，共同完成反帝反封建的民主革命任务。

【2-5】错误用法：党的四大在党的历史上第一次明确提出无产阶级在民主革命中的领导权和如何夺取领导权的问题

正确用法：党的四大在党的历史上第一次明确提出无产阶级在民主革命中的领导权和工农联盟问题

辨析：

为了加强对日益高涨的革命运动的领导，以迎接大革命高潮的到来，党的四大于1925年1月11日至22日在上海举行，出席大会的代表20人，代表全国的994名党员。大会的重大历史功绩在于：提出了中国无产阶级在民主革命中的领导权问题，提出了工农联盟问题，并对中国民主革命内容作了更加完整的规定，指出在"反对国际帝国主义"的同时，既要"反对封建的军阀政治"，还要"反对封建的经济关系"。

大会指出：无产阶级在民族运动中既要反对"左"的倾向，也要反对右的倾向，而右的倾向是党内主要危险；共产党要保持自己的独立性；要扩大左派，争取中派，反对右派。大会规定，有三个党员即可成立一个支部。这是为迎接群众斗争高潮的到来，在组织上所作的一个准备。

【2-6】错误用法：在党的历史上最早设立的纪律检查机构是五大选举产生的中央监察委员会，由正式委员7人组成

正确用法：在党的历史上最早设立的纪律检查机构是五大选举产生的中央监察委员会，由正式委员7人、候补委员3人组成

辨析：

在大革命的紧急关头，党的五大于1927年4月27日至5月9日在武汉举行。出席五大的代表82人，代表全国党员57967人。会前，共产国际发来指示，要求中共五大一切政治决议"都完全应以共产国际执委会第七次扩大会议关于中国问题的决议为依据"。

大会认为，中国的资产阶级已经叛变民族资产阶级成了

革命的对象，中国革命到了"工农小资产阶级之民主独裁制的阶段""应该以土地革命及民主政权之政纲去号召农民和小资产阶级"，使革命"向非资本主义之发展方面进行"。这些主张都是脱离当时中国实际的。大会正式提出党内实行民主集中制的组织原则，并选举产生了党的历史上第一个中央纪律检查监督机构——中央监察委员会，这在党的建设史上有重要意义。

【2-7】错误用法：土地革命战争时期中共中央机关刊物《布尔什维克》1927年10月24日在上海创刊
　　　　正确用法：土地革命战争时期中共中央机关刊物《布尔塞维克》1927年10月24日在上海创刊

辨析：

《布尔塞维克》先为周刊，后改为半月刊，再改为月刊。1932年7月出至第五卷第一期停刊，共出52期。初期编委会主任为瞿秋白，后来蔡和森、李立三、张闻天为该刊编委会主任。

★ 知识链接

中共中央机关报刊历史沿革

在党创立初期和大革命时期创办的中共中央机关报刊有《新青年》《共产党》《向导》《前锋》《中国共产党党报》《热

血日报》《中央政治通讯》等；土地革命战争时期创办的有《布尔塞维克》《红旗》《党的生活》《实话》《党的建设》《红色中华》《红星报》《斗争》等；抗日战争时期创办的有《新中华报》《解放》《群众》《新华日报》《共产党人》《华商报》《解放日报》等；解放战争时期创办的有北平《解放》报、《新华周刊》《人民日报》《学习》等；新中国成立以后创办的有《红旗》《求是》等。

（参见姜中卫：《中共中央机关报刊历史沿革考述》，共产党员网，http://news.12371.cn/2013/02/09/ARTI1360340185984305.shtml）

【2-8】错误用法：1928年4月，朱德、陈毅率领南昌起义保留下来的部队和湘南起义农军一万多人陆续转移到井冈山地区，与毛泽东领导的部队会师，成立工农红军第四军

　　　　正确用法：1928年4月，朱德、陈毅率领南昌起义保留下来的部队和湘南起义农军一万多人陆续转移到井冈山地区，与毛泽东领导的部队会师，成立工农革命军第四军

辨析：

1928年5月25日，中共中央发出第51号通报，规定各地工农革命军一律改称"中国工农红军"（简称红军）。1928年6月起，各革命根据地的工农革命军及其他工农武装开始陆续改称红军。

★ 知识链接

中国人民解放军的名称沿革

中国人民解放军名称诞生于1927年8月1日，诞生以来曾先后使用过国民革命军第二方面军、中国工农革命军、中国工农红军、八路军、新四军和中国人民解放军等名称。

1927年8月1日，根据中共中央的决定，以周恩来为首的中共前敌委员会和贺龙、叶挺、朱德、刘伯承等领导下的北伐军两万余人，在江西南昌举行了武装起义。南昌起义打响了武装反抗国民党反动派的第一枪，标志着中国共产党独立地领导武装斗争的开始，但在当时的条件下，在起义过程中并没有公开打出中国共产党的旗帜，起义部队仍沿用国民革命军第二方面军的番号，仍称为国民革命军。贺龙任总指挥，叶挺任前敌总指挥。

1927年9月9日，毛泽东同志在湖南、江西边界地区，领导农民、工人和革命士兵举行了秋收起义。参加起义的主力部队编成"中国工农革命军第一军第一师"。这是我党第一次公开打出"工农革命军"的旗帜。1928年4月下旬，朱德、陈毅等率领南昌起义的余部转战到井冈山，同毛泽东同志领导的工农革命军会师，合编为"中国工农革命军第四军"，朱德任军长、毛泽东任党代表（后改称政治委员）。1928年5月25日，中共中央发出第51号通报，规定各地工农革命军一律改称"中国工农红军"（简称红军）。1928年6月起，各革命根据地的工农革命军及其他工农武装开始陆续改称红军。1930年8月至1936年7月,红军又先后编成了红一、红四、红二方面军。1933年5月,中华苏维埃共和国临时中央政府决定,组织中国工农红军总部,任命朱德为中国工农红军总司令,周恩来为中国工农红军总政治委员。

(摘自《历史演变:从中国工农革命军到中国工农红军》,中国网,http://www.china.com.cn/military/zhuanti/jianjun80/2007-07/20/content_8555030.htm)

【2-9】错误用法:党的六大集中解决了当时困扰党的两个问题:中国社会性质和革命性质问题,革命形势和阶级关系问题

正确用法:党的六大集中解决了当时困扰党的两个问题:中国社会性质和革命性质问题,革命形势和党的任务问题

辨析:

1928年6月18日至7月11日,党的六大在苏联莫斯科召开,这次会议是中国共产党唯一一次在国外召开的党的全国代表大会。大会通过了关于政治、军事、组织、苏维埃政权、农民、土地、职工、宣传、民族、妇女、青年团等问题的决议,以及经过修改的《中国共产党党章》。党的六大认真总结大革命失败以来的经验教训,对有关中国革命的一系列存在严重争论的根本问题,作出了基本正确的回答。但

是，也存在对中国社会的阶级关系缺乏正确认识、过分强调服从共产国际领导等缺点。

党的六大集中解决了当时困扰党的两个问题：一个是中国社会性质和革命性质问题，党的六大指出中国仍是半殖民地半封建社会，现阶段的中国革命依然是资产阶级性质的民主主义革命；另一个是革命形势和党的任务问题，党的六大明确了革命处于低潮，党的中心工作是做艰苦的群众工作，积蓄力量。

【2-10】错误用法：1935年1月，中共中央在遵义召开政治局会议

正确用法：1935年1月，中共中央在遵义召开政治局扩大会议

辨析：

1935年1月15日至17日，中共中央在遵义召开政治局扩大会议。参加会议的除中央政治局委员毛泽东、洛甫（张闻天）、周恩来、朱德、陈云、博古（秦邦宪），政治局候补委员王稼祥、刘少奇、邓发、凯丰（何克全）外，还有刘伯承、李富春、林彪、聂荣臻、彭德怀、杨尚昆、李卓然、邓小平等人。

遵义会议集中解决了当时具有决定意义的军事和组织问题。会议增选毛泽东为中央政治局常委，委托张闻天起草《中央关于反对敌人五次"围剿"的总结的决议》，取消长征前成立的"三人团"。这次会议在红军第五次反"围剿"失

败和长征初期严重受挫的历史关头召开,事实上确立了毛泽东在党中央和红军的领导地位,开始确立了以毛泽东为主要代表的马克思主义正确路线在党中央的领导地位,开始形成以毛泽东为核心的第一代中央领导集体,开启了党独立自主解决中国革命实际问题的新阶段,在最危急关头挽救了党、挽救了红军、挽救了中国革命。

习近平总书记2021年2月在贵州考察时指出:"遵义会议的鲜明特点是坚持真理、修正错误,确立党中央的正确领导,创造性地制定和实施符合中国革命特点的战略策略","这在今天仍然具有十分重要的意义。"

【2-11】错误用法:我们党确立全面抗战路线的会议是瓦窑堡会议

正确用法:我们党确立全面抗战路线的会议是洛川会议

辨析:

中共中央1937年8月22日至25日在陕西洛川召开政治局扩大会议。毛泽东代表中央政治局作关于军事问题、国共两党关系问题的报告。会议就政治任务、国共关系、战略方针等问题进行了讨论,着重讨论了军事战略问题。会议通过了《中央关于目前形势与党的任务的决定》,还通过了《中国共产党抗日救国十大纲领》。为在新形势下加强党对军队的绝对领导,会议决定成立中共中央革命军事委员会。洛川会议是中国共产党在重大历史转折关头召开的一次重要会议，为全面抗战制定了正确路线和战略总方针，阐明了党在抗日战争时期的基本政治主张，明确了我军的战略任务和战略方针，对进行抗战和争取抗战的最后胜利具有重大意义。

1935年12月25日，党中央在陕北瓦窑堡召开了中央政治局会议。会议通过《中央关于军事战略问题的决议》《关于目前政治形势与党的任务决议》等决议案。会议关于政治形势的决议和毛泽东的报告，圆满地解决了党的政治路线问题。会议提出了抗日民族统一战线的政策，既着重批判了"左"倾教条主义在政治策略上的错误，也警诫全党汲取大革命中无产阶级放弃领导权而导致革命失败的教训，从而使党在新的历史时期将要到来时掌握了政治上的主动权。这表明党在总结经验和教训的基础上已经成熟起来，能够从中国的实际情况出发，创造性地进行工作。

【2-12】错误用法：延安整风运动的基本方针是"团结——批评——团结"

正确用法：延安整风运动的基本方针是"惩前毖后，治病救人"

辨析：

1935年1月召开的遵义会议虽然结束了王明"左"倾路线在党内的统治，但党内历次"左"、右倾错误思想尚未肃清，仍然存在着党风不正、学风不正和文风不正的问题。党中央决定在全党范围内开展一次大规模的整风运动。1941年5月19日，毛泽东作了《改造我们的学习》的报告，强调要理论联系实际，严肃地提出了党内反对主观主义的斗争任务。同年七八月间，党中央号召全党加强调查研究，克服非无产阶级思想，加强党性锻炼。这是全党整风的预备阶段。

1942年2月，毛泽东在延安作了《整顿党的作风》和《反对党八股》的报告，明确提出了整风运动的内容、方针、任务和方法。4月，中共中央宣传部发布《关于在延安讨论中央决定及毛泽东同志整顿三风报告的决定》。6月，中共中央宣传部又发出在全党进行整风的指示：《关于在党内进行整顿三风学习运动的决定》。这是延安整风运动的第二阶段。1943年10月至1945年4月为第三阶段。高级干部重新学习党的历史，研究、讨论、总结历史经验，开展批评与自我批评，弄清路线是非。1944年4月12日，毛泽东作了《学习与时局》的报告。1945年4月，中共六届七中全会通过了《关于若干历史问题的决议》。至此，延安整风运动胜利结束。

这次整风运动的内容是：反对主观主义以整顿学风，反对宗派主义以整顿党风，反对党八股以整顿文风。贯彻的基本方针是"惩前毖后，治病救人"，用"团结——批评——团结"的方式。采用的方法是：在精读马克思列宁主义基本文献基础上，反省自己的工作、思想，实事求是地进行批评与自我批评。整风使党的领导机关和干部进一步掌握了马克思列宁主义的普遍真理同中国革命实践相结合的原则，树立了联系群众、调查研究、实事求是的优良作风，使党内达到了空前的团结。

【2-13】错误用法：党的七大通过了《关于若干历史问题的决议》，并将毛泽东思想作为党的指导思想载入党章

正确用法：党的六届七中全会通过了《关于若干历史问题的决议》，党的七大将毛泽东思想作为党的指导思想载入党章

辨析：

1944年5月21日到1945年4月20日召开的党的六届七中全会原则通过了《关于若干历史问题的决议》。决议总结了建党以来特别是六届四中全会至遵义会议这段时间党的历史及其基本经验教训，对党内若干重大的历史问题作出正确的结论，使全党尤其是党的高级干部对中国民主革命的基本问题的认识达到在马克思列宁主义上的一致。

1945年4月23日，党的七大在延安召开。出席大会的代表547人，候补代表208人，代表全国121万名党员。毛泽东作了题为《论联合政府》的政治报告。党的七大提出党的政治路线是："放手发动群众，壮大人民力量，在我党的领导下，打败日本帝国主义，解放全国人民，建立一个新民主主义的中国。"党的七大通过的党章规定：中国共产党以马克思列宁主义的理论与中国革命的实践之统一的思想——毛泽东思想，作为自己一切工作的指针，反对任何教条主义的或经验主义的偏向。这使全党有了在政治上、思想上取得一致的牢固的理论基础。党的七大选举产生了新的中央委员会。6月19日，七届一中全会选举毛泽东、朱德、刘少奇、

周恩来、任弼时为中央书记处书记，即"五大书记"。党的七大以"团结的大会，胜利的大会"载入党的史册。

【2-14】错误用法：党的八大宣布社会主义改造取得决定性胜利之后，中国国内矛盾是人民内部矛盾

正确用法：党的八大宣布社会主义改造取得决定性胜利之后，中国国内矛盾是人民对于建立先进的工业国的要求同落后的农业国的现实之间的矛盾、人民对于经济文化迅速发展的需要同当前经济文化不能满足人民需要的状况之间的矛盾

辨析：

1956年9月15日至27日，党的八大在北京召开，这是党在全国执政后召开的第一次全国代表大会，出席会议代表1026人，代表全国1073万党员。刘少奇代表中央委员会作政治报告，周恩来作关于发展国民经济"二五"计划的建议的报告，邓小平作关于修改党章的报告。

党的八大正确分析国内形势和国内主要矛盾的变化，明确规定了党和全国人民在新形势下的主要任务，大会宣布我国国内矛盾是人民对于建立先进的工业国的要求同落后的农业国的现实之间的矛盾、人民对于经济文化迅速发展的需要同当前经济文化不能满足人民需要的状况之间的矛盾。党的八大坚持了1956年5月党中央提出的既反保守又反冒进，即在综合平衡中稳步前进的经济建设方针。党的八大还着重提

出了执政党建设的问题。党的八大是一次成功的大会,它宣告了社会主义革命的基本完成和社会主义制度的基本确立,并提出了党在今后的根本任务。

【2-15】错误用法:中共八大二次全会;中共八届二中会议
　　　　正确用法:中共八大二次会议;中共八届二中全会
辨析:

党章规定,"党的全国代表大会每五年举行一次,由中央委员会召集""中央委员会全体会议由中央政治局召集,每年至少举行一次"。我们在学习党史时经常会遇到"八大二次会议"和"八届二中全会"这两个用法,这是怎么回事呢?"中共八大二次会议"即中国共产党第八次全国代表大会第二次会议,这是相对于党的八大第一次会议而言的,在中国共产党百余年历史中,共召开了20次全国代表大会,其中只有八大召开了两次代表大会。"中共八届二中全会"即中国共产党第八届中央委员会第二次全体会议。

中共八届四中全会1958年5月3日在北京召开,全会讨论了中共八大二次会议的议程、代表团的组成和大会主席团的组成,讨论了《中央委员会向八大二次会议的工作报告(修正稿)》等文件;中共八届五中全会1958年5月25日在北京召开。在中共八届四中全会和五中全会之间召开了中共八大二次会议。中共八大二次会议1958年5月5—23日在北京举行。会议通过了"鼓足干劲、力争上游、多快好省地建设社会主义"的总路线。刘少奇代表中央委员会作政治报告,确定了以社会主义建设总路线为核心的技术革命和文化革命的发展目标。会议改变了八大关于国内主要矛盾的正确论断，认为当时中国社会的主要矛盾仍然是无产阶级同资产阶级、社会主义道路同资本主义道路的矛盾，为阶级斗争扩大化提供了理论依据。会后，"大跃进"运动在全国范围内从各方面开展起来，并进入高潮。

中共八届二中全会1956年11月10—15日在北京举行。刘少奇作《目前时局的报告》，谈到埃及问题、波兰问题、匈牙利问题以及党对这些问题所采取的政策和应记取的教训。周恩来作《关于1957年度国民经济发展计划和财政预算的控制数字的报告》，报告充分肯定了成绩，指出了缺点，总结了经验教训；报告明确提出，1957年的计划应当在继续前进的前提下，为基本建设作适当的压缩；合理调整各经济部门之间的比例关系，以适应国家的财力和物力的可能性。陈云作《关于粮食和主要副食品问题的报告》。毛泽东作总结发言，同意全会所采取的各项方针和措施，并着重谈了经济问题、国际形势问题、整风问题和中美关系问题，号召全体工作人员向主观主义、宗派主义、官僚主义的倾向作斗争。

★ 知识链接

党代表大会和党代表会议的区别

地位作用不同。党的全国代表大会是党的最高领导机关，党的地方各级代表大会是党的地方各级同级领导机关，党的各级委员会向同级党的代表大会负责并报告工作。而党代表会议只是在党的委员会任期内，遇有重要问题需要及时讨论决定时，由中央委员会或党的地方各级委员会召集的重要会议。

职权不同。党代表大会听取和审查同级党的委员会和纪律检查委员会的报告，党代表会议没有这项职权。党代表大会选举同级党的委员会和纪律检查委员会，党代表会议只能调整和增选部分成员，并有一定的数额限制。

开会的领导机构不同。党代表大会成立大会主席团，作为大会的组织领导机构。党代表会议不设主席团，会议的领导由党的委员会及其常务委员会负责。

开会时限不同。党代表大会一般有时限限制。党代表会议在党的委员会任期内，根据工作需要，没有时限要求。

代表产生办法不同。党代表大会的代表必须在下一级党代表大会、党员大会或代表会议，以无记名投票形式和差额选举办法选举产生。而党代表会议的代表产生办法是由召集代表会议的委员会决定，按照党内通行的办法，部分代表可以不经选举产生。

第二章 关于党代会和两会的相关用法

★ 知识链接

党的全国代表会议

党章第十二条规定：党的中央和地方各级委员会在必要时召集代表会议，讨论和决定需要及时解决的重大问题。党的七大以前的党章，没有关于党的全国代表会议的规定。七大党章在第三十五至三十八条专门就党的全国代表会议的召开及其职权作了明确规定。党的十三大通过的《中国共产党章程部分条文修正案》进一步明确规定了党的全国代表会议的职权。

党章第二十一条规定："党的全国代表会议的职权是：讨论和决定重大问题；调整和增选中央委员会、中央纪律检查委员会的部分成员。调整和增选中央委员及候补中央委员的数额，不得超过党的全国代表大会选出的中央委员及候补中央委员各自总数的五分之一。"

我们党的历史上曾召开过三次党的全国代表会议。新中国成立前，1937年5月在延安召开的有苏区、白区和红军代表参加的党的全国代表会议，毛泽东作了《中国共产党在抗日时期的任务》的报告和《为争取千百万群众进入抗日民族统一战线而斗争》的结论，会议批准了遵义会议以来党中央的正确路线、确定了新形势下的方针和任务，为迎接即将到来的全国性抗战做了政治上组织上的准备。新中国成立后举行过两次，一次是1955年3月21日至31日，主要讨论关于发展国民经济第一个五年计划，关于高岗、饶漱石反党联盟的报告，关于成立中央监察委员会的决议。另一次全国代表会议召开于1985年9月18日至23日，会议的议题主要是审议通过《中共中央关于制定国民经济和社会发展第七个五年计划的建议》，研究中央领导机构成员新老交替问题，讨论局部调整中央领导机构成员问题，确定了"七五"计划的指导思想、发展战略，大大加快了新老交替合作的进程。

【2-16】错误用法：党的九大选举了出席大会的代表1512人，代表全国的2200万党员

正确用法：出席党的九大的代表1512人，代表全国的2200万党员

辨析：

1969年4月1日至24日，党的九大在北京召开，出席大会的代表共1512人，代表全国的2200万党员，各省、自治区、直辖市，中央各部党委以至基层党组织，都还没有恢复或建立，绝大多数党员还没有恢复组织生活。九大代表不可能从选举中产生，他们或由革命委员会与各造反派组织协商决定，或直接由上级部门指定。这使林彪、江青等人得以乘机把他们帮派体系的许多人封为大会代表，造成组织上的严重不纯。

毛泽东在开幕式上的讲话中希望党的九大能够开成一个"团结的大会，胜利的大会"，林彪代表党中央作政治报告。这次大会通过的党章，把"无产阶级专政下继续革命的

理论"写进总纲,而只字不提发展生产力,不提社会主义现代化建设;还取消了有关党员权利的规定。党章把林彪"是毛泽东同志的亲密战友和接班人"写入总纲,这种完全违反党的原则的做法,在党的历史上从未有过。党的九大自始至终为"左"倾思潮和个人崇拜的狂热气氛所笼罩。这次大会使"文化大革命"的理论和实践进一步系统化、合法化。它在思想上、政治上、组织上的指导方针都是错误的,在党的历史上没有任何积极作用。

【2-17】错误用法:党的十大代表是由省级党的代表大会或代表会议选举产生

正确用法:党的十大代表是由党委扩大会议"协商"选举产生

辨析:

1973年8月24日至28日,党的十大在北京举行。当时全国有2800万党员,出席大会的代表1249人。十大筹备工作同样没有经过党的中央委员会全体会议讨论,只是在1973年5月中央工作会议上确定了修改党章的原则和方法,以及代表产生的办法。十大代表不是省级党的代表大会或代表会议选举产生,而是由党委扩大会议"协商"选举产生的,这就为江青集团的骨干分子搞政治投机提供了便利条件。8月24日,毛泽东主持召开党的十大第一次全体会议。大会通过的政治报告和修改党章报告,仍然肯定九大的政治路线和组织路线都是正确的,仍号召"坚持无产阶级专政下的继续革命",坚持"无产阶级文化大革命"。报告把批判林彪的"极右实质"列为首要任务,要求重视上层建筑领域包括各个文化领域的阶级斗争。从总的方面看,在极左思潮再次抬头的背景下,党的十大不论在思想路线、政治路线还是在组织路线上,都继承了九大的"左"的错误。

【2-18】错误用法:党的十一大宣告"文化大革命"已经结束,强调中国共产党的任务是纠"左"
　　　正确用法:党的十一大宣告"文化大革命"已经结束,强调中国共产党的任务是"反右"

辨析:

1977年8月12—18日党的十一大在北京举行。出席代表1510人,代表全国3500多万党员。华国锋主持大会并代表中共中央作政治报告,叶剑英作《关于修改党的章程的报告》,邓小平致闭幕词。大会通过了政治报告、修改党章的报告和《中国共产党章程》。大会总结了同"四人帮"的斗争,宣告"文化大革命"已经结束,重申在20世纪内把我国建设成为社会主义现代化强国是新时期中国共产党的根本任务。但是,由于当时历史条件的限制和华国锋的错误影响,大会没有能够纠正"文化大革命"的错误理论、政策和口号,仍然坚持"以阶级斗争为纲"和"无产阶级专政下继续革命"的错误理论,错误判定"四人帮"推行的是一种所谓"极右的反革命的修正主义路线",强调中国共产党的任务是"反右"而不是纠"左",继续肯定党内有"走资派",并继续说像"文化大革命"这种性质的政治大革命还要进行多次等等,因而这次大会未能完成从理论上和中国共产党的指导方针上根本拨乱反正的任务。

【2-19】错误用法:党的十二大上,邓小平作了题为《全面开创社会主义现代化建设的新局面》的报告

　　　　正确用法:党的十二大上,胡耀邦作了题为《全面开创社会主义现代化建设的新局面》的报告

辨析:

1982年9月1日至11日,党的十二大在北京举行。大会正式代表1545人,候补代表145人,代表全国3900多万党员。邓小平致开幕词。胡耀邦作题为《全面开创社会主义现代化建设的新局面》的报告。大会审议通过了报告和新修订的党章,批准了中纪委的工作报告,选举产生了中央委员会、中央顾问委员会和中央纪律检查委员会。

邓小平在开幕词中明确提出了"建设有中国特色的社会主义"的重大命题。党的十二大提出我国经济建设总的奋斗目标是,从1981年到20世纪末的20年,在不断提高经济效益的前提下,力争使全国工农业总产值翻两番,人民的物质文化生活达到小康水平。还提出要努力建设高度的社会主义精神文明和高度的社会主义民主的战略方针。自这次大会起,按照党章规定,党的全国代表大会每五年召开一次,实现了制度化。

【2-20】错误用法：党的十三大提出"鼓励和支持劳动者个体经济作为公有制经济的必要的、有益的补充"

正确用法：党的十三大提出"私营经济也是公有制经济必要和有益的补充"

辨析：

1987年党的十三大在北京举行。大会正式代表1936人，特邀代表61人，代表全国4600多万党员。大会审议通过了《沿着有中国特色的社会主义道路前进》的报告和《中国共产党章程部分条文修正案》，批准了中央顾问委员会和中央纪律检查委员会的工作。党的十三大的中心任务是坚持十一届三中全会以来的路线，加快和深化改革，进一步确定经济建设、经济体制改革和政治体制改革的大政方针，确定改革开放中加强党的建设的基本方针。大会的突出贡献，是系统阐述了社会主义初级阶段的理论，明确概括了党在社会主义初级阶段的基本路线。

大会对加快和深化改革作出全面部署，指出社会主义有计划商品经济的体制，应该是计划和市场内在统一的体制。在党的十一届六中全会提出"一定范围的劳动者个体经济是公有制经济的必要补充"和党的十二大提出"鼓励和支持劳动者个体经济作为公有制经济的必要的、有益的补充"的基础上，党的十三大提出"私营经济也是公有制经济必要和有益的补充"。以之承前启后，党的十五大明确"非公有制经济是我国社会主义市场经济的重要组成部分"；党的十六大提出"毫不动摇地鼓励、支持、引导非公有制经济发展";党的十八大进一步提出"毫不动摇鼓励、支持、引导非公有制经济发展,保证各种所有制经济依法平等使用生产要素、公平参与市场竞争、同等受到法律保护";党的十九大把"两个毫不动摇"写入新时代坚持和发展中国特色社会主义的基本方略,作为党和国家一项大政方针进一步确定下来。党的二十大将"两个毫不动摇"列为构建高水平社会主义市场经济体制的重要内容。

【2-21】错误用法:党的十四大确定我国经济体制改革的目标是建立计划和市场相结合的社会主义商品经济体制

正确用法:党的十四大确定我国经济体制改革的目标是建立社会主义市场经济体制

辨析:

1992年10月12日至18日,党的十四大在北京举行。大会正式代表1989人,特邀代表46人,代表全国5100多万党员。江泽民作《加快改革开放和现代化建设步伐,夺取有中国特色社会主义事业的更大胜利》的报告。大会审议通过了报告和《中国共产党章程(修正案)》,批准了中央顾问委员会和中央纪律检查委员会的工作报告,选举产生了新一届中央委员会和中央纪律检查委员会。

党的十四大作出了三项具有深远意义的重大决策:一是抢抓机遇,加快发展,集中精力把经济建设搞上去;二是明确我国经济体制改革的目标是建立社会主义市场经济体制；三是确立邓小平建设有中国特色社会主义理论在全党的指导地位。

【2-22】错误用法：党的十五大首次使用了邓小平建设有中国特色社会主义理论

正确用法：党的十五大首次使用了邓小平理论

辨析：

1997年9月12日至18日，党的十五大在北京举行。大会正式代表2048人，特邀代表60人，代表全国5800多万党员。江泽民作题为《高举邓小平理论伟大旗帜，把建设有中国特色社会主义事业全面推向二十一世纪》的报告，大会审议通过了报告和《中国共产党章程（修正案）》，批准了中央纪律检查委员会的报告，选举产生了新一届中央委员会和中央纪律检查委员会。

党的十五大首次使用"邓小平理论"这个概念，把这一理论作为指引党继续前进的旗帜。大会进一步分析社会主义初级阶段的基本国情，提出了党在社会主义初级阶段的基本纲领，进一步阐明了建设有中国特色社会主义的经济、政治、文化的基本特征和基本要求。大会对我们社会主义初级阶段的所有制结构和公有制实现形式，以及依法治国、建设社会主义法治国家等重大问题作出新的阐述。

【2-23】错误用法：党的十六大报告强调"坚持效率优先，兼顾公平"

正确用法：党的十六大报告提出"初次分配注重效率""再分配注重公平"

辨析：

2002年11月8日至14日，党的十六大在北京举行。大会正式代表2114人，特邀代表40人，代表全国6600多万党员。江泽民作《全面建设小康社会，开创中国特色社会主义事业新局面》的报告，大会通过了报告和《中国共产党章程（修正案）》，批准了中央纪律检查委员会的工作报告，选举产生了新一届中央委员会和中央纪律检查委员会。大会主题是：高举邓小平理论伟大旗帜，全面贯彻"三个代表"重要思想，继往开来，与时俱进，全面建设小康社会，加快推进社会主义现代化，为开创中国特色社会主义事业新局面而奋斗。

大会对全面贯彻"三个代表"重要思想提出了根本要求；作出新世纪头20年是我国一个必须紧紧抓住并且可以大有作为的重要战略机遇期的重大判断，并从经济、政治、文化等方面勾画了全面建设小康社会的宏伟蓝图。

处理效率与公平的关系，我国也经历了一个认识不断深化的过程，最终探索出了一整套制度性解决办法。党的十三大报告提出"在促进效率提高的前提下体现社会公平"；党的十五大报告强调"坚持效率优先，兼顾公平"；党的十六大报告提出"初次分配注重效率""再分配注重公平"；党的十七大报告提出"初次分配和再分配都要处理好效率和公平的关系,再分配更加注重公平";党的十八大报告提出"初次分配和再分配都要兼顾效率和公平,再分配更加注重公平"。

【2-24】错误用法:党的十七大提出,"完善劳动、资本、技术、管理等要素按贡献参与分配的初次分配机制"

正确用法:党的十七大提出,"要坚持和完善按劳分配为主体、多种分配方式并存的分配制度,健全劳动、资本、技术、管理等生产要素按贡献参与分配的制度"

辨析:

2007年10月15日至21日,党的十七大在北京举行。大会正式代表2213人,特邀代表57人,代表全国7300多万党员。胡锦涛作题为《高举中国特色社会主义伟大旗帜,为夺取全面建设小康社会新胜利而奋斗》的报告。大会审议通过了报告和《中国共产党章程(修正案)》,批准了中央纪律检查委员会的工作报告,选举产生了新一届中央委员会和中央纪律检查委员会。

大会主题是:高举中国特色社会主义伟大旗帜,以邓小平理论和"三个代表"重要思想为指导,深入贯彻落实科学发展观,继续解放思想,坚持改革开放,推动科学发展,促进社会和谐,为夺取全面建设小康社会新胜利而奋斗。报告强调,改革开放以来我们取得一切成绩和进步的根本原因归结起来就是：开辟了中国特色社会主义道路，形成了中国特色社会主义理论体系。大会深刻分析了国际国内形势发展变化和新世纪新阶段我国发展一系列新的阶段性特征，对实现全面建设小康社会的宏伟目标作出全面部署，提出更高要求。针对人民生活总体上达到小康社会，同时收入分配差距拉大趋势还未根本扭转的问题，报告指出，"要坚持和完善按劳分配为主体、多种分配方式并存的分配制度，健全劳动、资本、技术、管理等生产要素按贡献参与分配的制度。"

★ **知识链接**

我国的收入分配制度在实践中不断完善

我国实行的按劳分配为主体、多种分配方式并存的分配制度，是在实践中不断建立和完善起来的。社会主义制度建立以后，我国消灭了剥削制度，确立了按劳分配为基础的社会主义分配制度。改革开放以后，在坚持按劳分配主体地位的同时，多种分配方式逐步发展起来。

党的十三大提出，以按劳分配为主体，其他分配方式为补充。党的十四大在明确我国改革的目标是建立社会主义市场经济体制的同时，提出在分配制度上以按劳分配为主体，其他分配方式为补充，兼顾效率与公平。党的十五大提出，允许和鼓励资本、技术等生产要素参与收益分配，并明确提出了坚持按劳分配为主体、多种分配方式并存的分配制度。

党的十六大强调,"确立劳动、资本、技术和管理等生产要素按贡献参与分配的原则,完善按劳分配为主体、多种分配方式并存的分配制度"。党的十七大提出,"要坚持和完善按劳分配为主体、多种分配方式并存的分配制度,健全劳动、资本、技术、管理等生产要素按贡献参与分配的制度"。党的十八大提出,"完善劳动、资本、技术、管理等要素按贡献参与分配的初次分配机制"。党的十九大明确指出,"坚持按劳分配原则,完善按要素分配的体制机制,促进收入分配更合理、更有序"。在此基础上,十九届四中全会明确将按劳分配为主体、多种分配方式并存确立为社会主义基本经济制度之一,这是社会主义分配理论和实践发展的重大创新,对于进一步完善我国的分配制度具有重大意义。党的二十大报告指出:"坚持按劳分配为主体、多种分配方式并存,构建初次分配、再分配、第三次分配协调配套的制度体系。"这是一个重大的理论创新。

（根据历次党代会报告整理）

【2-25】错误用法:党的十八大报告指出,建设中国特色社会主义总依据是社会主义初级阶段,总布局是"五位一体",总任务是实现社会主义现代化

正确用法:党的十八大报告指出,建设中国特色社会主义总依据是社会主义初级阶段,总布

局是"五位一体",总任务是实现社会主义现代化和中华民族伟大复兴

辨析:

2012年11月8日至14日,党的十八大在北京举行。大会正式代表2268人,特邀代表57人,代表着全国8200多万党员。胡锦涛作题为《坚定不移沿着中国特色社会主义道路前进,为全面建成小康社会而奋斗》的报告。大会通过了报告和《中国共产党章程(修正案)》,批准了中央纪律检查委员会的报告,选举产生了新一届中央委员会和中央纪律检查委员会。

大会主题是:高举中国特色社会主义伟大旗帜,以邓小平理论、"三个代表"重要思想、科学发展观为指导,解放思想,改革开放,凝聚力量,攻坚克难,坚定不移沿着中国特色社会主义道路前进,为全面建成小康社会而奋斗。

大会确立了科学发展观的历史地位。大会贯穿始终的一条主线就是坚持和发展中国特色社会主义。报告指出,建设中国特色社会主义总依据是社会主义初级阶段,总布局是社会主义经济建设、政治建设、文化建设、社会建设、生态文明建设"五位一体",总任务是实现社会主义现代化和中华民族伟大复兴。大会确定了全面建成小康社会和全面深化改革开放的目标。大会对全面提高党的建设科学化水平提出了明确要求,确保党始终成为中国特色社会主义的坚强领导核心。

【2-26】错误用法：党的中央委员会由党的代表大会选举产生，是党的最高领导机关，领导人称为总书记

正确用法：党的中央委员会由党的代表大会选举产生，是党的最高领导机关，领导人在不同时期称谓也不尽相同

辨析：

党的一大，鉴于当时党员人数很少，各地组织尚不健全，没有成立中央委员会，先组成中央局，领导全党工作，领导人称为书记。党的二大和三大，都选举了中央执行委员会，领导人称为委员长。党的四大，中央领导机关仍为中央执行委员会，领导人则改称为总书记。党的五大后，中央领导机关改称中央委员会，并一直延续至今，领导人称为总书记。党的六届一中全会改称领导人为主席。1943年3月，中央政治局会议推选毛泽东同志为中央政治局主席、中央书记处主席。七大党章明确规定中央委员会设主席一人，党的七届一中全会选举毛泽东同志为中央委员会主席、中央政治局主席和中央书记处主席，从此开始了党中央的主席制。党的十一届五中全会决定重新设立中央委员会总书记，选举胡耀邦同志为总书记。党的十二大正式取消主席、副主席，改主席制为总书记制，在党的领导体制改革上迈出了重要一步。

第二章　关于党代会和两会的相关用法

【2-27】错误用法：中央委员会候补委员参加中央委员会的会议和活动，有发言权和表决权，但是没有选举权和被选举权

正确用法：中央委员会候补委员参加中央委员会的会议和活动，有发言权，但是没有表决权、选举权和被选举权

辨析：

党的中央委员会是由党的全国代表大会选举产生的。党的中央委员会每届任期五年。全国代表大会如提前或延期举行，其任期相应地改变。中央委员会委员和候补委员必须有五年以上的党龄。中央委员会委员和候补委员的名额，由全国代表大会决定。

中央委员和候补委员是有区别的。候补委员参加中央委员会的会议和活动时，有发言权，但没有表决权、选举权和被选举权；中央委员会委员出缺，由中央委员会候补委员按照得票多少依次递补。所以，党的全国代表大会选举后公布的中央委员会名单，是以姓氏笔画为序的；而公布候补委员名单，则是按得票多少为序的。

【2-28】错误用法：各次中央全会都有一个重要议程，就是中央政治局向中央委员会全体会议报告工作、接受监督

正确用法：各次中央全会都有一个重要议程，就是中央政治局向中央委员会全体会议报告工作、接受监督，一中全会除外

辨析：

中央委员会全体会议即中央全会，是全体中央委员和候补委员参加的会议，由中央政治局召集，每年至少举行一次。中央政治局向中央委员会全体会议报告工作，接受监督。按惯例，各次中央全会都有各自相对固定的任务。一般来讲，一中全会紧接着全国代表大会召开，主要任务是选举党的中央政治局、中央政治局常务委员会和中央委员会总书记，以及决定其他中央领导机关和机构；二中全会一般是对国家机构的人事问题进行研究；三中全会一般研究改革议题；四中全会一般研究党的建设或法制建设等议题；五中全会一般研究下一个"五年规划"建议；六中全会除了研究党的建设或者文化建设等议题外，一般还要对召开下一次党的代表大会作出决议；七中全会的一项重要任务，就是为下一届党的代表大会做好准备。

除一中全会外，各次全会都有一个重要议程，就是中央政治局向中央委员会全体会议报告工作、接受监督，一般由总书记作报告。

【2-29】错误用法： 全党经常性工作的领导核心是中央委员会
正确用法： 全党经常性工作的领导核心是中央政治局及其常务委员会

辨析：

中央政治局及其常务委员会是党的中央组织和中央领导机构的重要组成部分，是全党经常性的领导核心。在党的中央委员会闭会期间，中央的工作由中央政治局及其常务委员会和党的总书记主持，执行党的全国代表大会和中央委员会的决议，并以中央的名义领导全党工作。

★ **知识链接**

中央政治局及其常务委员会的设置始于党的五大，作为全党的最高决策机关，此后一直存在于中央领导机构序列中。六大党章进一步规定："中央委员会由其本身委员中选出政治局以指导中央委员会全体会议，前后期间内党的政治工作，并选举常务委员会以进行日常工作。"1934年1月，党的六届五中全会设立中央政治局，成立中央书记处取代了中央政治局常务委员会。七大党章延续了这种制度安排，规定中央政治局是党的中央指导机关，指导党的一切工作，中央书记处在中央政治局决议之下处理中央日常工作。党的八大恢复设立中央政治局常务委员会，八大党章规定："党的中央委员会全体会议选举中央政治局、中央政治局的常务委员会和中央书记处"，"中央政治局和它的常务委员会在中央委员会全体会议闭会期间，行使中央委员会的职权"。八大党章确立的中央政治局及其常委会的地位和作用，基本沿用至今，这种体制有利于保证党的集体领导和团结统一。

（摘自《十九大党章学习手册》，人民出版社2017年版）

【2-30】错误用法：中央书记处负责召集中央政治局会议和中央政治局常务委员会会议

正确用法：中央委员会总书记负责召集中央政治局会议和中央政治局常务委员会会议

辨析：

党章第二十三条规定：党的中央政治局、中央政治局常务委员会和中央委员会总书记，由中央委员会全体会议选举。中央委员会总书记必须从中央政治局常务委员会委员中产生。中央委员会总书记负责召集中央政治局会议和中央政治局常务委员会会议，并主持中央书记处工作。

★ 知识链接

中央委员会总书记是党中央的最高负责人。1921年，党的一大决定暂不成立中央执行委员会，只设中央局作为中央临时领导机构，陈独秀任中央局书记。党的二大、三大设中央执行委员会委员长。党的四大设中央执行委员会总书记，代替了委员长。党的五大首次设中央委员会总书记，一直到七大之前都是由总书记总理全国党务。党的七大时没有设总书记，选举产生了由毛泽东、朱德、刘少奇、周恩来、任弼时组成的中央书记处，人们称之为"五大书记"，形成了党的第一代领导集体。党的八大设中央主席为最高负责人，同时设书记处和总书记，总书记由邓小平同志担任。

党的九大和十大取消了书记处，也就没有总书记一职，中央主席为党的最高负责人。直到1982年2月,党的十一届五中全会决定不设中央主席,重新设立中央书记处,改设总书记为党的最高负责人。党的十二大以写入党章的方式,确立了这一领导体制,一直沿用至今。根据党章规定,中央委员会总书记必须从中央政治局常务委员会中产生,他负责召集中央政治局会议和中央政治局常务委员会会议,并主持中央书记处的工作。

(摘自《十九大党章学习手册》)

【2-31】错误用法:中央书记处成员由中央委员会全体会议选举产生

正确用法:中央书记处成员不再由中央委员会全体会议选举产生,只需由中央政治局常务委员会提名,中央委员会全体会议通过

辨析:

中央书记处的设立,是从1934年1月党的六届五中全会开始的。当时的中央书记处又称中央政治局常委会,实际上起着中央政治局常务委员会的作用。1943年3月20日,中央政治局会议明确中央书记处是根据中央政治局决定的方针处理中央日常工作的办事机关,在中央政治局决定的方针指导下有权处理和决定一切日常性质的问题。七大、八大党章均有设立中央书记处的规定,但是书记处的地位和作用却有所不同。党的七届一中全会选举毛泽东、朱德、刘少奇、周恩

来、任弼时为中央书记处书记,当时的中央书记处相当于中央政治局常务委员会的作用。而党的八大恢复设立中央政治局常务委员会,规定"中央书记处在中央政治局和它的常务委员会领导之下,处理中央日常工作"。

"文化大革命"期间,九大、十大、十一大党章都取消了关于中央书记处的规定。1980年2月,党的十一届五中全会通过《关于成立中央书记处的决议》,恢复了中央书记处,规定中央书记处在中央政治局及其常务委员会的领导下,负责处理中央日常工作。中央书记处设总书记一人,书记若干人,候补书记若干人。总书记、书记和候补书记由中央委员会直接选举产生。

十二大党章规定,中央书记处由中央委员会全体会议选举产生,在中央政治局及其常务委员会领导下,处理中央日常工作。十三大党章修正案将以上规定改为:中央书记处是中央政治局及其常务委员会的办事机构。中央书记处的成员不再由中央委员会全体会议选举产生,只需由中央政治局常务委员会提名,中央委员会全体会议通过。此后,沿用至今。

【2-32】错误用法:《中国共产党党章》
　　　　正确用法:《中国共产党章程》

辨析:
党章是党的章程之简称,是一个政党为实现其纲领而制定的开展党内活动、实现党内事务的根本法规,是政党的政治纲领和行为规范,是完备政党组织的基本要素之一。毛泽东同志指出:"一个团体要有一个章程,一个国家也要有一个章程,宪法就是一个总章程,是根本大法。"邓小平同志指出:"国要有国法,党要有党规党法。党章是最根本的党规党法。没有党规党法,国法就很难保障。"习近平总书记指出:"党章是党的总章程,是全党必须遵循的总规矩。"

值得注意的是,1928年党的六大通过了新修改的党章,称《中国共产党党章》;1945年党的七大在陕西延安召开,通过了中共七大党章,称《中国共产党党章》,七大党章是党第一次独立自主地制定的党章,充分反映了中国共产党的建设经验和毛泽东建党理论,是具有中国特色的党章,是民主革命时期最完备最成熟的党章。自一大以来,我们党经过历次全国代表大会,通过了20个通常意义上的党章,包括1个党纲(党的一大),8个党章(党的二大、党的六大、党的七大、党的八大、党的九大、党的十大、党的十一大、党的十二大),11个党章修正案(党的三大、党的四大、党的五大、党的十三大、党的十四大、党的十五大、党的十六大、党的十七大、党的十八大、党的十九大、党的二十大)。

现行党章是十二大党章。十二大党章是在吸取七大和八大党章的历史传统和历史经验基础上,深刻吸取以往党章特别是"文化大革命"时期党章的历史教训,用了近三年时间,在全党范围内征求意见和经过全党充分讨论,多次修改写成的。它是中国共产党有了33年执政经验,纠正了"文化大革命"的"左"倾错误,端正了党的指导思想,实现了历史性的伟大转变,又面临着全面开创社会主义现代化建设新局面的伟大历史任务的情况下制定的,成为改革开放以来中国共产党的现行党章,为全面开创社会主义现代化建设新局面和引领中国特色社会主义事业不断取得新胜利提供了根本保障,真正成为加强执政党建设的根本遵循。

【2-33】错误用法:根据党章和党内有关规定,党内选举有直接选举、间接选举、差额选举和预选四种

正确用法:根据党章和党内有关规定,党内选举有直接选举、间接选举、差额选举、等额选举和预选五种

辨析:

根据党章和党内有关规定,党内选举一般有五种。一是直接选举,即有选举权的人直接参加选举,行使选举权利。二是间接选举,即有选举权的人通过选出的代表,进一步行使选举权利。三是差额选举,即候选人多于应选人数的选举。四是等额选举,即候选人数与应选人数相等的选举方式。目前实行等额选举的,主要有党的中央政治局委员,中央政治局常务委员会委员,中央纪律检查委员会常务委员和书记、副书记;党的地方各级委员会和纪律检查委员会书记、副书记;党的基层组织的书记、副书记通过上级批准也可实行等额选举。五是预选,即为确定正式候选人而进行的选举。

【2-34】错误用法：党的地区委员会召开党的代表大会，选举
领导成员

正确用法：党的地区委员会不能召开党的代表大会，
领导成员由省区委任命

辨析：

党章第二十九条规定："党的地区委员会和相当于地区委员会的组织，是党的省、自治区委员会在几个县、自治县、市范围内派出的代表机关。它根据省、自治区的授权，领导本地区的工作。"

★ **知识链接**

党的地区委员会，简称地委，其性质是党委的派出机关，其产生不需要经过选举。党的地区委员会在我们党的历史上也是由来已久，其存在与我国行政体制密切相关。抗日战争和解放战争时期，我们党的革命根据地建立行政公署，作为地方行政机关。新中国成立初期建立的行政公署，是相当于省级的地方行政机关，如皖南、苏北等人民行政公署，1952年撤销。1954年地方组织法规定，省人民政府在必要时，经国务院批准，可以按地区设立行政公署，作为自己的派出机关。此后，行政公署变为相当于设区市一级的地方行政机关。1982年修改通过的《中华人民共和国地方各级人民代表大会和地方各级人民政府组织法》规定，省、自治区的人民政府在必要时，经国务院批准，可以设立若干行政公署，作为它的派出机关。该制度延续至今，与之相适应，根

据按照行政区域划分来设置党的地方组织的原则,"在几个县、自治县、市范围内",即地区或相当于地区的盟地级行政区域,设置党的地区委员会和相当于地区委员会的组织。

随着我国经济社会快速发展,"地改市""盟改市"不断推进,地区和盟的数量不断减少。截至目前,全国现存7个地区、3个盟,具体是:内蒙古自治区的兴安盟、锡林郭勒盟、阿拉善盟,西藏自治区的阿里地区,新疆维吾尔自治区的阿克苏地区、阿勒泰地区、喀什地区、和田地区、塔城地区,黑龙江省的大兴安岭地区。这些地区的地委,称为中共××地区委员会。从性质上看,他们是省区委派出的代表机关,不是党的一级权力机构,不能召开党的代表大会,领导成员由省区委任命,不需要通过选举产生。从职权上看,他们根据省区委的授权,代表上级党组织领导本地区的工作,除了没有党的代表大会的有关职权外,具备党的地方委员会大部分职权。所以,《中国共产党地方委员会工作条例》规定:"党的地区委员会和相当于地区委员会的组织,可以参照执行本条例。"

(摘编自《十九大党章学习手册》)

【2-35】错误用法:党内法规是指党的中央组织以及中央纪律检查委员会、中央各部门制定的规范党组织的工作、活动和党员行为的党内规章制度的总称

第二章 关于党代会和两会的相关用法

正确用法：党内法规是指党的中央组织以及中央纪律检查委员会、中央各部门和省、自治区、直辖市党委制定的规范党组织的工作、活动和党员行为的党内规章制度的总称

辨析：

党内法规是党的制度的核心组成部分。党内法规是指党的中央组织以及中央纪律检查委员会、中央各部门和省、自治区、直辖市党委制定的规范党组织的工作、活动和党员行为的党内规章制度的总称。按照《中国共产党党内法规制定条例》规定，党内法规的名称为党章、准则、条例、规则、规定、办法和细则。党章对党的性质和宗旨、路线和纲领、指导思想和奋斗目标、组织原则和组织机构、党员义务和权利以及党的纪律作出根本规定，党章在党内法规中具有最高效力，其他任何党内法规都不得同党章相抵触。党章是最根本的党内法规，是制定其他党内法规的基础和依据。准则是对全党政治生活、组织生活和全党行为作出的基本规定。条例是对党的某一领域重要关系或者某一方面重要工作作出的全面规定。规则、规定、办法、细则是对党的某一方面重要工作或者事项作出的具体规定。

党内法规的制定，要在中央统一领导下进行，制定的日常工作由中央书记处负责，中央办公厅承担统筹协调工作。党内法规的发布，一般采用中共中央文件、中共中央办公厅文件、中央纪律检查委员会文件，中央各部门和省、自治区、直辖市党委文件、党委办公厅文件的形式。

【2-36】错误用法：党对军队绝对领导的根本原则和制度发端于三湾改编

正确用法：党对军队绝对领导的根本原则和制度发端于南昌起义

辨析：

党对军队绝对领导的根本原则和制度，发端于南昌起义，奠基于三湾改编，定型于古田会议，是人民军队完全区别于一切旧军队的政治特质和根本优势。历史证明，坚持党对军队的绝对领导，是党巩固执政地位，巩固人民民主专政，巩固社会主义制度的政治条件，是党领导军队开展革命活动以来，历经腥风血雨终获成功的历史经验教训的深刻总结。

党的十八大以来，习近平总书记多次强调，必须毫不动摇坚持党对军队的绝对领导。保证党对军队的绝对领导，关系我军性质和宗旨、关系社会主义前途命运、关系党和国家长治久安。要坚持党对人民军队的绝对领导，使党领导的人民军队一直保持人民性、革命性，保持铁的纪律，坚强的决心，统一的意志，在复杂的斗争形势下，经受住各种政治风浪的考验，取得一系列胜利。

【2-37】错误用法：中央军委实行集体负责制；党的中央军事委员会和国家中央军事委员会是两个机构

正确用法：中央军委实行主席负责制；党的中央军事委员会和国家中央军事委员会实际上是同一个机构

第二章 关于党代会和两会的相关用法

辨析：

中央军委实行主席负责制，是党和国家军事领导制度长期发展的制度成果，是宪法和党章规定的重大制度。其基本内涵是，中央军委主席负责中央军委全面工作，领导指挥全国武装力量，决定国防和军队建设一切重大问题。中央军委实行主席负责制，对于党牢牢掌握军队最高领导权和指挥权具有无可替代的根本性、决定性作用，是坚持党对人民军队的绝对领导的根本实现形式。对这项制度的极端重要性，我们要从党、国家和军队兴旺发达、长治久安的高度来认识。

在我国，党的中央军事委员会和国家中央军事委员会实际上是同一个机构，组成人员和对军队的领导职能完全一致。这种具有中国特色的国防领导体制，既能保证党对军队的绝对领导，也有利于运用国家机器，加强国防和军队建设。

★ **知识链接**

中央军事委员会的发展历程

中央军事委员会是党的最高军事领导机构，简称"中央军委"。早在1925年10月，中共中央执行委员会扩大会议就决定成立军事委员会。1926年2月，中央政治局北京特别会议决定设立军事部；1926年11月，改为中央军事委员会，周恩来任书记。党的五大后再设军事部。1931年1月，中央政治局决定，在中央革命根据地成立中华苏维埃中央革命军事委员会；1931年11月，中华苏维埃共和国中央革命军事委员会成立，简称"中革军委"，朱德任主席。1936年12月，中革军委扩大组织，毛泽东任主席。1937年8月，洛川会议决定成立中共中央革命军事委员会，毛泽东任主席。党的七大将设立中央军事委员会写入党章。1945年8月，中央政治局扩大会议决定，组成新的中央军事委员会，作为党的最高军事领导机关。1948年11月，中央决定中央军委在对外发布命令时，使用"中国人民革命军事委员会"的名称。1949年10月，中央人民政府人民革命军事委员会成立。1959年9月起，中央军委设常务委员，直到党的十二大。1982年第五届全国人大五次会议决定，中华人民共和国设立中央军事委员会，领导全国武装力量。需要提到的是，在我国，党的中央军事委员会和国家中央军事委员会实际上是同一个机构，组成人员和对军队的领导职能完全一致。这种具有中国特色的国防领导体制，既能保证党对军队的绝对领导，也有利于运用国家机器，加强国防和军队建设。

（摘自《十九大党章学习手册》）

【2-38】错误用法：党的纪律主要包括政治纪律、组织纪律、廉洁纪律、工作纪律、生活纪律

正确用法：党的纪律主要包括政治纪律、组织纪律、廉洁纪律、群众纪律、工作纪律、生活纪律

辨析：

2015年10月正式印发的《中国共产党纪律处分条例》首次指出了违反政治纪律、组织纪律、廉洁纪律、群众纪律、工作纪律和生活纪律等六种违纪行为。党的十九大通过的党章明确指出："党的纪律主要包括政治纪律、组织纪律、廉洁纪律、群众纪律、工作纪律、生活纪律。"

政治纪律，指各级党组织和全体党员在政治立场、政治方向、政治言论、政治行为方面必须遵循的规矩，是牵头的管总的纪律，遵守党的政治纪律是遵守党的全部纪律的重要基础；组织纪律，指规范和处理党的各级组织之间、党组织与党员之间以及党员与党员之间关系的行为规则，是维护党的集中统一、保持党的战斗力的基本条件；廉洁纪律，指党组织和党员在从事公务活动或者其他与行使职权有关的活动中应当遵守的廉洁用权的行为规则，是干部清正、政府清廉、政治清明的重要保障；群众纪律，指党的各级组织和全体党员贯彻执行党的群众路线和处理党群关系必须遵守的行为规则，是党的先进性的重要体现；工作纪律，指党的各级组织和全体党员在党的具体工作中必须遵守的行为规则，是党的各项工作正常开展的重要保证；生活纪律，指党员在日常生活和社会交往中应当遵守的行为规则，涉及个人品德、家庭美德、社会公德的各个方面，直接关系党的形象。

【2-39】错误用法：严明党的纪律首要是严明党的组织纪律
　　　正确用法：严明党的纪律首要是严明党的政治纪律

辨析：

讲规矩，首先就是讲政治规矩；守纪律，首先是要守政治纪律。党的十九大指出，党的政治建设是党的根本性建设，决定党的建设方向和效果。政治纪律是我们党最重要、最根本、最关键的纪律，在党的全部纪律中是管总引领的，遵守党的政治纪律是遵守党的全部纪律的基础。2013年1月22日，习近平总书记在《严明政治纪律，自觉维护党的团结统一》一文中提出："严明党的纪律，首要的就是严明政治纪律。党的纪律是多方面的，但政治纪律是最重要、最根本、最关键的纪律，遵守党的政治纪律是遵守党的全部纪律的重要基础。政治纪律是各级党组织和全体党员在政治方向、政治立场、政治言论、政治行为方面必须遵守的规矩，是维护党的团结统一的根本保证。"因此，抓住严明政治纪律这个纲，就能把严肃其他纪律带起来，这是管党治党的治本之策。

【2-40】错误用法：党的市（地、州、盟）和县（市、区、旗）委员会建立巡查制度

正确用法：党的市（地、州、盟）和县（市、区、旗）委员会建立巡察制度

权威出处：

党章第十四条规定："党的中央和省、自治区、直辖市委员会实行巡视制度，在一届任期内，对所管理的地方、部门、企事业单位党组织实现巡视全覆盖。中央有关部委和国家机关部门党组（党委）根据工作需要，开展巡视工作。党的市

（地、州、盟）和县（市、区、旗）委员会建立巡察制度。"

★ 知识链接

巡视—巡察—巡查

党的十八大以来，巡视、巡察、巡查，这些颇为相似的词语频繁见诸媒体。那么，什么是巡视、什么是巡察，什么又是巡查？巡视组、巡察组、巡查组之间又有什么区别？

巡视和巡察

关于巡视与巡察的关系，在党章中有着清晰的界定：党的中央和省、自治区、直辖市委员会实行巡视制度，在一届任期内，对所管理的地方、部门、企事业单位党组织实现巡视全覆盖。中央有关部委和国家机关部门党组（党委）根据工作需要，开展巡视工作。党的市（地、州、盟）和县（市、区、旗）委员会建立巡察制度。

据此，我们首先可以明确一个范围，即无论巡视还是巡察，都是在党内进行的，是实现党内监督的重要形式。区别在于，由于层级不同，开展党内监督工作相对应的称谓也有所不同：

——由党中央或党的省一级委员会向下开展党内监督工作称为"巡视"。在中央或省级层面成立巡视办和巡视组。

——由党的市县一级委员会向下开展党内监督工作称为"巡察"。在市县级层面成立巡察办和巡察组。

需要注意区别的是，巡视组、巡察组和巡视工作领导小组、巡察工作领导小组的组成不同。

巡视、巡察工作领导小组的成员是固定的，而巡视、巡察组的成员不但不固定，派出机关还会想方设法避免被人找出抽组规律。

巡察和巡查

中国共产党自成立以来，就十分重视巡视工作。1925年1月召开的中共四大就提出，"中国地域很大，中央为明了全国实际情况，随时特派巡行员，并同时做职工运动的指导员"。

1927年召开的八七会议决定，中央要派出巡视员到各地实际指导地方党组织迅速转入秘密状态。到了1928年7月，中共六大通过的《党章》再次强调巡视指导工作，规定中央委员会可以根据需要，委派中央特派员。1931年5月1日，《中央巡视条例》颁布施行，党内巡视制度正式建立。

从巡视人员的称谓变化便可窥见，我们党的巡视制度是随着形势的变化而不断发展的。

事实上，在《中国共产党巡视工作条例》修订之前，市县级层面开展党内监督工作的称谓就是"巡查"，相对应的机构叫"巡查办"和"巡查组"。直到党的十九大修改党章，才把"巡查"明确为"巡察"。要特别指出的是，"巡查"一词并没有消失，在我国的政治生活中现在仍会被用到。一般来说，巡视组、巡察组体现的是党内监督；而巡查组所体现的，可以是党内监督，但更多体现的是政府部门监督、某一系统领域内的监督。派出巡查组的目的是促进任务落实、推动目标实现。中央、省、市县三级都可以派出巡查组。

总的来说，巡视是从上视下，重在"看"的过程，有一种俯察全局的威严。巡察重在"察"，即体察民情，掌握基层动态，重点发现"最后一公里"的问题，着力发现损害群众切身利益的腐败问题和不正之风等。巡察的目的是推动全面从严治党向基层延伸，厚植党的政治基础。

容易混淆的是，因为巡视组和巡察组都具有反腐败的职能，很多人会想当然地认为巡视组和巡察组是由各级纪委监委派出的。事实上，各级党委才是巡视组和巡察组的派出单位，如"省委巡视组""市委巡察组"等。巡查重在"查"，即查找和查处某一专项问题。

（摘自《旗帜》2020年6月7日）

【2-41】错误用法：党的建设必须坚决实现以下基本要求：坚持党的基本路线；坚持解放思想，实事求是，与时俱进，求真务实；坚持全心全意为人民服务；坚持民主集中制

正确用法：党的建设必须坚决实现以下基本要求：坚持党的基本路线；坚持解放思想，实事求是，与时俱进，求真务实；坚持全心全意为人民服务；坚持民主集中制；坚持从严管党治党

辨析：

十九大党章将过去党的建设必须坚决实现的基本要求，从四项变为五项，增加了第五条即"坚持从严管党治党"。全面从严治党永远在路上。新形势下，党面临的执政考验、改革开放考验、市场经济考验、外部环境考验是长期的、复杂的、严峻的，精神懈怠危险、能力不足危险、脱离群众危险、消极腐败危险更加尖锐地摆在全党面前。要把严的标准、严的措施贯穿于管党治党全过程和各方面。深入推进党风廉政建设和反腐败斗争，以零容忍态度惩治腐败，构建不敢腐、不能腐、不想腐的有效机制。

【2-42】错误用法：按照党章规定，预备党员同正式党员一样，享有同样的义务和权利

正确用法：按照党章规定，预备党员的义务同正式党员一样；预备党员的权利，除了没有表决权、选举权和被选举权以外，也同正式党员一样

辨析：

党组织对处于预备期的党员要进行考察、教育和管理。党章第七条规定，预备党员的预备期为一年，预备期从支部大会通过其为预备党员之日算起。党的三大规定，入党视不同对象要经过不同的"候补期"，到党的八大后称为预备期。九大、十大党章取消了预备期，党的十一大后恢复了预备期。按照党章规定，预备党员的义务同正式党员一样；预备

党员的权利,除了没有表决权、选举权和被选举权以外,也同正式党员一样。

【2-43】错误用法:党员有退党的自由,党员要求退党,应向党组织提出申请,经支部大会讨论后宣布除名,并报上级党组织备案;必须办理审批手续

正确用法:党员有退党的自由,党员要求退党,应向党组织提出申请,经支部大会讨论后宣布除名,并报上级党组织备案;不必办理审批手续

辨析:

党章第九条规定:"党员有退党的自由。党员要求退党,应当经支部大会讨论后宣布除名,并报上级党组织备案。"中国共产党是中国工人阶级的先锋队,同时是中国人民和中华民族的先锋队,做一名共产党员不仅是自愿的,也是有条件的。党员如果改变了自己的信仰,或由于其他原因不愿继续做共产党员的,可以要求退党。党组织尊重党员退党权利,允许党员有退党的自由。对要求退党的党员的处理程序一般是:本人向所在党组织提出申请,经支部大会讨论后宣布除名,并报上级党组织备案;不必办理审批手续。但对于担任一定职务的党员,所在党组织在讨论作出除名决定之前,应该按照干部管理权限,将有关情况与干部管理部门沟通。

【2-44】错误用法:《中国共产党机关工作条例》

正确用法:《中国共产党工作机关条例（试行）》

辨析：

2017年4月，中共中央印发了《中国共产党工作机关条例（试行）》，并发出通知要求各地区各部门认真遵照执行。通知强调，党的工作机关是党实施政治、思想和组织领导的政治机关，是落实党中央和地方各级党委决策部署，实施党的领导、加强党的建设、推进党的事业的执行机关，在革命、建设、改革各个时期都发挥了重要作用。新的历史条件下，我们党要更好进行具有许多新的历史特点的伟大斗争、推进党的建设新的伟大工程、推进中国特色社会主义伟大事业，必须进一步加强和规范党的工作机关工作。

2019年，中共中央政治局修订了《中国共产党党内法规制定条例》，对于实际工作迫切需要但还不够成熟的党规，可先试行，在实践中完善后重新发布。试行应当有期限限制，否则就会出现"长期试行而不转正"的问题，这将有损于党规的严肃性、权威性。新修订的《中国共产党党内法规制定条例》增加了"试行期限一般不超过5年"的规定。

【2-45】错误用法:"四个服从"是党的思想路线的基本原则的重要内容

正确用法:"四个服从"是党的民主集中制的基本原则的重要内容

辨析：

党章规定："党员个人服从党的组织，少数服从多数，下级组织服从上级组织，全党各个组织和全体党员服从党的全国代表大会和中央委员会。"这一规定被简称为"四个服从"。它是党的民主集中制原则的重要内容，是党的政治纪律的核心内容，贯穿于党的建设的各个环节。"四个服从"既反映了民主又体现了集中，是贯彻落实民主集中制的有效途径，是党内生活秩序的总概括，是正确处理党内各种关系的基本准则。坚持"四个服从"使我们党的集中统一领导更加有力，确保了各项决策的有效执行。这是我们党经过长期革命斗争形成的优良传统，一定要长久坚持下去。

【2-46】错误用法：财政部党委；外交部党组；公安部党组
　　　　正确用法：财政部党组；外交部党委；公安部党委

辨析：

关于党组和党委，党章中都有相关规定。党章第九章对党组作出总体规定。党章分别用三章对党委作出规定，即党的中央组织、党的地方各级组织、党的基层组织。党委是党的各级委员会的简称，包括党的中央委员会、党的地方各级委员会、党的基层委员会。我们可从以下几个方面来理解和把握党组和党委的区别。

从设立领域来看，党组是在非党组织系统中成立，党委是在党的组织系统里成立。什么叫非党组织系统？什么叫党的组织系统？所谓党的组织系统是指党的中央委员会、党的地方各级委员会（省委、市委、县委）、党的基层委员会，在党的三级组织系统里是不能设立党组的，在党的三级组织系统里的各个工作部门也是不能成立党组的，比方说，党的组织部门、党的宣传部门、党的统战部门等都成立党委而不能成立党组。所谓非党组织系统，就是指除了党的组织系统之外的国家机关、人民团体、经济组织、文化组织和其他组织里可以成立党组。值得注意的是，党章使用的是"可以"成立党组，没有使用"必须"或者"应当"成立党组，如果不成立党组，可以按照有关规定建立党委，实际上就是为了适应各种机关设置的复杂性和职责特点留有余地的，从这个角度上看，党委建立的横向"空间"比党组要宽。就是说，在可以设立党组的领域，如果没有设立党组，那么，也可以设立党委。

从设立层次上看，党组是在中央和国家机关、人民团体、经济组织、文化组织和其他非党组织的领导机关中，可以成立党组。这里的关键词是"领导机关"，是相对于基层单位而言的。通常，所谓领导机关，是指那些具有拍板决策权和用人权的机关，这就决定了那些没有决策权和用人权的基层单位不设立党组，可建立党委。从这个角度看，党委建立的纵向"链条"比党组要长。

从性质上看，党委属于党的中央、地方和基层党组织系统里的某一个层级党组织，可是，党组则不属于党的中央、地方和基层三级组织系统的单独的一级组织，党组必须服从批准它成立的党组织领导。

从成员产生方式上看，地方党委和基层党委负责人可以由选举产生，也可以由上级党的组织任命，由选举产生的依据是党章第十条第二项规定："党的各级领导机关，除它们派出的代表机关和在非党组织中的党组外，都由选举产生。"由任命产生的依据是党章第十三条的规定："在党的地方各级代表大会和基层代表大会闭会期间，上级党的组织认为有必要时，可以调动或者指派县级党组织的负责人。"而党组书记和成员都是任命的，其依据是党章第四十九条规定："党组的成员，由批准成立党组的党组织决定。党组设书记，必要时还可以设副书记。"

从上下级关系上看，下级党委服从上级党委和必须坚决执行上级组织的决定，上级党委领导下级党委，成立下级党委由上级党委决定。而党组的设立，一般应当由党的中央委员会或者本级党的地方委员会审批。党组不得审批设立党组。

至于说有的政府部门设立党组，有的政府部门设立党委的情况，也是有党章依据的，即党章第五十条规定："对下属单位实行集中统一领导的国家工作部门可以建立党委，党委的产生办法、职权和工作任务，由中央另行规定。"这里所谓"对下属单位实行集中统一领导的国家工作部门"，就是指对下属单位实行垂直管理的国家工作部门，比如说公安部、国家安全部等都实行党委制度，就是依据和执行党章此条规定要求。

二十大党章修正对党组一章作了两处修改，第一处修改是将原来的"党组发挥领导核心作用"修改为"党组发挥领导作用"，实际上就是删掉了"核心"一词。其主要依据和考虑有两点：一是反映了近年来不断完善党的领导制度体系对党组的科学认识和实践发展要求，鲜明体现了党的十九届四中全会关于完善党领导各种组织和各项事业的制度要求。2019年4月修改后的《中国共产党党组工作条例》将原来规定"党组发挥领导核心作用"修改为"党组发挥领导作用"，这些情况都要求二十大修改党章应当将第四十八条中的相关规定进行必要的修改，即修改为党组发挥领导作用。二是为了解决第四十八条规定"党组发挥领导核心作用"和第三十三条规定国有企业党委（党组）发挥领导作用之间不一致的问题。党内法规执行的一个基本原理是，当同一主体先后制定的不同党内法规或者同一主体修改的一部党内法规内部新旧条文之间规定或精神不一致时，执行时坚持从新原则。具体到这两个条文，第三十三条规定"国有企业党委（党组）发挥领导作用"是十九大党章修订案写入党章的，而第四十八条"党组发挥领导核心作用"是十六大党章修订案写入党章的，因此应当执行党章第三十三条规定。

第二处修改是将原来第五十条可以建立党委的范围只规定"在对下属单位实行集中统一领导的国家工作部门"之中，增写并扩大为"和有关单位的领导机关中"。这是根据实际工作的需要作出的必要修改，主要是为了解决那些对下属单位实行集中统一领导的金融企业党委设置没有党章依据的问题。二十大党章修正案增写"和有关单位的领导机关中"可以建立党委，就为中管金融企业党委设置提供了党章依据和根本遵循。

【2-47】错误用法：中共党员可以加入民主党派；民主党派成员不可以加入中国共产党

正确用法：中共党员不可以加入民主党派；民主党派成员可以加入中国共产党

辨析：

目前，我国的各民主党派的章程中，都规定了不在中共党员中发展自己的成员，因而加入民主党派者必须是非中共党员。而《中国共产党章程》中没有这样的规定，也就是说，民主党派成员可以加入中国共产党，并具有"双重党籍"。各民主党派成员和无党派爱国人士要求加入中国共产党的，只要具备共产党员的条件，一般情况下党组织应该按照党章规定，吸收他们入党。对于民主党派、工商联各级组织中的主席（主委）、副主席（副主委）、秘书长、组织部部长，省级以上人民代表大会常务委员会、人民政府、人民政协的负责人中的民主党派和无党派爱国人士的入党问题，应按中央有关规定执行。民主党派的成员申请加入中国共产党，不必要求他们退出民主党派的组织。其入党后，也可以继续参与民主党派的活动。

值得一提的是，中国共产党在发展壮大过程中，有一段共产党员加入国民党的历史。在第一次国共合作时期，1923年6月中国共产党全国代表大会确定了全体共产党员以个人名义加入国民党，与国民党建立统一战线的方针。这是特定历史条件下我们党作出的正确决策。

【2-48】错误用法：发展党员的十六字方针是"坚持标准，保证数量，改善结构，慎重发展"

  正确用法：发展党员的十六字方针是"坚持标准，保证质量，改善结构，慎重发展"

辨析：

十九大党章规定，发展党员的十六字方针是"坚持标准，保证质量，改善结构，慎重发展"。坚持标准，就是发展党员应坚持党章规定的党员标准，不能随意降低标准；保证质量，就是保证发展党员的质量，在工作中要处理好数量与质量、需要与可能的关系，把发展对象是否符合共产党员条件放在第一位；改善结构，就是发展新党员要注意结构合理，逐步改善党员队伍的结构和分布，以提高党员队伍的整体素质；慎重发展，就是必须坚持个别吸收原则，坚持党章规定的党员标准，严格执行党章规定和发展党员工作细则规定的各项要求、程序，成熟一个，发展一个，防止把不具备党员条件的人吸收到党内来。

发展党员工作的十六字方针，是辩证统一的有机整体，要全面理解和把握，以保证发展党员工作的健康进行。中央组织部最新党内统计数据显示，截至2022年12月31日，中国共产党党员总数为9804.1万名，比2021年底净增132.9万名。中国共产党现有基层组织506.5万个，比2021年底净增12.9万个。其中基层党委28.9万个，总支部32万个，支部445.6万个。中国共产党一路走来，始终把基层党组织和党员队伍建设作为党的建设的基础性工作，不断吸收新鲜血液，着力锻造先锋队伍，使党始终保持旺盛生命力和强大战斗力。

【2-49】错误用法：党员可以在党的会议上和报纸杂志上，参加关于党的政策问题的讨论

正确用法：党员可以在党的会议上和党报党刊上，参加关于党的政策问题的讨论

辨析：

党章规定，党员享有党报党刊（而不是普通报纸杂志）上参加关于党的政策问题的讨论的权利。党报党刊作为党的重要宣传阵地，应当为全体党员服务，为党员参加讨论提供平台，每一位党员都有权利在这些报刊上发表自己的意见。学好用好党报党刊，党员干部才能明确党的路线方针政策，坚定理想信念，明辨大是大非，不动摇、不糊涂，做政治上的明白人；才能找到行之有效的工作方法，不迷茫、不折腾，始终把群众利益放心中，做群众的贴心人。

★ 知识链接

中央主要媒体

中央主要媒体有：人民日报社、新华社、中央广播电视总台、求是杂志社、解放军报社、光明日报社、经济日报社、中国日报社、科技日报社、人民政协报社、中国纪检监

察报社、学习时报社、工人日报社、中国青年报社、中国妇女报社、农民日报社、法治日报社、中国新闻社。

【2-50】错误用法：中国共产党党徽为镰刀和斧头组成的图案
　　　　正确用法：中国共产党党徽为镰刀和锤头组成的图案
辨析：

党章第五十三条明确规定："中国共产党党徽为镰刀和锤头组成的图案。"中国共产党党徽底色为红色，上面由红色的锤头、镰刀交叉组成的图案。红色象征革命，黄色象征光明，锤头、镰刀代表工人和农民的劳动工具，象征着中国共产党是中国工人阶级的先锋队，同时是中国人民和中华民族的先锋队，代表着工人阶级和广大人民群众的根本利益。

新中国成立后，党徽的样式多次变化。在1982年9月召开的党的十二大上，首次悬挂了党徽。当时的党徽是方柄镰刀与方柄锤头的组合。而到了1987年10月召开的党的十三大上，党徽的锤头改为缺角、镰刀柄改为圆头。到了1992年10月，党的十四大会场悬挂的党徽与现行党徽一致。锤头象征着以产业工人为代表的先进生产力，"镰刀锤头"的组合，更加形象、准确地体现出中国共产党是以工人阶级为领导的、以工农联盟为基础的无产阶级政党。

第二节 两会相关表述

【2-51】错误用法：人民代表大会制度是我国的根本制度
　　　正确用法：人民代表大会制度是我国的根本政治制度
辨析：
　　人民代表大会制度是我国的根本政治制度，是中国特色社会主义制度的重要组成部分，也是支撑国家治理体系和治理能力的根本政治制度。人民代表大会是中华人民共和国的政权组织形式。人民选举代表，组成全国人民代表大会和地方各级人民代表大会，作为人民行使国家权力的机关。全国人民代表大会是最高国家权力机关，有权修改宪法，制定法律，决定国家重大问题。地方各级人民代表大会是地方国家权力机关，依照宪法和法律规定的权限，决定地方的各种重大事项。

【2-52】错误用法：人民代表大会制度是我国的基本政治制度
　　　正确用法：我国的基本政治制度是中国共产党领导的多党合作和政治协商制度、民族区域自治制度以及基层群众自治制度等

辨析：

中国共产党领导的多党合作和政治协商制度，指中国共产党和各民主党派以及无党派人士在政治问题上协商的制度。请注意，不要用"中国共产党领导下的多党合作和政治协商制度"或者"中国共产党领导的政治协商和多党合作制度""中国共产党领导的多党合作与政治协商制度"等错误表述。

民族区域自治制度，指在国家统一领导下，各少数民族聚居的地方实行区域自治，设立自治机关，行使自治权。

基层群众自治制度，是人民参与管理国家事务和社会事务的一种形式，城市和农村按居民居住地区设立的居民委员会或者村民委员会是基层群众性自治组织。

【2-53】错误用法：人大和政协都是人民团体
　　　　正确用法：人大和政协都不是人民团体

辨析：

人民团体是由中国共产党领导的，按照其各自特点组成的从事特定的社会活动的全国性群众组织。这些人民团体，既是人民群众自己的组织，又是中国共产党联系人民群众的桥梁和纽带，有的还是一种统一战线的组织形式。比如，共青团、工会、妇联、青联、工商联、科协、台联、侨联等8个全国政协组成单位；中国作协、新闻工作者协会、对外友协、外交学会、贸促会、残联、宋庆龄基金会、法学会、红十字总会、思想政治工作研究会、欧美同学会、黄埔同学会、中华职教社等等。

人民代表大会是依据我们宪法和法律民主选举产生的国家权力机关，是我国人民当家作主、管理国家和社会事务的基本组织形式，是我国人民代表大会制度的核心和基础；人民政协是中国人民爱国统一战线的组织，是中国共产党领导的多党合作和政治协商的重要机构。

【2-54】错误用法：无党派人士指没有加入任何党派的普通群众
　　　　 正确用法：无党派人士是指没有参加任何政党、有参
　　　　　　　　　政议政愿望和能力、对社会有积极贡献
　　　　　　　　　和一定影响的人士，其主体是知识分子

辨析：

根据《巩固和发展最广泛的爱国统一战线：中央统战会议精神和〈中国共产党统一战线工作案例（试行）〉解答》（华文出版社2015年版），无党派人士是指没有参加任何政党、有参政议政愿望和能力、对社会有积极贡献和一定影响的人士，其主体是知识分子。无党派人士应当具备以下四个基本条件：

第一，无党派人士要具有无党无派的身份。这是首要条件，但不是唯一条件。就是说，并不是只要具备了无党无派身份，就是无党派人士。

第二，无党派人士要有参政议政的愿望和能力。无党派人士是一种政治面貌，体现的是一种政治身份。无党派人士的基本职能与民主党派相同，即参政议政、民主监督、参加

中国共产党领导的政治协商，这是无党派人士的政治责任。作为无党派人士，首先要对其政治身份、基本职能和政治责任有一定认识，对参政议政要有愿望和热情，并且具有一定能力。

第三，无党派人士须对社会有积极贡献和一定影响。就是说，具有了无党派身份和知识分子条件不一定就是无党派人士，还需要在社会上有一定影响力和号召力、能够发挥正能量，具有一定层次。

第四，无党派人士主体是知识分子。这就是说，无党派人士不等于无党派群众。广大无党无派的基本群众，尽管在统一战线中居于基础地位，但不能称之为统一战线意义上的无党派人士。无党派人士是以无党无派知识分子为主体的社会群体，主要分布在科学技术、教育、文化艺术、医药卫生、国家机关和社会团体、国有企业、新经济组织和新社会组织等领域。

【2-55】错误用法：全国人民代表大会作为最高国家权力机关，不需要接受中国共产党的领导

正确用法：全国人民代表大会作为最高国家权力机关，必须接受中国共产党的领导

辨析：

中国共产党领导是中国特色社会主义最本质特征和最大制度优势。党政军民学，东西南北中，党是领导一切的。坚持党对一切工作的领导，是人民的要求、实践的要求、时代

的要求。中国共产党领导是人民代表大会制度的本质要求和最大优势。要确保人大工作始终在党的领导下进行。党的指导思想是坚持和完善人民代表大会制度的科学指引和行动指南。

习近平总书记在全国人民代表大会成立60周年大会上发表重要讲话，明确提出坚持和完善人民代表大会制度，必须毫不动摇坚持中国共产党的领导。

【2-56】错误用法：我国的人民代表大会和西方的议会性质一样
　　　　正确用法：我国的人民代表大会和西方议会有本质不同
辨析：

我国宪法规定："中华人民共和国的一切权力属于人民。人民行使国家权力的机关是全国人民代表大会和地方各级人民代表大会。"人民代表大会制度是与我国人民民主专政国体相适应的根本政治制度，是我国人民民主专政国家的根本组织形式。全国人民代表大会和地方各级人民代表大会都由民主选举产生，对人民负责，受人民监督。西方议会的议席往往是各个政党、各个利益集团、各种社会势力政治分赃的结果，由此在议会内部分为不同议会党团，每个党团背后都有供养它的利益集团在支撑，并要求这些议会党团给予回报。因此，议员们为了各自党派、各自利益集团的私利而钩心斗角、尔虞我诈，对人民根本利益置若罔闻。

【2-57】错误用法：人大都由人民选举产生，各级人大都由人民通过民主选举产生的人大代表组成；由于我国的国情，人民选举人大代表通过间接选举产生；全国人民代表大会的代表，由省、自治区、直辖市的人民代表大会选举产生

正确用法：人大都由人民选举产生，各级人大都由人民通过民主选举产生的人大代表组成；人民选举人大代表主要通过<u>直接选举和间接选举两种方式</u>产生；全国人民代表大会的代表，由省、自治区、直辖市的人民代表大会和人民解放军选举产生

辨析：

人民选举人大代表主要有两种方式：一种是直接选举产生，在县、乡人大选举中，广大选民直接选举出县、乡人大代表，组成县、乡两级人大；第二种是间接选举，地市级、省级和全国的人大代表是由下一级人大选举产生，分别组成县级以上地方各级人大和全国人大。在人民群众的充分参与下，人民代表大会能够把人民内部不同阶层的共同利益集中起来，反映协调各方面利益，共同完成建设社会主义伟大事业。

全国人大和地方人大选举法第十五条规定，全国人民代表大会的代表，由省、自治区、直辖市的人民代表大会和人民解放军选举产生。全国人民代表大会代表的名额不

超过三千人。香港特别行政区、澳门特别行政区应选全国人大代表的名额和代表产生办法,由全国人民代表大会另行规定。

【2-58】错误用法:政协委员和人大代表一样也是通过选举产生的;政协委员参加政协会议,不能列席人大会议

正确用法:政协委员不是选举产生的,而是以协商推荐的方式产生的;政协委员参加政协会议,也可以列席人大会议

辨析:

《中国人民政治协商会议章程》第二十一条规定,"凡赞成本章程的党派和团体,经中国人民政治协商会议全国委员会常务委员会协商同意,得参加中国人民政治协商会议全国委员会。个人经中国人民政治协商会议全国委员会常务委员会协商邀请,亦得参加中国人民政治协商会议全国委员会。参加地方委员会者,由各级地方委员会按照本条上述规定办理"。政协委员产生的具体运作步骤,一般为:(1)提名推荐。推荐全国委员会委员名单,由各党派中央、各人民团体、无党派人士、各个界别等协商提出。在地方的全国委员会委员,由各省、自治区、直辖市协商推荐。推荐地方委员会委员名单由地方各党派、无党派人士、各人民团体、各个界别等协商提出。(2)协商确定建议名单。对各方面提出的推荐名单由中共党委有关部门进行综合平衡,充分同各推荐

方面协商形成建议名单。(3)审议通过。将委员建议名单提交政协主席会议审议同意后,由常务委员会协商决定,经全体常务委员会组成人员过半数同意予以通过。(4)公布。经常务委员会会议通过的委员,由政协办公厅(或办公室)分别通知推荐单位和本人,向委员发委员证书,并通过新闻媒体向社会公布。增补政协委员的程序,也需要经过提名、协商、审议通过和公布这几个步骤。

政协委员也列席人大会议,讨论政府工作报告,计划、预算报告,"两高"工作报告等,但与人大会议不同的是,政协是讨论这些报告,提出意见和建议,不表决,不作出决议,而人大是审议、审查这些报告,要通过表决作出决议。

【2-59】错误用法:人大职权主要有:立法权、选举任免权、重大事项建议权和监督权

正确用法:人大职权主要有:立法权、选举任免权、重大事项决定权和监督权

辨析:

人大对国家或地方重大事项有决定权,重大事项决定权反映了人大权力的广泛性,是国家权力机关的一个重要特点。讨论决定重大事项是宪法和法律赋予人大的一项重要职权。全国人大及其常委会行使这项权力,通常是以决定决议的方式体现。根据宪法规定,全国人大常委会的重大事项决定权主要包括:在全国人大闭会期间,审查和批准国民经济和社会发展计划、国家预算在执行过程中所必须作的部分调

整方案；决定同外国缔结的条约和重要协定的批准和废除；规定军人和外交人员的衔级制度和其他专门衔级制度；规定和决定授予国家的勋章和荣誉称号；决定特赦，比如，十二届全国人大常委会第十六次会议通过关于特赦部分服刑罪犯的决定；在全国人大闭会期间，决定战争状态的宣布；决定全国总动员或者局部动员；决定全国或者个别省、自治区、直辖市进入紧急状态；等等。

【2-60】错误用法：人民代表大会上下级之间是领导与被领导的关系

正确用法：人民代表大会上下级之间是法律监督关系、业务指导关系和工作联系关系

辨析：

上级人民代表大会和下级人民代表大会的监督关系表现为：全国人大常委会有权撤销省级人大及其常委会制定的同宪法、法律和行政法规相抵触的地方性法规和决议；省级人大及其常委会制定的地方性法规要报全国人大常委会备案；等等。上级人大和下级人大之间的业务指导关系表现为：全国人大常委会指导地方换届选举；全国人大常委会责成有关办事机构解答地方人大常委会提出的有关法律执行问题的询问；等等。上级人大和下级人大之间的联系关系表现为：上级人大常委会邀请下级人大常委会负责人列席常务委员会会议；上级人大代表列席下级人大及其常委会会议以及参加下级人大常委会组织的活动；等等。

【2-61】错误用法：我国的人大和"一府一委两院"是互相制衡的关系

正确用法：我国的人大和"一府一委两院"不是互相制衡的关系

辨析：

我国宪法第三条规定："国家行政机关、监察机关、审判机关、检察机关都由人民代表大会产生，对它负责，受它监督。"因此，人大和"一府一委两院"是决定和执行的关系，监督和被监督的关系，协调一致开展工作的关系。人大是代表人民行使国家权力的机关，行使立法、重大事项决定、选举和任免、监督等国家权力。人大制定的法律法规，作出的决议决定，集中和代表人民的利益和意志，"一府一委两院"对此必须执行和实施，实现人民的利益和意志。人大拥有对"一府一委两院"工作的监督权，"一府一委两院"必须依法对人大负责并报告工作，接受人大的监督。

【2-62】错误用法：人大常委会是国家权力机关；人大常委会是人民代表大会的常设机构

正确用法：人大常委会是人民代表大会的常设机关，是人民代表大会闭会期间行使国家权力的机关

辨析：

人大常委会是人民代表大会的常设机关，是人民代表大会闭会期间行使国家权力的机关。它对本级人民代表大会负

责并报告工作，接受其监督。全国人大常委会是全国人大的常设机关，对全国人大负责并报告工作；县级以上地方各级人大常委会是地方各级人大常设机关，对本级人大负责并报告工作。人大常委会在人大闭会期间，行使由宪法、法律赋予的职权。人民代表大会设立常务委员会，既是由我国的国情决定的，也是我国社会主义民主政治发展的客观要求。

【2-63】错误用法：宪法规定，全国人民代表大会和全国人大常委会共同行使国家立法权。全国人民代表大会和全国人大常委会有权制定刑事、民事、国家机构的和其他的基本法

　　正确用法：宪法规定，全国人民代表大会和全国人大常委会共同行使国家立法权。只有全国人民代表大会有权制定和修改刑事、民事、国家机构的和其他的基本法律

辨析：

全国人民代表大会有权制定和修改刑事、民事、国家机构的和其他的基本法律。其中包括刑法、刑事诉讼法、民法、民事诉讼法、全国人民代表大会组织法、国务院组织法、地方各级人民代表大会和地方各级人民政府组织法、人民法院组织法、人民检察院组织法、选举法、民族区域自治法，有关设立特别行政区及特别行政区内管理制定的法律等。这些法律涉及国家生活中最根本、最重要的问题，因此，必须由全国人民代表大会来行使这些法律的制定和修改权。全国人

大常委会制定和修改除应由全国人民代表大会制定的法律以外的其他法律。这些法律涉及政治、经济、科技、教育、文化、国防、外交、社会各个领域。改革开放以来，大部分法律是由全国人大常委会制定和修改的，包括一大批社会主义市场经济方面的法律，以及许多其他方面的法律。

【2-64】错误用法：在我国，国家主席是一个重要的国家机构，有权单独行使职权，决定国家重大事务

　　　　正确用法：在我国，国家主席是一个重要的国家机构，根据全国人大及其常委会的决定行使职权

辨析：

中华人民共和国主席（简称"国家主席"），是中华人民共和国的国家代表，也是国家机构之一。中华人民共和国主席根据全国人民代表大会及其常务委员会的决定，公布法律，任免国务院总理、副总理、国务委员、各部部长、各委员会主任、审计长、秘书长，授予国家的勋章和荣誉称号，发布特赦令，宣布进入紧急状态，宣布战争状态，发布动员令。中华人民共和国主席代表中华人民共和国，进行国事活动，接受外国使节；根据全国人民代表大会常务委员会的决定，派遣和召回驻外全权代表，批准和废除同外国缔结的条约和重要协定。

【2-65】错误用法：法律规定，人大代表可以以"列席代表"的身份列席有关的人大或人大常委会会议

正确用法：法律规定，人大代表可以列席有关的人大或人大常委会会议，但不是作为"列席代表"列席会议，而是作为列席人员列席的

辨析：

目前，我国法律对人民代表大会及其常务委员会的会议，还没有列席代表的规定或者称谓。"列席人员"是指依照法律和惯例被邀请列席会议的人员，可以由人大常委会决定邀请，不用经过预备会议审议通过。法律还规定，人大代表可以列席有关的人大或者人大常委会会议，但不是作为"列席代表"列席会议，而是作为列席人员列席的。

【2-66】错误用法：在我国政权体系中居于最高地位的是全国人民代表大会

正确用法：在我国政权体系中居于最高地位的是人民代表大会

辨析：

人民代表大会是国家权力机关，在我国政权体系中居于最高地位。我国的国家机构都是在人民代表大会的基础上建立起来的。人民代表大会依照法律规定组织建立其他国家机关，如行政机关、监察机关、审判机关、检察机关等，并监督这些机关工作。

具体地说，在中央国家政权体系中居于最高地位的是全国人民代表大会，由全国人民代表大会组织建立其他中央国家机关，并监督这些机关工作；在地方政权体系中居于最高地位的是地方各级人民代表大会，由地方各级人民代表大会组织建立其他地方国家机关，并监督这些机关工作。全国人民代表大会作为我国国家机关的最高体现者和决定者，代表着全国人民的意志和根本利益，有权决定国家政治生活中的一切重大问题，因而在从中央到地方的所有国家机构中居于最高地位。

【2-67】错误用法：中国共产党同各民主党派实行"和平共处、互相监督，肝胆相照、荣辱与共"的基本方针

　　　　正确用法：中国共产党同各民主党派实行"长期共存、互相监督、肝胆相照、荣辱与共"的基本方针

辨析：

党的十一届三中全会以后，邓小平同志对各民主党派的性质作出了明确科学的界定："现在它们都已经成为各自所联系的一部分社会主义劳动者和一部分拥护社会主义的爱国者的政治联盟，都是在中国共产党领导下为社会主义服务的政治力量。"这为多党合作制度的发展奠定了坚实基础。1979年10月，邓小平同志指出，中国共产党同各民主党派"长期共存，互相监督"的方针是一项长期不变的方针。同

时进一步强调了共产党要接受监督的思想。1982年9月,中共十二大的政治报告明确指出:我们党要继续坚持"长期共存,互相监督","肝胆相照,荣辱与共"的方针,加强同各民主党派、无党派民主人士、少数民族人士和宗教界爱国人士的合作。这样,"长期共存,互相监督"八字方针又增加了"肝胆相照,荣辱与共"八个字,标志着中国共产党与各民主党派关系"十六字"方针正式确立,并成为新时期中国共产党领导的多党合作的基本方针。

"十六字"方针提出后,在表述上也经历了一些变化。在十二大报告中,将前八字与后八字用引号隔成两部分。1987年,党的十三大报告将"十六字"方针表述为"长期共存、互相监督,肝胆相照、荣辱与共"。这个表述去掉了引号,使前八字与后八字的关系更加紧密了,但二者仍用逗号隔开。1989年中共中央颁布的《关于坚持和完善中国共产党领导的多党合作和政治协商制度的意见》明确提出:"长期共存、互相监督、肝胆相照、荣辱与共",使"十六字"方针成为中国共产党同各民主党派合作的基本方针。2015年9月22日,《中国共产党统一战线工作条例(试行)》颁布实施,《条例》明确规定,中国共产党领导的多党合作和政治协商制度是我国的一项基本政治制度。中国共产党同各民主党派实行长期共存、互相监督、肝胆相照、荣辱与共的基本方针。民主党派是接受中国共产党领导、同中国共产党通力合作的亲密友党,是中国特色社会主义参政党。

【2-68】错误用法：民革、民建、民盟、民进、致公党、农工党、九三学社、台盟

正确用法：民革、民盟、民建、民进、农工党、致公党、九三学社、台盟

辨析：

参加中国共产党领导的爱国统一战线的我国各民主党派有中国国民党革命委员会、中国民主同盟、中国民主建国会、中国民主促进会、中国农工民主党、中国致公党、九三学社和台湾民主自治同盟。这些党派是在抗日战争和反对国民党统治的斗争中逐渐形成和发展起来的，同中国共产党有长期合作的历史，1949年参加了中国人民政治协商会议。中华人民共和国成立后，各民主党派在中国共产党的领导下，推动其成员和所联系的群众参加各项政治运动，为社会主义建设作出了重要贡献。

八个民主党派的排列顺序是有历史渊源的，非常严格，不能颠倒，有工商联出现时，放在最后。还要注意把各民主党派与台湾的政党严格区分。如民革与国民党有历史渊源，但其宗旨、性质已根本不同；而民进与台湾的民进党更是不沾边，均不能视为一家或牵强联系。另外，台湾民主自治同盟成员主要为居住在祖国大陆的台湾省人士（台盟章程第一条规定：凡居住在祖国大陆的台湾省人士，愿意遵守本章程者，可以申请加入本盟）。

★ 知识链接

九三学社的由来

抗日战争后期，一批文化教育、自然科学学者于重庆发起成立民主科学座谈会，自然科学座谈会的学者也陆续参加进来。1945年9月3日为纪念反法西斯战争的胜利，更名为九三座谈会。1946年5月4日改建为九三学社。1949年1月响应中共召开新政协的号召，同年参加中国人民政治协商会议。我国八个民主党派之一，成员以科学技术界高、中级知识分子为主。

（摘自《辞海》）

我国民主党派排序、称谓及简介表

民主党派全称	民主党派简称	民主党派地方组织称谓（全称或简称）	民主党派领导称谓 中央正副职	民主党派领导称谓 地方正副职	民主党派组织成员称谓	简介
中国国民党革命委员会	民革	中国国民党革命委员会×省委员会、民革×省委	主席、副主席	主任委员、副主任委员	党员	民革由原中国国民党民主派及其他爱国民主人士所创建，以同原中国国民党有关系的人士、同民革有历史联系和社会联系的人士、同台湾各界有联系的人士、社会和法制专业人士以及其他人士为对象，着重吸收其中有代表性的中上层人士和中高级知识分子。
中国民主同盟	民盟	中国民主同盟×省委员会、民盟×省委	主席、副主席	主任委员、副主任委员	盟员	是主要由从事文化教育以及科学技术工作的高、中级知识分子组成的，具有政治联盟特点的，接受中国共产党领导、同中国共产党通力合作，进步性与广泛性相统一、致力于中国特色社会主义事业的参政党。

续表

民主党派全称	民主党派简称	民主党派地方组织称谓（全称或简称）	民主党派领导称谓		民主党派组织成员称谓	简介
			中央正副职	地方正副职		
中国民主建国会	民建	民建中国民主建国会×省委员会、民建×省委	主席、副主席	主任委员、副主任委员	会员	是主要由经济界人士组成的、具有政治联盟特点的政党，是接受中国共产党领导，与中国共产党通力合作的中国特色社会主义参政党。
中国民主促进会	民进	中国民主促进会×省委员会、民进×省委	主席、副主席	主任委员、副主任委员	会员	是以从事教育文化出版工作的高、中级知识分子为主、具有政治联盟性质的政党，是同中国共产党通力合作的中国特色社会主义参政党。

续表

民主党派全称	民主党派简称	民主党派地方组织称谓（全称或简称）	民主党派领导称谓		民主党派组织成员称谓	简介
			中央正副职	地方正副职		
中国农工民主党	农工党	中国农工民主党××省委、农工党××省委	主席、副主席	主任委员、副主任委员	党员	是以医药卫生、人口资源和生态环境领域高中级知识分子为主，由一部分社会主义劳动者、社会主义事业建设者和拥护社会主义的爱国者组成的政治联盟，是接受中国共产党领导、同中国共产党通力合作的亲密友党，是致力于中国特色社会主义事业的参政党。
中国致公党	致公党	中国致公党××省委、致公党××省委	主席、副主席	主任委员、副主任委员	党员	是以归侨、侨眷中的中上层人士和其他有海外关系的代表性人士为主组成的，具有政治联盟特点的，致力于建设中国特色社会主义的政党。

续表

民主党派全称	民主党派简称	民主党派地方组织称谓（全称或简称）	民主党派领导称谓 中央正副职	民主党派领导称谓 地方正副职	民主党派组织成员称谓	简介
九三学社	九三学社	九三学社××省委	主席、副主席	主任委员、副主任委员	社员	是以科学技术界高、中级知识分子为主的具有政治联盟特点的政党，是接受中国共产党领导、同中国共产党通力合作的亲密友党，是中国特色社会主义参政党。
台湾民主自治同盟	台盟	台湾民主自治同盟××省委、台盟××省委	主席、副主席	主任委员、副主任委员	盟员	是由台湾省人士组成的社会主义劳动者、社会主义事业建设者和拥护社会主义爱国者的政治联盟，是接受中国共产党领导、同中国共产党通力合作的亲密友党，是进步性与广泛性相统一、致力于中国特色社会主义事业的参政党。

表中各民主党派地方组织正职领导为主任委员，可简称"主委"，副职领导为副主任委员，可简称"副主委"，"主任委员"和"副主任委员"不能简称"主任"和"副主任"；各民主党派组织成员均可通称"成员"。

【2-69】错误用法：经全国人大及其常委会通过的法律，由全国人大常委会委员长签署予以公布

正确用法：经全国人大及其常委会通过的法律，由国家主席签署予以公布

辨析：

经全国人大及其常委会通过的法律，应当由国家主席签署予以公布，比如：2020年6月30日，十三届全国人大常委会第二十次会议在北京人民大会堂举行第二次全体会议、第三次全体会议和闭幕会。会议表决通过了《中华人民共和国香港特别行政区维护国家安全法》，国家主席习近平签署第49号主席令予以公布。

【2-70】错误用法：全国人大可以监督全国政协的工作

正确用法：全国人大不能监督全国政协的工作

辨析：

人大是国家权力机关，国家行政机关、监察机关、审判机关、检察机关都由人大产生，对它负责，受它监督。人民代表大会制度是实现和保证我国人民当家作主的根本政治制度，体现了社会主义制度的优越性和社会主义民主的广泛性。而政协不是宪法规定的国家机构，它是中国人民爱国统一战线的组织，是我党领导的多党合作和政治协商制度的一项基本政治制度，属于具有中国特色的社会主义政党制度的范畴，所以不属于全国人大监督的范围。

【2-71】错误用法：1982年宪法公布实施后，我国迄今为止对其进行了4次修改

正确用法：1982年宪法公布实施后，我国迄今为止对其进行了5次修改

辨析：

《中华人民共和国宪法》是中华人民共和国的根本大法，拥有最高法律效力。中华人民共和国成立后，曾于1954年9月20日、1975年1月17日、1978年3月5日和1982年12月4日通过四个宪法，现行宪法为1982年宪法，并历经1988年、1993年、1999年、2004年、2018年五次修订。

1982年12月4日，中华人民共和国第四部宪法在第五届全国人大第五次会议上正式通过并颁布。并根据1988年4月12日第七届全国人民代表大会第一次会议通过的《中华人民共和国宪法修正案》、1993年3月29日第八届全国人大一次会议通过的《中华人民共和国宪法修正案》、1999年3月15日九届全国人大二次会议通过的《中华人民共和国宪法修正案》、2004年3月14日十届全国人大二次会议通过的《中华人民共和国宪法修正案》进行了修正、2018年3月11日十三届全国人大一次会议第三次全体会议经投票表决通过了《中华人民共和国宪法修正案》。

【2-72】错误用法：党必须加强对工会、共产主义青年团、妇女联合会等群众组织的领导

正确用法：党必须加强对工会、共产主义青年团、妇女联合会等群团组织的领导

辨析：

社团组织一般分为"群体性社团组织""学术性社团组织"和"活动性社团组织"，其中的"群体性社团组织"就是群团组织。群团组织既不是党委机关，也不是有社会管理职能的政府机关。我国群团组织主要有工会、青年团、妇联、工商联、残联、文联、关工委等，是党联系这方面群众的桥梁和纽带。群团组织帮助党联系群众，帮助做好他们的思想工作，并向党反映这些群众的愿望和要求。

《习近平新时代中国特色社会主义思想学习纲要（2023年版）》指出："国家治理体系是由众多子系统构成的复杂系统，这个系统的核心是中国共产党，人大、政府、政协、监委、法院、检察院、军队，各民主党派和无党派人士，各企事业单位，工会、共青团、妇联等群团组织，都要坚持中国共产党领导。"请注意其中的排序问题。

【2-73】错误用法：外事委员会是全国人大常委会专门委员会

正确用法：外事委员会是全国人大专门委员会

辨析：

全国人大专门委员会包括民族委员会、宪法和法律委员会、监察和司法委员会、财政经济委员会、教育科学文化卫

生委员会、外事委员会、华侨委员会、环境与资源保护委员会、农业与农村委员会、社会建设委员会等10个专门委员会。

【2-74】错误用法：全国人大宪法和法律委员会简称"法工委"

正确用法：全国人大宪法和法律委员会是全国人大的专门委员会之一

辨析：

宪法和法律委员会是全国人大的专门委员会之一，由全国人大选举产生；法制工作委员会是有立法权的人大常委会的法制工作机构，简称"法工委"，主要是为有关人大常委会和法制委员会履行法律、地方性法规起草、审议职责，做好法律、地方性法规的规划、制定、修改、解释、清理、后评估等工作，发挥参谋助手和服务保障作用。1979年3月，全国人大常委会法制委员会成立，彭真任法制委员会的主任。1983年全国人大常委会法制委员会改称为全国人大常委会法制工作委员会。宪法和法律委员会的负责人称"主任委员"；法工委的负责人称"主任"。

【2-75】错误用法：出席人大常委会会议的委员们

正确用法：出席人大常委会会议的人大常委会组成人员

辨析：

人大常委会会议由人大常委会组成人员出席，其组成人

205

员不仅包括委员，还有委员长、副委员长（地方的人大常委会负责人为主任、副主任）和秘书长。全国人大常委会委员长会议由委员长/副委员长和秘书长组成。依照宪法和全国人大组织法的规定，委员长会议负责处理全国人大常委会的重要日常工作：决定常委会每次会议的会期，拟定会议议程草案；对向常委会提出的议案，决定交由有关的专门委员会审议或者提请常委会全体会议审议；指导和协调各专门委员会的日常工作；处理常委会其他重要日常工作；等等。

【2-76】错误用法：全国人大常委会办公厅领导为主任、副主任
　　　　正确用法：全国人大常委会办公厅不设主任、副主任

辨析：

全国人大常委会办公厅自1954年建立以来，除1955年5月至1958年间设有办公厅主任、副主任外，之后一直不设办公厅主任、副主任，办公厅由秘书长直接领导，副秘书长协助秘书长分管办公厅各单位。秘书长、副秘书长举行秘书长办公会议，研究处理机关日常工作。

另，全国人大常委会工作机构和办事机构有：办公厅、法制工作委员会、预算工作委员会、香港特别行政区基本法委员会、澳门特别行政区基本法委员会。

【2-77】错误用法：人民团体类届别；人民解放军是全国政协第一届和第二届的参加单位

正确用法：人民团体类界别；人民解放军是全国政协第一届的参加单位

辨析：

在同一届次会议上，政协委员的"界别"不要写为"届别"。"届"是从时间上说的，如上届、本届等；"界"则是针对委员的工作领域分类而言，如"新闻出版界"等。在我国，政协的界别是参加政协的各个党派、人民团体、各民族和各界人士在政协组织中的具体划分形式，也是政协会议的基本组织形式。自1993年第八届全国政协界别调整为34个，界别总数便再也没有增加。34个界别主要可分为政党类、人民团体类和社会类界别三大类别。政党类界别分为中共、民革、民盟、民建、民进、农工党、致公党、九三学社、台湾民主自治同盟和无党派人士10个界别。人民团体类界别分为青、工、妇、青联、工商联、科协、台联、侨联、特邀香港人士、特邀澳门人士、特别邀请人士11个界别。社会类界别分为文化艺术、科技、社科、经济、农业、教育、体育、新闻出版、医药卫生、对外友好、社会福利和保障、少数民族和宗教13个界别。

参加第一届政协的单位有45个及特别邀请人士，包括各民主党派、人民团体、无党派人士，代表中有工人、农民、人民解放军、妇女、青年、学生、文艺界、新闻界、工商界、自然科学界等。1954年，中国人民政治协商会议第二届全国委员会的参加单位发生了变化，区域代表、军队代表由于已经参加人大，不再作为政协的参加单位，中国人民政协全国委员会改由党派、团体、方面、特邀四个方面组成。即由中共、民革、民盟、民建、无党派、民进、农工、致公、九三、台盟、青年团、工会、农民、妇联、青联、合作社、工商联、文联、自然科学团体、社会科学团体、教育界、新闻出版界、医药卫生界、对外和平友好团体、社会救济福利团体、少数民族、华侨、宗教界共28个单位和特别邀请人士组成。

【2-78】错误用法：中国人民政治协商会议的一切活动以政协章程为根本准则；人民政协每届第一次会议的主席团的产生由本届常务委员参加的预备会议选举产生

正确用法：中国人民政治协商会议的一切活动以中华人民共和国宪法为根本准则；人民政协每届第一次会议的主席团的产生由本届全体委员参加的预备会议选举产生

权威出处：

2018年3月15日中国人民政治协商会议第十三届全国委员会第一次会议通过的《中国人民政治协商会议章程》指出："中国人民政治协商会议的一切活动以中华人民共和国宪法为根本的准则。"

政协章程还规定，中国人民政治协商会议全国委员会常务委员会召集并主持中国人民政治协商会议全国委员会全体会议；每届第一次全体会议前召开全体委员参加的预备会议，选举第一次全体会议主席团，由主席团主持第一次全体会议。

【2-79】错误用法：十四届全国政协×次会议和十四届全国人大×次会议

正确用法：全国政协十四届×次会议和十四届全国人大×次会议

辨析：

中国人民政治协商会议第十四届全国委员会第×次会议简称：政协第十四届全国委员会第×次会议、全国政协十四届×次会议。

中华人民共和国第十四届全国人民代表大会第×次会议简称：第十四届全国人民代表大会第×次会议、十四届全国人大×次会议。

1949年9月，中国人民政治协商会议举行了第一届全体会议。1954年9月第一届全国人民代表大会举行第一次会议，通过了《中华人民共和国宪法》。同年12月召开了政协第二届全国委员会第一次会议，制定了《中国人民政治协商会议章程》。章程宣告：《共同纲领》已经为宪法所代替；人民政协全体会议代行全国人民代表大会的职权已经结束。但是人民政协作为统一战线的组织，将继续存在和发挥作用。此后，从1959年开始，全国人民代表大会和中国人民政治协商会议全国委员会开始同步举行,后者的委员还会列席前者的会议,从此,"两会"概念应运而生,而全国政协比全国人大提前1至2天开幕。"文革"中,全国政协停止,全国人大则在1975年恢复一届(四届),因此,自1978年起,全国人大与全国政协再次完全同步。

与之类似,二十届中央纪委×次全会不能表述为中央纪委×次全会,中共二十届中央政治局不能表述为二十届中共中央政治局,等等。

【2-80】错误用法:全国政协委员审议了政府工作报告
正确用法:全国人大代表审议了政府工作报告
辨析:

全国人大代表是"审议政府工作报告",而全国政协委员是"讨论政府工作报告"。审议是对列入大会议程的各项报告和议案进行讨论,表明赞成、反对或者提出修改完善的建议、意见,行使审议权是代表行使权利、履行职责的一种重要形式,也是正确行使对有关议案、报告表决权的基础。

当人大代表、政协委员同时参加这一活动,可表述为"代表委员审议讨论政府工作报告"。另外,是全国人大代表的中央领导同志参加所在代表团的会议时,应该使用"审议";是全国人大代表又是国家机关成员的中央领导同志参加代表团会议时,在使用"一起审议"的同时还应加上"听取代表意见"的相关内容。

【2-81】错误用法：xxx等30名全国人大代表提出了关于xxxxxx的提案；"议案"和"提案"一经通过便具有法律效力

正确用法：xxx等30名全国人大代表提出了关于xxxxxx的议案；"议案"经人民代表大会审议通过便具有法律效力

辨析：

全国人大代表提的是"议案"，全国政协委员提的是"提案"。人大代表提案的初始来源是中国人民协商会议的提案。1949年9月，全国政协一届一次会议专门设立了代表提案审查委员会，接受和审查代表的提案。1954年9月一届全国人大一次会议通过的《全国人民代表大会组织法》《地方组织法》都规定了人大代表可以提出议案，也就是人们所称的提案。一届全国人大二次会议开始，代表提案就有涉及人大职权的内容了，也就是我们今天说的议案。但在形式上依然叫提案，与向"一府一委两院"所提建议一样，都统称提案。这一做法存在两个问题：第一，人大代表的叫提案，政协委员的也叫提案，会引起误解；第二，议案和建议的性质不同，处理机关和处理方式也不同，把议案和建议统称为提案，不利于议案建议的处理。因此，1982年五届全国人大五次会议修订通过的《全国人大代表组织法》明确规定了全国人大代表依法可以提出议案或建议、批评和意见，将议案和建议分开，也不再采用大会提案的形式。

"议案"是指由法定机关和人大代表依照法定程序提请

本级人民代表大会或人大常委会会议进行审议，并作出决定的议事原案。"提案"是指参加政协的组织、单位或者委员个人向全体会议或常务委员会提出的，经提案委员会审查立案，交付有关单位办理的书面意见和建议。两者法律效力不同，"议案"经人民代表大会审议通过，便具有了法律的约束力，承办部门没有办与不办的选择，只有决定如何办，怎样办好，而"提案"没有人大议案这种法律上的约束力。

【2-82】错误用法：人大代表要积极参政议政

正确用法：人大代表要积极履行职责

辨析：

人大代表是"履行职责"，政协委员是"参政议政"。"参政议政"在我国政治概念中特指各民主党派和无党派代表人士参加国家政权，参与国家大政方针的协商，参与国家事务的管理，参与国家政策、法律、法规的制定，即"一个参加，三个参与"。政协委员的"议政"主要是"商议"，即围绕经济社会发展开展议论、提出建议。

人民代表大会作为国家权力机关，是体现"一切权力属于人民"，实现人民当家作主的政治组织形式。人大代表是国家权力的行使者，其职责是代表选民管理国家事务。人大代表必然议政，但这种"议"主要是"审议"，即审议会议议案、报告，提出审议意见，通过表决形成一系列决议、决定等，督促"一府一委两院"依法行政、公正司法。人大代表的"议"是体现人民当家作主的最直接方式和实现人民管理国家事务的最根本途径。

【2-83】错误用法：xx省人大常委会罢免了xxx的第xx届全国人民代表大会代表职务。依照代表法的有关规定，xxx的代表资格被撤销

正确用法：xx省人大常委会罢免了xxx的第xx届全国人民代表大会代表职务。xxx的代表资格终止

辨析：

全国人大代表和全国政协委员的职务停止问题，要使用"终止"或"撤销"的规范表述。在人大，按规定是由省（自治区、直辖市）人大常委会罢免某人的全国人民代表大会代表职务，经全国人大常委会决议，依照代表法的有关规定，某人的代表资格终止。在政协，则由政协常委会会议表决决定撤销某人的全国政协委员资格。

【2-84】错误用法：询问和质询都是人大代表享有的个人行使的法定权利，是人大监督"一府一委两院"的形式之一。可以个人单独提出，也可以几人联名提出

正确用法：询问和质询都是人大代表享有的个人行使的法定权利，是人大监督"一府一委两院"的形式之一。代表可以个人单独提出，也可以几人联名提出询问；在全国人

大会议期间，一个代表团或者30名以上的代表，可以书面提出质询

辨析：

质询是指人大代表依照法定的条件和程序，对政府及其部门、法院、检察院履行法定职责中不清楚、不理解、不满意的方面提出问题，有关机关必须作出说明、解释的活动。全国人民代表大会组织法第十六条规定，在全国人民代表大会会议期间，一个代表团或者30名以上的代表，可以书面提出对国务院和国务院各部、各委员会的质询案。地方各级人民代表大会和地方各级人民政府组织法第二十八条规定，地方各级人民代表大会举行会议的时候，代表十人以上联名可以书面提出对本级人民政府和它所属各工作部门以及人民法院、人民检察院的质询案。质询是对"一府一委两院"的质问，是很严肃的法定监督行为，如果人数不够，则不能提出。

【2-85】错误用法：全国人大环境和资源保护委员会，全国人大农业和农村委员会；全国政协社会与法治委员会，全国政协文化文史与学习委员会；全国人大农业与农村委员会主任，全国政协农业和农村委员会主任委员

正确用法：全国人大环境与资源保护委员会，全国人大农业与农村委员会；全国政协社会和法制委员会，全国政协文化文史和学习委

员会；全国人大农业与农村委员会主任委员，全国政协农业和农村委员会主任

注意：

全国人大用的是"与"；全国政协用的是"和"，用的是"法制"而非"法治"。全国人大专门委员会负责人称"主任委员"；全国政协专门委员会负责人称"主任"。

【2-86】错误用法： 全国人大代表可以依法选举国家主席、副主席，国务院总理等

　　　　正确用法： 全国人大代表可以依法选举国家主席、副主席

辨析：

根据宪法和全国人大组织法的规定，全国人大代表依法选举国家主席、副主席，中央军委主席，国家监察委员会主任，最高人民法院院长和最高人民检察院检察长，全国人大常委会委员长、副委员长、秘书长、委员。根据国家主席提名，决定国务院总理人选；根据国务院总理提名，决定国务院副总理、国务委员，各部部长、各委员会主任、审计长、秘书长人选；根据中央军委主席提名，决定中央军委其他组成人员人选。

【2-87】错误用法：统一战线主体包括全体社会主义劳动者、社会主义事业的建设者、拥护社会主义的爱国者和拥护祖国统一的爱国者的广泛的爱国统一战线

正确用法：统一战线主体包括全体社会主义劳动者、社会主义事业的建设者、拥护社会主义的爱国者、拥护祖国统一和致力于中华民族伟大复兴的爱国者的广泛的爱国统一战线

辨析：

2018年宪法修正案在统一战线方面的改动主要是增加了一个主体，即"致力于中华民族伟大复兴的爱国者"。本次宪法修正案在统一战线主体上所作的重大补充，意味着统战工作要继续发挥自身优势，为中华民族伟大复兴更好凝聚人心、共识、智慧和力量。由此，统战工作从意识到实体，从目标到原则，从价值追寻到自我觉醒，都有了更为融贯的主线。

【2-88】错误用法：全国两会首次举行新闻发布会，始于1983年3月召开的六届全国人大一次会议和全国政协六届一次会议

正确用法：全国两会首次举行新闻发布会，始于1983年6月召开的六届全国人大一次会议和全国政协六届一次会议

辨析：

全国两会首次举行新闻发布会，始于1983年6月召开的六届全国人大一次会议和全国政协六届一次会议。从五届全国人大一次会议和全国政协五届一次会议到六届全国人大一次会议和全国政协六届一次会议，我们国家实现了历史性的伟大转变，全党全国工作的重点转移到社会主义现代化建设上来。在这个大背景下，全国人大和全国政协召开换届的会议，引起了海内外众多传媒的广泛关注，包括港澳台和外国的不少新闻媒体都希望能够到北京采访两会。为了使众多传媒和国际社会更好地了解中国，了解中国的改革开放和社会主义现代化建设的进程，了解中国人大和中国政协在社会主义民主政治建设中所起的重要作用，两会秘书处同有关方面经过慎重考虑，决定扩大两会对外开放的程度，在六届全国人大一次会议和全国政协六届一次会议召开之前，分别举行新闻发布会，并邀请和欢迎港澳台和外国新闻机构派记者采访两会。此举受到境外新闻机构的普遍好评，认为这是中国实行对外开放政策的有力举措。1983年6月4日上午，两会首任新闻发言人——六届全国人大一次会议副秘书长曾涛、全国政协六届一次会议副秘书长孙起孟，分别受各自会议秘书处的委托，同时向中外记者发布了关于召开两会的新闻。自那时起，两会举办新闻发布会就一直延续至今。

全国两会在3月召开的惯例，则始于1985年。此前，会议时间从年初，到年中，到年末，历年均有不同。以五届全国人大、政协会议为例，一次会议是在2月，二次会议在

6月，三次会议在8月，四次和五次会议则安排在11月。自1995年起，每年全国政协均在3月3日、全国人大均在3月5日开幕。人大在作决策前，要把决策先提交给人民及各界代表，在政协里面进行协商、讨论、审议，政治协商纳入决策层面中，决策前要进行充分的协商，所以政协会议在人大会议之前开。会期自1995年起相对固定，除了涉及换届选举的一次会议一般为两个星期（14—15天）外，历年两会的时间一般控制在10—12天左右。2020年全国两会因为疫情打破了这一惯例。2021年全国两会又恢复了这一惯例。

【2-89】错误用法：政协文史资料工作必须遵循的"三亲"原则是"亲历、亲写、亲见"
正确用法：政协文史资料工作必须遵循的"三亲"原则是"亲历、亲见、亲闻"

辨析：

政协全国委员会文史资料研究委员会于1960年1月编辑的《文史资料选辑》第一辑的《发刊词》中指出，"我们征集和编印稿件所要求的，是第一手的真实的历史资料，也就是作者根据他们的亲身经历和见闻所写的具有历史价值的资料"。在这以后，从事文史资料研究的同志把"亲身经历和见闻"概括为"亲历、亲见、亲闻"，并把它作为征编文史资料工作的一个主要原则。

政协文史是具有统一战线特色的近代和现代史资料，是历史当事人和见证人对历史事件和历史人物的记述，是人民政协一项重要的工作，政协文史资料具有存史、资政、团结、育人的作用。

【2-90】错误用法：政协提出提案实行"件件有着落，案案有答复"原则；提案可以在政协全体会议期间提出，不可以在闭会期间提出

　　　正确用法：政协提出提案实行"三不限制"原则；提案可以在政协全体会议期间提出，也可以在闭会期间提出

辨析：

政协提案是政协委员向人民政协组织，并通过政协组织向人民代表大会或人民政府就有关国家或地方大政方针、社会生活等重大问题提出意见和建议的形式。政协提案实行提出提案的时间不限、内容不限、人数不限的"三不限制"原则。提案办理有专门机构负责，要求件件有着落，案案有答复。

《中国人民政治协商会议全国委员会提案工作条例》第十五条规定："提案可以在政协全体会议期间提出，也可以在闭会期间提出。"提案委员会应当加强闭会期间的提案征集工作。提案者应当重视在闭会期间提出提案，可将有关调研报告，在政协全体会议、常务委员会会议、专题协商会、双周协商座谈会上的发言，以及网络议政、远程协商的成果转化为提案，也可以通过委员履职移动平台提交提案。

【2-91】错误用法：我国民族自治地方的自治机关有人民代表大会、人民政府、人民法院、人民检察院等

正确用法：我国民族自治地方的自治机关是人民代表大会、人民政府

辨析：

《中华人民共和国民族区域自治法》规定："民族自治地方的自治机关是自治区、自治州、自治县的人民代表大会和人民政府。"民族自治地区的人民代表大会和人民政府的自治权主要集中在制定地方性法规、自主发展地方经济、自主安排使用地方财政收入、自主管理地方事务、执行职务时使用民族语言等方面。虽然民族自治地方的人民法院、人民检察院由同级人民代表大会组织产生，对其负责，受其监督，但是按照国家法治统一的要求，审判权和检查权不能属于民族自治权利范围，否则，就违背了公民不分民族、种族、性别、职业、家庭出身、宗教信仰、教育程度、财产状况、居住期限，在享有权利、承担义务方面都一律平等的原则。因此，民族自治地方的自治机关不包括人民法院和人民检察院。

【2-92】错误用法：政协全国委员会的代表可以是在华工作的外籍人士

正确用法：政协全国委员会的代表不能是在华工作的外籍人士

辨析：

我国法律不承认双重国籍。全国政协也不允许有外国国籍的人士参加。中国人民政治协商会议全国委员会由中国共产党、各民主党派、无党派人士、人民团体、各少数民族和各界的代表，香港特别行政区同胞、澳门特别行政区同胞、台湾同胞和归国侨胞的代表以及特别邀请的人士组成。

【2-93】错误用法：农村村民委员会是我国的基层政权组织
　　　正确用法：农村村民委员会是我国的基层自治组织

辨析：

我国地方国家机关分为省、市、乡三级，在民族自治地方则分为自治区、自治州、自治县三级。农村村民委员会不是我国的基础政权组织、村级政府机关。《中华人民共和国村民委员会组织法》明确规定："农村村民委员会是村民自我管理、自我教育、自我服务的基层群众性自治组织，办理本村的公共事务和公益事业，调解民间纠纷，协助维护社会治安，向人民政府反映村民的意见、要求和提出建议。乡、民族乡、镇的人民政府对村民委员会的工作给予指导、支持和帮助。村民委员会协助乡、民族乡、镇的人民政府开展工作。"

【2-94】错误用法：1949年9月27日全国政协第一届全体会议通过《关于中华人民共和国国都、纪年、国歌、国旗的决议》称，以《义勇军进行曲》为国歌

正确用法：1949年9月27日全国政协第一届全体会议通过《关于中华人民共和国国都、纪年、国歌、国旗的决议》称，以《义勇军进行曲》为代国歌

辨析：

《义勇军进行曲》原是"上海电通公司"1935年拍摄的故事影片《风云儿女》的主题歌。其词作者是田汉，曲作者是聂耳。1949年9月27日中国人民政治协商会议第一届全体会议通过《关于中华人民共和国国都、纪年、国歌、国旗的决议》称："在中华人民共和国的国歌未正式制定前，以《义勇军进行曲》为代国歌"，体现了中国人民不屈不挠英勇奋斗的革命传统和居安思危的强国情怀。

2004年3月14日，第十届全国人民代表大会第二次会议正式将《义勇军进行曲》作为国歌写入《中华人民共和国宪法》。

【2-95】错误用法：第二届政协全国委员会选举毛泽东为名誉主席，周恩来为主席

正确用法：第二届政协全国委员会推举毛泽东为名誉主席，选举周恩来为主席

辨析：

1954年12月25日，中国人民政治协商会议第二届全国委员会第一次全体会议胜利闭幕，会议选举了周恩来为中国人民政治协商会议第二届全国委员会主席。

根据宋庆龄委员代表主席团的提名，会议一致推举毛泽东为中国人民政治协商会议第二届全国委员会名誉主席。

★ 知识链接

历届全国人大常委会委员长、全国政协主席

第一届全国人大常委会委员长刘少奇；第二、三、四届全国人大常委会委员长朱德；第五届全国人大常委会委员长叶剑英；第六届全国人大常委会委员长彭真；第七届全国人大常委会委员长万里；第八届全国人大常委会委员长乔石；第九届全国人大常委会委员长李鹏；第十届、十一届全国人大常委会委员长吴邦国；第十二届全国人大常委会委员长张德江；第十三届全国人大常委会委员长栗战书；第十四届全国人大常委会委员长赵乐际。

第一届全国政协主席毛泽东；第二、三、四届全国政协

名誉主席毛泽东，主席周恩来；第五届全国政协主席邓小平；第六届全国政协主席邓颖超；第七届全国政协主席李先念；第八、九届全国政协主席李瑞环；第十、十一届全国政协主席贾庆林；第十二届全国政协主席俞正声；第十三届全国政协主席汪洋；第十四届全国政协主席王沪宁。

（根据中国人大网、中国政协网相关内容整理）

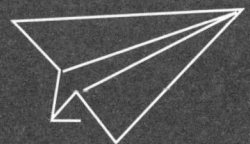

第三章
关于经济的相关用法

(50例)

导　言

　　习近平经济思想是习近平新时代中国特色社会主义思想的重要组成部分，具有丰富的内涵。新发展理念是习近平经济思想的主要内容。创新、协调、绿色、开放、共享的新发展理念和以人民为中心的发展思想是实现高质量发展的必要条件和重要体现。创新、协调、绿色、开放、共享的新发展理念，深刻阐明了实现更高质量、更有效率、更加公平、更可持续、更为安全发展的必由之路，那就是以提高发展质量和效益为中心，实现实实在在、没有水分的发展；以民生改善、就业充分为追求的发展；以劳动生产率提高、经济活力增强、结构调整有成效为战略目标的发展。必须坚持以人民为中心的发展思想，把握新发展阶段，贯彻创新、协调、绿色、开放、共享的新发展理念，加快构建以国内大循环为主体、国内国际双循环相互促进的新发展格局，推动高质量发展。

　　本章主要列举经济方面的错误用法，通过这方面的举例说明，我们可以更好地学习习近平经济思想，切实做到学、思、用贯通，知、信、行统一。

第三章 关于经济的相关用法

【3-1】错误用法：扎实做好"六稳"工作，正是针对当前新形势提出的，是坚持稳中求进工作总基调的主要着力点

正确用法：扎实做好"六稳"工作、全面落实"六保"任务，正是针对当前新形势提出的，是坚持稳中求进工作总基调的主要着力点

辨析：

"六稳""六保"指做好稳就业、稳金融、稳外贸、稳外资、稳投资、稳预期工作，全面落实保居民就业、保基本民生、保市场主体、保粮食能源安全、保产业链供应链稳定、保基层运转任务。

2020年4月，习近平总书记强调，要全面落实党中央决策部署，坚持稳中求进工作总基调，坚持新发展理念，扎实做好稳就业、稳金融、稳外贸、稳外资、稳投资、稳预期工作，全面落实保居民就业、保基本民生、保市场主体、保粮食能源安全、保产业链供应链稳定、保基层运转任务，努力克服新冠肺炎疫情带来的不利影响，确保完成决战决胜脱贫攻坚目标任务，全面建成小康社会。

扎实做好"六稳"工作、全面落实"六保"任务，关系经济发展和社会稳定大局。民生稳，人心就稳，社会就稳。就业是最大的民生，"六稳"工作、"六保"任务，就业都摆在首位。保居民就业，就要实施好就业优先政策，全面强化稳就业举措，减负稳岗扩就业并举，千方百计增强企业稳定

和创造就业岗位能力。保基本民生，就要强化困难群体基本生活保障，适当提高城乡低保、抚恤补助等保障标准，把因疫情和患病陷入困境的人员纳入救助范围，对受疫情影响严重地区发放临时生活补贴，相关价格补贴联动机制要及时启动。保市场主体，就要着力帮扶中小微企业渡过难关，加快落实各项政策，推进减税降费，降低融资成本和房屋租金，提高中小企业生存和发展能力。保粮食能源安全，就要发挥好"三农"的压舱石作用，做到粮食生产稳字当头，煤电油气安全稳定供应。保产业链供应链稳定，就要促进产业链协同复工复产达产，保持稳定性和竞争力。保基层运转，就要提高财政资金使用效率，保障基层公共服务。

【3-2】错误用法：我国承诺力争2030年前实现碳中和，2060年前实现碳达峰

正确用法：我国承诺力争2030年前实现碳达峰，2060年前实现碳中和

辨析：

碳达峰是指我国承诺在2030年前，二氧化碳的排放不再增长，达到峰值之后再慢慢减下去；碳中和是指我国承诺到2060年，针对排放的二氧化碳，要采取植树、节能减排等各种方式全部抵消掉。

2020年9月22日，习近平主席在第七十五届联合国大会一般性辩论上宣布，中国将提高国家自主贡献力度，采取更加有力的政策和措施，二氧化碳排放力争于2030年前达到

峰值,努力争取2060年前实现碳中和。这一承诺体现了中国在环境保护和应对气候变化问题上的负责任大国作用和担当。在此后的气候雄心峰会上,我国宣布了更具体的目标:到2030年,单位国内生产总值二氧化碳排放将比2005年下降65%以上,非化石能源占一次能源消费比重将达到25%左右,森林蓄积量将比2005年增加60亿立方米,风电、太阳能发电总装机容量将达到12亿千瓦以上。

党的二十大报告指出,"积极稳妥推进碳达峰碳中和""实现碳达峰碳中和是一场广泛而深刻的经济社会系统性变革"。

【3-3】错误用法:使市场在资源配置中起基础性作用和更好发挥政府作用

正确用法:使市场在资源配置中起决定性作用和更好发挥政府作用

辨析:

党的十八届三中全会通过的《中共中央关于全面深化改革若干重大问题的决定》指出,紧紧围绕使市场在资源配置中起决定性作用深化经济体制改革,坚持和完善基本经济制度,加快完善现代市场体系、宏观调控体系、开放型经济体系,加快转变经济发展方式,加快建设创新型国家,推动经济更有效率、更加公平、更可持续发展。

准确定位和把握使市场在资源配置中起决定性作用和更好发挥政府作用,必须正确认识市场作用和政府作用的关系。政府和市场的关系是我国经济体制改革的核心问题，党的十八届三中全会将市场在资源配置中"起基础性作用"修改为"起决定性作用"，虽然只有两字之差，但对市场作用是一个全新的定位，"决定性作用"和"基础性作用"这两个定位是前后衔接、继承发展的。使市场在资源配置中起决定性作用和更好发挥政府作用，二者是有机统一的，不是相互否定的，不能把两者割裂开来、对立起来，既不能用市场在资源配置中的决定性作用取代甚至否定政府作用，也不能用更好发挥政府作用取代甚至否定使市场在资源配置中起决定性作用。

党的二十大报告指出，"充分发挥市场在资源配置中的决定性作用，更好发挥政府作用"。

★ **知识链接**

1992年，党的十四大提出了我国经济体制改革的目标是建立社会主义市场经济体制，提出要使市场在国家宏观调控下对资源配置起基础性作用；

1997年，党的十五大提出"使市场在国家宏观调控下对资源配置起基础性作用"；

2002年，党的十六大提出"在更大程度上发挥市场在资源配置中的基础性作用"；

2007年，党的十七大提出"从制度上更好发挥市场在资源配置中的基础性作用"；

2012年，党的十八大提出"更大程度更广范围发挥市场在资源配置中的基础性作用"；

2017年，党的十九大提出"使市场在资源配置中起决定性作用，更好发挥政府作用"。

2022年，党的二十大提出"充分发挥市场在资源配置中的决定性作用，更好发挥政府作用"。

（根据历次党代会报告整理）

【3-4】历史用法：五大发展理念
规范用法：新发展理念

辨析：

党的十八届五中全会提出了"五大发展理念"，"全会强调，实现'十三五'时期发展目标，破解发展难题，厚植发展优势，必须牢固树立并切实贯彻创新、协调、绿色、开放、共享的发展理念。"这是关系我国发展全局的一场深刻变革。习近平总书记指出："发展必须是科学发展，必须坚定不移贯彻创新、协调、绿色、开放、共享的发展理念。"创新、协调、绿色、开放、共享的发展理念，集中反映了中国共产党对经济社会发展规律认识的深化，极大丰富了马克思主义发展观和中国特色社会主义政治经济学。

党的二十大报告指出："必须完整、准确、全面贯彻新发展理念，坚持社会主义市场经济改革方向，坚持高水平对外开放，加快构建以国内大循环为主体、国内国际双循环相互促进的新发展格局。"新发展理念具有很强的战略性、纲领性、引领性,必须贯彻经济活动全过程。

【3-5】错误用法:"一带一路"战略

正确用法:共建"一带一路"倡议、"一带一路"建设

辨析:

"丝绸之路经济带"和"21世纪海上丝绸之路"简称"一带一路",是习近平总书记提出的跨地区合作新模式,即"一带一路"倡议。

2014年12月,中共中央、国务院印发《丝绸之路经济带和21世纪海上丝绸之路建设战略规划》,对推进"一带一路"建设作出全面部署。2015年3月,经国务院授权,国家发展改革委、外交部、商务部联合发布《推动共建丝绸之路经济带和21世纪海上丝绸之路的愿景与行动》,提出以政策沟通、设施联通、贸易畅通、资金融通、民心相通为主要内容,坚持共商共建共享原则,积极推动"一带一路"建设。2017年10月,党的十九大强调,要以"一带一路"建设为重点坚持引进来和走出去并重,遵循共商共建共享原则,加强创新能力开放合作,形成陆海内外联动、东西双向互济的开放格局。

战略的英文单词是"strategy",在英文语境中军事色彩浓厚,因此,我们宣传时不能使用"一带一路"战略,以免造成不必要的误会。值得注意的是,我们要规避的是"'一带一路'战略"这个词,而不是否认"一带一路"作为一种

战略。党的十八大以来,党中央提出了京津冀协同发展、长江经济带发展、共建"一带一路"、粤港澳大湾区建设、长三角一体化发展等新的区域发展战略。党的二十大报告指出,"推动共建'一带一路'高质量发展"。

【3-6】错误用法:中国国际进口商品博览会
正确用法:中国国际进口博览会

辨析:

中国国际进口博览会(英文名称: China International Import Expo,简称 CIIE 或进博会),由中华人民共和国商务部、上海市人民政府主办,是世界上第一个以进口为主题的大型国家级展会。举办中国国际进口博览会是中国政府坚定支持贸易自由化和经济全球化、主动向世界开放市场的重大举措,有利于促进世界各国加强经贸交流合作,促进全球贸易和世界经济增长,推动开放型世界经济发展。

【3-7】错误用法:金砖国家开发银行
正确用法:金砖国家新开发银行

辨析:

金砖国家(BRICS),因其引用了巴西(Brazil)、俄罗斯(Russia)、印度(India)、中国(China)和南非(South Africa)的英文首字母。由于该词与英语单词的砖(Brick)类似,因此被称为"金砖国家"。金砖国家新开发银行(New Development Bank,简称 NDB),是在 2012 年提出的。

国际金融危机以来，金砖国家为避免在下一轮金融危机中受到货币不稳定的影响，计划构筑的一个共同的金融安全网，可以借助这个资金池兑换一部分外汇用来应急。2015年7月21日，金砖国家新开发银行开业。2017年9月4日，中国向金砖国家新开发银行项目准备基金捐赠仪式在厦门举行。

【3-8】错误用法：亚太经合组织成员国
　　　　正确用法：亚太经合组织成员方、亚太经合组织成员
辨析：

亚太经济合作组织（Asia-Pacific Economic Cooperation），简称亚太经合组织（APEC），是亚太地区重要的经济合作论坛，也是亚太地区最高级别的政府间经济合作机制。其官方顾问机构是环太平洋大学联盟。亚太经济合作组织主要讨论与全球及区域经济有关的议题，如促进全球多边贸易体制，实施亚太地区贸易投资自由化和便利化，推动金融稳定和改革，开展经济技术合作和能力建设等。APEC 也开始介入一些与经济相关的其他议题，如人类安全（包括反恐、卫生和能源）、反腐败、备灾和文化合作等。1989年11月5日至7日，举行亚太经济合作会议首届部长级会议，标志着亚太经济合作组织的成立。1993年6月改名为亚太经济合作组织。1991年11月中国以主权国家身份，中国台北和中国香港以地区经济体名义正式加入亚太经合组织。故不能用"亚太经合组织成员国"。

【3-9】错误用法：中国（上海）自由贸易实验区

正确用法：中国（上海）自由贸易试验区

辨析：

党的十九大报告提出，"赋予自由贸易试验区更大改革自主权"。中国（上海）自由贸易区〔China（Shanghai）Pilot Free Trade Zone〕，简称上海自由贸易区或上海自贸区，是中国政府设立在上海的区域性自由贸易园区，位于浦东境内，属中国自由贸易区范畴。

截至2020年12月，我国自贸试验区数量增至21个。具体如下：2013年9月，上海自贸试验区亮相；2015年，广东、天津、福建成为第二批自贸试验区；2017年，辽宁、浙江、河南、湖北、重庆、四川、陕西7地自贸区成立；2018年，海南自贸区获批，并于2020年6月以自贸港身份启动运作；2019年，江苏、河北、黑龙江、广西、山东、云南6地自贸试验区挂牌；2020年9月，北京、安徽、湖南自贸试验区以及浙江自贸试验区扩展区域获批。

与之类似，"国家可持续发展实验区"应为"实验区"而非"试验区"。

★ 知识链接

海南自由贸易港

  自由港是设在一国（地区）境内关外、货物资金人员进出自由、绝大多数商品免征关税的特定区域，是目前全球开放水平最高的特殊经济功能区。香港、鹿特丹、迪拜都是比较典型的自由港。我国海岸线长，离岛资源丰富。探索建设中国特色的自由贸易港，打造开放层次更高、营商环境更优、辐射作用更强的开放新高地，对于促进开放型经济创新发展具有重要意义。海南自由贸易港是按照中央部署，在海南全岛建设自由贸易试验区和中国特色自由贸易港，是党中央着眼于国际国内发展大局，深入研究、统筹考虑、科学谋划作出的重大决策。

  2018年4月13日，习近平总书记在庆祝海南建省办经济特区30周年大会上郑重宣布，支持海南全岛建设自由贸易试验区，支持海南逐步探索、稳步推进中国特色自由贸易港建设，分步骤、分阶段建立自由贸易港政策和制度体系。2020年6月1日，中共中央、国务院印发《海南自由贸易港建设总体方案》，这是将海南自由贸易港打造成为引领我国新时代对外开放的鲜明旗帜、重要门户和前沿地带的"总蓝图"。它的正式发布，标志着中国特色自由贸易港建设进入全面实施阶段，我国新时代全面深化改革开放拉开史诗般的历史序幕。

（摘自《为什么是海南》，人民出版社2021年版）

【3-10】错误用法：供给侧改革
　　正确用法：供给侧结构性改革

辨析：

　　党的十九大报告指出："深化供给侧结构性改革。建设现代化经济体系，必须把发展经济的着力点放在实体经济上，把提高供给体系质量作为主攻方向，显著增强我国经济质量优势。"供给侧结构性改革，就是从提高供给质量出发，用改革的办法推进结构调整，矫正要素配置扭曲，扩大有效供给，提高供给结构对需求变化的适应性和灵活性，进而提高全要素生产力。党的二十大报告指出，"我们要坚持以推动高质量发展为主题，把实施扩大内需战略同深化供给侧结构性改革有机结合起来"。

　　供给侧结构性改革，"结构性"三个字必不可少。重点是解放和发展社会生产力，用改革的办法推进结构调整，减少无效和低端供给，扩大有效和中高端供给，增强供给结构对需求变化的适应性和灵活性，提高全要素生产率。这不只是一个税收和税率问题，而是要通过一系列政策举措，特别是推动科技创新、发展实体经济、保障和改善人民生活的政策措施，来解决我国经济供给侧存在的问题。我们讲的供给侧结构性改革，既强调供给又关注需求，既突出发展社会生产力又注重完善生产关系，既发挥市场在资源配置中的决定性作用又更好发挥政府作用，既着眼当前又立足长远。从政治经济学的角度看，供给侧结构性改革的根本，是使我国供给能力更好满足广大人民日益增长、不断升级和个性化的物质文化和生态环境需要,从而实现社会主义生产目的。

【3-11】错误用法:国家管理体系和管理能力现代化
　　　　正确用法:国家治理体系和治理能力现代化
辨析:
　　2013年11月9日至12日召开的党的十八届三中全会提出:"全面深化改革的总目标是完善和发展中国特色社会主义制度,推进国家治理体系和治理能力现代化。"将推进国家治理体系和治理能力现代化作为全面深化改革的总目标,对于中国的政治发展,乃至整个中国的社会主义现代化事业来说,具有重大而深远的理论意义和现实意义。2019年10月31日党的十九届四中全会通过了《中共中央坚持完善中国特色社会主义制度、推进国家治理体系和治理能力现代化若干重大问题的决定》。党的二十大报告指出,"从二〇二〇年到二〇三五年基本实现社会主义现代化;从二〇三五年到本世纪中叶把我国建成富强民主文明和谐美丽的社会主义现代化强国"。

　　习近平总书记指出,国家治理体系和治理能力是一个国家的制度和制度执行能力的集中体现,两者相辅相成。我们的国家治理体系和治理能力总体上是好的,是有独特优势的,是适应我国国情和发展要求的。同时,我们在国家治理体系和治理能力方面还有许多亟待改进的地方,在提高国家治理能力上需要下更大气力。习近平总书记强调,治理和管理一字之差,体现的是系统治理、依法治理、源头治理、综合施策。社会治理是一门科学,要着力提高干部素质,把培养一批专家型的城市管理干部作为重要任务,用科学态度、先进理念、专业知识去建设和管理城市。

【3-12】错误用法:综合分析国际国内形势和我国发展条件,从2020年到本世纪中叶基本实现现代化

正确用法:综合分析国际国内形势和我国发展条件,从2020年到本世纪中叶可以分两个阶段来安排。第一个阶段,从2020年到2035年,在全面建成小康社会的基础上,再奋斗十五年,基本实现社会主义现代化;第二个阶段,从2035年到本世纪中叶,在基本实现现代化的基础上,再奋斗十五年,把我国建成富强民主文明和谐美丽的社会主义现代化强国

辨析:

党的十五大报告提出了"两个一百年"奋斗目标:到建党100周年实现经济更加发展,各项制度更加完善;到建国100周年,基本实现现代化,建设富强民主文明的社会主义国家。党的十六大报告设计了第一个百年奋斗目标,即全面建成惠及十几亿人口的更高水平的小康社会。党的十七大和十八大对第一个百年奋斗目标又进行设计,使全面建设小康社会的标准更高、更均衡、更可持续。在党的十九大报告中,把第二个百年奋斗目标拓展为富强民主文明和谐美丽的

社会主义现代化强国,并给出了"两步走"战略目标,这是新时代中国特色社会主义发展的战略安排,标志着把我国建设成为社会主义现代化强国有了"时间表"。

党的二十大明确指出,"从现在起,中国共产党的中心任务就是团结带领全国各族人民全面建成社会主义现代化强国、实现第二个百年奋斗目标,以中国式现代化全面推进中华民族伟大复兴"。进而又指出,"全面建成社会主义现代化强国,总的战略安排是分两步走:从二〇二〇年到二〇三五年基本实现社会主义现代化;从二〇三五年到本世纪中叶把我国建成富强民主文明和谐美丽的社会主义现代化强国"。

【3-13】错误用法:《国民经济和社会发展第十四个五年规划和2035年远景目标纲要》

正确用法:《中华人民共和国国民经济和社会发展第十四个五年规划和2035年远景目标纲要》

辨析:

党的十九届五中全会审议通过了《中共中央关于制定国民经济和社会发展第十四个五年规划和二〇三五年远景目标的建议》(以下简称《建议》),十三届全国人大四次会议审查批准了《中华人民共和国国民经济和社会发展第十四个五年规划和2035年远景目标纲要》(以下简称《纲要》)。请注意:《建议》用的是"二〇三五年",《纲要》用的是"2035年";《纲要》全称里有"中华人民共和国"。

新中国成立以来,我国已经先后编制实施了14个五年规划（计划），其中改革开放以来编制实施9个。从"一五"到"五五"都称"国民经济发展计划"。"一五"（1953—1957年）到"五五"（1976—1980年），计划是指令性的，确定的指标必须严格执行。从"六五"起改称"国民经济和社会发展计划"。"六五"（1981—1985年）以来，伴随着经济体制改革的不断深化，规划的功能逐渐向战略性、指导性和约束性相结合转变，对规划实施的保障特别是检测评估也在不断探索。"十五"时期（2001—2005年），首次探索开展规划实施中期评估，为科学发展观研究提供了基本思路。从"十一五"起改称"国民经济和社会发展规划"。"十一五"时期（2006—2010年），中期评估被纳入《中华人民共和国各级人民代表大会常务委员会监督法》，规划实施评估进入法定程序阶段。"十二五"时期，首次开展总结评估，规划实施评估体系更加丰富。

"十三五"时期（2016—2020年），习近平总书记亲力亲为推动规划编制实施，一系列体制机制创新举措相继推出，规划实施保障力度明显加大。一是首次建立系统完整的规划实施机制，二是首次实现重点专项规划与《纲要》同时编制、同年上报、同步实施。三是首次系统推进《纲要》确定的165项重大工程项目落地。四是首次探索开展年度监测评估。五是首次提出了统一规划体系。六是首次向中央政治局常委会汇报规划实施总结评估。

为将党中央关于"十四五"发展的决策部署落到实处，《纲要》确定了6个主要目标、20项主要指标、17个方面重大战略任务和102项重大工程项目。将重点推进落实规划实施责任、加强规划衔接协调、强化各类政策保障支撑作用、加强规划实施监测评估、加快发展规划立法。

【3-14】错误用法：京津冀协调发展
正确用法：京津冀协同发展

辨析：

所谓协同发展，就是指协调两个或者两个以上的不同资源或者个体，相互协作完成某一目标，达到共同发展的双赢效果。协同发展论已被当今世界许多国家和地区确定为实现社会可持续发展的基础。

党的十九大报告指出，以疏解北京非首都职能为"牛鼻子"推动京津冀协同发展。京津冀协同发展，核心是京津冀三地作为一个整体协同发展，要以疏解非首都核心功能、解决北京"大城市病"为基本出发点，以资源环境承载能力为基础、以京津冀城市群建设为载体、以优化区域分工和产业布局为重点、以资源要素空间统筹规划利用为主线、以构建长效体制机制为抓手，着力调整优化城市布局和空间结构，构建现代化交通网络系统，扩大环境容量生态空间，着力推进产业升级转移，着力推动公共服务共建共享，着力加快市场一体化进程，加快打造现代化新型首都圈，努力形成京津冀目标同向、措施一体、优势互补、互利共赢的协同发展新格局，打造中国经济发展新的支撑带。

党的二十大报告指出，"推进京津冀协同发展、长江经济带发展、长三角一体化发展,推动黄河流域生态保护和高质量发展"。

【3-15】错误用法:国营经济;国营企业

正确用法:国有经济;国有企业

辨析:

1992年10月党的十四大报告在国有企业改革方面实现了两个重大突破,一是用"国有企业"概念替换了"国营企业"概念,二是确定了国有企业改革主线从放权让利转向制度建设。"国营企业"改为"国有企业",意味着由"全民所有、国家授权经营"改为"国家所有、企业独立经营"。

1993年3月八届全国人大一次会议通过的宪法修正案,将宪法有关条文中的"国营经济"和"国营企业"分别修改为"国有经济"和"国有企业"。从"国营"到"国有",虽然只是一字之差,却有着内涵上的重要区别,体现了全民所有制企业所有权与经营权的分离。

【3-16】错误用法:杭州G20峰会

正确用法:G20杭州峰会、二十国集团杭州峰会

辨析:

G20杭州峰会即2016中国杭州G20峰会,是指2016年9月4—5日在中国杭州召开的G20峰会。二十国集团(G20)是一个国际经济合作论坛,于1999年9月25日由八国集团(G8)的财长在德国柏林成立,于华盛顿举办了第一届G20

峰会，属于非正式对话的一种机制，由原八国集团以及其余12个重要经济体组成。杭州峰会主题确定为"构建创新、活力、联动、包容的世界经济"。习近平主席2016年9月4日在二十国集团领导人杭州峰会上作了《构建创新、活力、联动、包容的世界经济》的开幕词。

类似的还有，2014年举行的北京亚太经合组织工商领导人峰会，2018年举行的上海合作组织青岛峰会。

【3-17】历史用法：坚持山水林田湖草一体化保护和系统治理
正确用法：坚持山水林田湖草沙一体化保护和系统治理

辨析：

"山水林田湖草沙"是一个生命共同体，"人的命脉在田，田的命脉在水，水的命脉在山，山的命脉在土，土的命脉在林和草，这个生命共同体是人类生存发展的物质基础"。这是从生态文明建设的宏观视角提出的重要理念，蕴含着重要的生态哲学思想。"山水林田湖草沙"概括了我国绝大多数生态系统类型，简洁、科学、准确地描述了我国生态系统多样性的特征。"山水林田湖草沙"在外观和结构上存在明显差异，但又按照一定的规律在时间、空间上排布组合，并通过能量流动和物质循环相互联系、相互影响，形成了相对独立又彼此依存的复杂关系。"山水林田湖草沙"生命共同体是人类文明得以不断延续的物质基础和必要条件。我们必须在生态文明理念的指引下，正确处理人与地球生物圈的关系，实现对"山水林田湖草沙"的科学保护、治理和利用。

2013年11月，习近平总书记在《关于〈中共中央关于全面深化改革若干重大问题的决定〉的说明》中指出，"山水林田湖是一个生命共同体""对山水林田湖进行统一保护、统一修复是十分必要的"；4年后，将"草"纳入这个体系。2021年全国两会参加内蒙古代表团审议时，习近平总书记强调一字之增："要统筹山水林田湖草沙系统治理，这里要加一个'沙'字。"2021年6月9日，习近平总书记在青海调研，青海省主要负责同志在汇报工作时提到，青海正在统筹推进山水林田湖草沙冰系统治理。习近平总书记对此表示肯定："我注意到你们加了一个'冰'字，体现了青海生态的特殊性。这个'冰'字也不是所有地方都可以加的。"

党的二十大报告指出，"我们坚持绿水青山就是金山银山的理念，坚持山水林田湖草沙一体化保护和系统治理，全方位、全地域、全过程加强生态环境保护，生态文明制度体系更加健全，污染防治攻坚向纵深推进"。

【3-18】错误用法：一揽子货币

正确用法：<u>一篮子货币</u>

辨析：

2016年10月1日，人民币正式加入国际货币基金组织（IMF）特别提款权（简称SDR）的一篮子货币。特别提款权是IMF创设的一种国际储备资产，用以弥补成员国官方储备不足。人民币被认定为可自由使用货币，与美元、欧元、日元和英镑一道构成特别提款权货币篮子。人民币"入篮"有利于中国深化金融改革,推动经济发展;有利于完善国际货币体系,维护全球金融稳定。

不少媒体在报道这则新闻时,将"一篮子货币"说成了"一揽子货币"。货币篮子或称一篮子货币,是一个经济学术语,指设定汇率时作为参考而选择一组外币,由多种货币按不同的比重构成货币组合。而"一揽子"则指对各种事物不加选择地包揽在一起,如一揽子计划、一揽子交易等等。"一篮子货币"中的货币需要精心选择,不能"一揽子"放进来。

【3-19】不规范用法:全球金融危机
规范用法:国际金融危机

辨析:

"全球"是个地理概念,"国际"是个政治经济概念,因此金融危机应使用"国际"。国际金融危机是指一国所发生的金融危机通过各种渠道传递到其他国家从而引起国际范围内金融危机爆发的一种经济现象。

2015年11月15日,习近平主席在二十国集团领导人第十次峰会上发表题为《创新增长路径 共享发展成果》的重要讲话。他指出:"一个基本判断是,国际金融危机深层次影响还在继续,世界经济仍然处在深度调整期。回顾上世纪几次大的全球性经济危机,各国应对手段的失误通常使经济难以复苏。这次国际金融危机发生以来,各国分别采取一些财政货币措施,一定程度上起到了稳定市场和扭转颓势的作用。现在看来,这次国际金融危机复杂程度远超以往,解决起来需要综合施策,绝非一日之功。这就是为什么国际金融危机发生已经7年,世界经济恢复仍然缓慢、增长仍然脆弱的原因。"

【3-20】错误用法:实现更高质量、更有效率、更加公平、更可持续的发展

正确用法:实现更高质量、更有效率、更加公平、更可持续、更为安全的发展

权威出处:

2020年7月30日召开中央政治局会议。会议指出,推动"十四五"时期经济社会发展,必须坚持和完善党领导经济社会发展的体制机制,为实现高质量发展提供根本保证。必须把新发展理念贯穿发展全过程和各领域,实现更高质量、更有效率、更加公平、更可持续、更为安全的发展。必须坚定不移推进改革,继续扩大开放,持续增强发展动力和活力。必须加强前瞻性思考、全局性谋划、战略性布局、整体性推进,实现发展规模、速度、质量、结构、效益、安全相统一。

中央政治局会议对于高质量发展阶段的目标定位,在"更高质量、更有效率、更加公平、更可持续"的基础上增添了"更为安全",这是首次提出"更为安全的发展",由原来的"四个更"拓展为"五个更"。

【3-21】错误用法：劳动密集性产业

正确用法：劳动密集型产业

辨析：

劳动密集型产业是指在投入的劳动力和资本（或资金）这两种要素中，单位劳动占用的资本（或资金）数量较少的那一类产业。这是按照经济活动中投入的生产要素的比例进行划分的一种经济类型。劳动密集型产业实质上是指资本（或资金）有机构成较低的产业。劳动密集型产业的产品成本中劳动耗费所占比重较大，而物质资本耗费所占比重较小。

习近平总书记在参加十三届人大一次会议内蒙古代表团审议时强调，要立足优势、挖掘潜力、扬长补短，努力改变传统产业多新兴产业少、低端产业多高端产业少、资源型产业多高附加值产业少、劳动密集型产业多资本科技密集型产业少的状况，构建多元发展、多极支撑的现代产业新体系，形成优势突出、结构合理、创新驱动、区域协调、城乡一体的发展新格局。

【3-22】错误用法：准入前国民待遇

正确用法：准入前国民待遇加负面清单

辨析：

2013年7月，第五轮中美战略与经济对话期间，我国同意以准入前国民待遇加负面清单为基础与美国进行双边投资协定实质性谈判，准入前国民待遇加负面清单逐渐进入大众视野。国民待遇是根据国内投资者在相同或类似情况下的待遇，授予外国投资者至少同国内投资者一样的待遇。负面清单也称否定清单，列明了限制和禁止外资投资的领域，这些领域不给予准入前国民待遇。负面清单有利于发挥市场在资源配置中的决定性作用，真正实现"非禁即入"；有利于激发市场主体活力；有利于政府加强事中事后监管；有利于推进其他相关方面改革。

党的十九大报告指出，实行高水平的贸易和投资自由化便利化政策，全面实行准入前国民待遇加负面清单管理制度，大幅度放宽市场准入，扩大服务业对外开放，保护外商投资合法权益。凡是在我国境内注册的企业，都要一视同仁、平等对待。党的二十大报告指出，"合理缩减外资准入负面清单，依法保护外商投资权益，营造市场化、法治化、国际化一流营商环境"。

【3-23】错误用法：多层社会保障体系
　　　　正确用法：多层次社会保障体系
辨析：

为适应计划经济体制向社会主义市场经济体制转变的要求，自20世纪80年代初期开始，我国拉开了社会保障制度改革的序幕。2003年10月党的十六届三中全会通过的《中共中央关于完善社会主义市场经济体制若干问题的决定》提出"加快建设与经济发展水平相适应的社会保障体系"。

2013年10月，党的十八届三中全会通过的《中共中央关于全面深化改革若干重大问题的决定》进一步强调"建立更加公平可持续的社会保障制度",要求通过"制定实施免税、延期征税等优惠政策,加快发展企业年金、职业年金、商业保险,构建多层次社会保障体系"。党的十九大报告指出:"按照兜底线、织密网、建机制的要求,全面建成覆盖全民、城乡统筹、权责清晰、保障适度、可持续的多层次社会保障体系。"党的二十大报告指出,"基本公共服务均等化水平明显提升,多层次社会保障体系更加健全"。党的二十大报告指出,"基本公共服务均等化水平明显提升,多层次社会保障体系更加健全"。

【3-24】错误用法:清亲新型政商关系
　　　　正确用法:亲清新型政商关系

辨析:

2016年3月4日,习近平总书记在全国政协十二届四次会议民建、工商联委员联组会上指出,新型政商关系,概括起来说就是"亲""清"两个字。对领导干部而言,所谓"亲",就是要坦荡真诚同民营企业接触交往,特别是在民营企业遇到困难和问题情况下更要积极作为、靠前服务,对非公有制经济人士多关注、多谈心、多引导,帮助解决实际困难。所谓"清",就是同民营企业家的关系要清白、纯洁,不能有贪心私心,不能以权谋私,不能搞权钱交易。对民营企业家而言,所谓"亲",就是积极主动同各级党委和政府及部门多沟通多交流,讲真话,说实情,建诤言,满腔热情支持地方发展。所谓"清",就是要洁身自好、走正道,做到遵纪守法办企业、光明正大搞经营。党的十九大报告指出:"构建亲清新型政商关系,促进非公有制经济健康发展和非公有制经济人士健康成长。"党的二十大报告指出,"全面构建亲清政商关系,促进非公有制经济健康发展和非公有制经济人士健康成长"。

【3-25】错误用法:国有资本授权经营机制;区域协调发展新体制
　　　　正确用法:国有资本授权经营体制;区域协调发展新机制
辨析:

"体制"指国家机关、企事业单位在机构设置、领导隶属关系和管理权限划分等方面的体系、制度、方法、形式等的总称。如政治体制、经济体制。"机制"指一个工作系统的组织或部分之间相互作用的过程和方式。如竞争机制。体制侧重于表述"制度系统",具有格局和规则的含义。机制侧重于表述"制度运行",具有实际操作的意义。体制决定着机制,也包含着机制,体制是机制发挥作用的前提条件,同时,一定的体制只有依赖与之相适应的运行机制才能实现。因此,体制和机制连用时,应为"体制机制"。

党的十九大报告指出:"要完善各类国有资产管理体制,改革国有资本授权经营体制,加快国有经济布局优化、结构调整、战略性重组,促进国有资产保值增值,推动国有资本做强做优做大,有效防止国有资产流失。"党的二十大报告指出,"推动国有资本和国有企业做强做优做大,提升企业核心竞争力"。

区域协调发展是指根据资源环境承载能力、发展基础和潜力，按照发挥比较优势、加强薄弱环节、享受均等化基本公共服务的要求，逐步形成主体功能定位清晰，东中西良性互动、公共服务和人民生活水平差距缩小的区域协调发展格局。

党的十九大报告指出："实施区域协调发展战略。加大力度支持革命老区、民族地区、边疆地区、贫困地区加快发展，强化举措推进西部大开发形成新格局，深化改革加快东北等老工业基地振兴，发挥优势推动中部地区崛起，创新引领率先实现东部地区优化发展，建立更加有效的区域协调发展新机制。"党的二十大报告指出，"深入实施区域协调发展战略、区域重大战略、主体功能区战略、新型城镇化战略，优化重大生产力布局，构建优势互补、高质量发展的区域经济布局和国土空间体系"。

【3-26】错误用法：创新驱动战略
正确用法：创新驱动发展战略

辨析：

创新驱动就是创新成为引领发展的第一动力，科技创新与制度创新、管理创新、商业模式创新、业态创新和文化创新相结合，推动经济发展方式向依靠持续的知识积累、技术进步和劳动力素质转变提升，促进经济向业态更高级、分工更精细、结构更合理的阶段演进。创新的目的是驱动发展。2012年党的十八大报告指出："科技创新是提高社会生产力和综合国力的战略支撑,必须摆在国家发展全局的核心位置。"2016年5月,中共中央、国务院印发了《国家创新驱动发展战略纲要》,对创新驱动发展战略进行顶层设计和系统谋划,明确了未来30年创新驱动发展的目标、方向和重点任务。党的十九大报告指出:"创新驱动发展战略大力实施,创新型国家建设成果丰硕,天宫、蛟龙、天眼、悟空、墨子、大飞机等重大科技成果相继问世。"党的二十大报告指出,"加快实施创新驱动发展战略"。

【3-27】错误用法:建设宜居宜业美丽乡村
　　　正确用法:建设宜居宜业和美乡村
辨析:

"农村现代化是建设农业强国的内在要求和必要条件,建设宜居宜业和美乡村是农业强国的应有之义。"党的二十大报告强调"建设宜居宜业和美乡村",这是以习近平同志为核心的党中央作出的重大战略部署。从美丽乡村到和美乡村,一字之变,内涵极丰极深,是对乡村建设内涵和目标的进一步丰富和拓展。2022年12月23日在中央农村工作会议上的讲话中,习近平总书记深刻指出:"建设农业强国要一体推进农业现代化和农村现代化,实现乡村由表及里、形神兼备的全面提升。"

【3-28】错误用法:建设现代经济体系
　　　正确用法:建设现代化经济体系

辨析：

一国的经济体系指的是这个国家的经济主体结构、三次产业结构、技术结构和相应的自然资源、资本、人力资源、管理等生产要素配置结构的总和。建设现代化经济体系主要包括四个方面：两个坚持，即坚持质量第一、坚持效益优先；一条主线，即供给侧结构性改革；一个产业体系，即实体经济、科技创新、现代金融、人力资源协同发展；一套经济体制，即构建市场机制有效、微观主体有活力、宏观调控有度的经济体制。

"现代"是现在这个时代，"现代化"指不发达社会发展为发达社会的过程。现代化经济体系是党的十九大报告首次提出的。十九大报告指出："我国经济已由高速增长阶段转向高质量发展阶段，正处在转变发展方式、优化经济结构、转换增长动力的攻关期，建设现代化经济体系是跨越关口的迫切要求和我国发展的战略目标。"党的二十大报告指出，"加快建设现代化经济体系，着力提高全要素生产率，着力提升产业链供应链韧性和安全水平，着力推进城乡融合和区域协调发展，推动经济实现质的有效提升和量的合理增长"。

【3-29】错误用法：新经济常态
　　正确用法：经济新常态；经济发展新常态

辨析：

经济新常态是党中央对我国经济发展所处发展阶段的重大战略判断。经济发展进入新常态，表明我国经济已由高速增长阶段迈向高质量发展阶段，逐步迈入高效率、低成本、可持续发展的中高速增长阶段。习近平主席2014年11月9日在亚太经合组织工商领导人峰会上指出，中国经济呈现出新常态有几个主要特点：速度——"从高速增长转为中高速增长"；结构——"经济结构不断优化升级"；动力——"从要素驱动、投资驱动转向创新驱动"。

党的十九大报告指出："十八大以来的五年，是党和国家发展进程中极不平凡的五年。面对世界经济复苏乏力、局部冲突和动荡频发、全球性问题加剧的外部环境，面对我国经济发展进入新常态等一系列深刻变化，我们坚持稳中求进工作总基调，迎难而上，开拓进取，取得了改革开放和社会主义现代化建设的历史性成就。"

【3-30】错误用法：我国经济增长速度换档期、结构调整阵痛期、前期刺激政策消化期"三期叠加"
　　　　正确用法：我国经济增长速度换挡期、结构调整阵痛期、前期刺激政策消化期"三期叠加"

辨析：

"挡"指排挡，如换挡提速；"档"指等级，如提档升级。

增长速度换挡期，是由经济发展的客观规律所决定的；结构调整阵痛期，是加快经济发展方式转变的主动选择；前期刺激政策消化期，是化解多年来积累的深层次矛盾的必经阶段。2014年底，习近平总书记在中央经济工作会议上指出:"去年,中央作出一个判断,即我国经济发展正处于增长速度换挡期、结构调整阵痛期、前期刺激政策消化期'三期叠加'阶段。今年年中,在中央政治局会议上,我对'三期叠加'进一步作了分析,强调经济工作要适应经济发展新常态。"习近平总书记科学分析现阶段我国经济发展的特点,并指出:"由于目前的问题主要不是周期性的,不可能通过短期刺激实现 V 型反弹,我国经济可能会经历一个 L 型增长阶段。我们要做打持久战的准备,敢于经历痛苦的磨难,适当提高换挡降速容忍度,先筑底、后回升。"

【3-31】错误用法:加快构建以国际大循环为主体、国际国内双循环相互促进的新发展格局

正确用法:加快构建以国内大循环为主体、国内国际双循环相互促进的新发展格局

辨析:

党的十九届五中全会通过的建议提出,要加快构建以国内大循环为主体、国内国际双循环相互促进的新发展格局。这是对"十四五"和未来更长时期我国经济发展战略、路径作出的重大调整完善,是着眼于我国长远发展和长治久安作出的重大战略部署。

从国内大循环与国内国际双循环的关系看,国内循环是基础,两者是统一体。国际市场是国内市场的延伸,国内大循环为国内国际双循环提供坚实基础。发挥我国超大规模市场优势,将为世界各国提供更加广阔的市场机会,依托国内

大循环吸引全球商品和资源要素,打造我国新的国际合作和竞争优势。国内大循环绝不是自我封闭、自给自足,也不是各地区的小循环,更不可能什么都自己做,放弃国际分工与合作。要坚持开放合作的双循环,通过强化开放合作,更加紧密地同世界经济联系互动,提升国内大循环的效率和水平。可以说,推动双循环必须坚持实施更大范围、更宽领域、更深层次对外开放。

党的二十大报告指出,"坚持社会主义市场经济改革方向,坚持高水平对外开放,加快构建以国内大循环为主体、国内国际双循环相互促进的新发展格局"。

【3-32】错误用法:国内生产总值(GNP),国民生产总值(GDP)
　　　　正确用法:国内生产总值(GDP),国民生产总值(GNP)
辨析:

国内生产总值(GDP)是指按国家市场价格计算的一个国家(或地区)所有常驻单位在一定时期内生产活动的最终成果,常被公认为是衡量国家经济状况的最佳指标。国内生产总值(GDP)是核算体系中一个重要的综合性统计指标,也是我国新国民经济核算体系中的核心指标,它反映了一国(或地区)的经济实力和市场规模。国民生产总值(GNP)是一个国家(或地区)所有常住单位在一定时期(通常为一年)内收入初次分配的最终结果,是一定时期内本国的生产要素所有者所占有的最终产品和服务的总价值。

20世纪80年代初,中国开始研究联合国国民经济核算体系的国内生产总值（GDP）指标。中国于1985年开始建立GDP核算制度。1993年，中国正式取消国民收入核算，GDP成为国民经济核算的核心指标。2022年全年国内生产总值（GDP）1210207亿元，中国经济保持增长，发展质量稳步提升。

请注意：我国的某地区，如某省或某市的GDP，不能表述为某省或某市国内生产总值，而应表述为某省或某市地区生产总值。

【3-33】错误用法：2022年我国全年城镇新增就业1206万人，年末城镇登记失业率为5.5%

正确用法：2022年我国全年城镇新增就业1206万人，年末城镇调查失业率为5.5%

辨析：

国家统计局有关资料指出，调查失业率与登记失业率的区别主要体现在以下三个方面：一是数据来源不同，前者的失业人口数据来自劳动力调查，而后者的失业人口数据来自政府就业管理部门的行政记录。二是失业人口的指标定义不同，前者采用国际劳工组织的失业标准，后者是指16岁至退休年龄内，没有工作而想工作，并在就业服务机构进行了失业登记的人员。三是统计范围不同，前者按照常住人口统计（既包括城镇本地人，也包括外来的常住人口），后者是本地非农户籍的人员。

《中华人民共和国国民经济和社会发展第十四个五年规

划和2035年远景目标纲要》强调,"经济运行保持在合理区间,各年度视情提出经济增长预期目标,全员劳动生产率增长高于国内生产总值增长,城镇调查失业率控制在5.5%以内,物价水平保持总体平稳"。2023年政府工作报告指出,全年国内生产总值增长3%,城镇新增就业1206万人,年末城镇调查失业率降到5.5%,居民消费价格上涨2%。

【3-34】错误用法:2035年左右,我国将进入中度老龄化

正确用法:2035年左右,我国将进入重度老龄化

辨析:

《十三届全国人大四次会议〈政府工作报告〉辅导读本》代序中指出,人口是影响经济社会发展的基础性、全局性、战略性问题。国际上一般把60岁以上老年人口占比超过10%或者65岁以上老年人口占比超过7%,作为进入老龄化社会的标准;这两个比例分别超过20%、14%,称为中度老龄化;这两个比例分别超过30%、21%,称为重度老龄化。我国目前60岁以上老年人口超过2.5亿,占总人口的18%。"十四五"时期,我国将从轻度老龄化进入中度老龄化;2035年左右将进入重度老龄化。

与发达国家相比,我国老龄化呈现速度快、程度深、未富先老等特点。应对人口老龄化是当前和今后一个时期关系全局的重大战略任务,要统筹谋划、系统施策。

【3-35】错误用法：滞涨

正确用法：滞胀

辨析：

停滞性通货膨胀，简称滞胀或停滞性通胀，在经济学特别是宏观经济学中，特指经济停滞，失业及通货膨胀同时持续高涨的经济现象。通俗地说就是指物价上升，但经济停滞不前。它是通货膨胀长期发展的结果。

习近平总书记2016年1月8日在省部级主要领导干部学习贯彻党的十八届五中全会精神专题研讨班上的讲话中指出："首先，我要讲清楚，我们讲的供给侧结构性改革，同西方经济学的供给学派不是一回事，不能把供给侧结构性改革看成是西方供给学派的翻版，更要防止有些人用他们的解释来宣扬'新自由主义'，借机制造负面舆论。西方供给学派兴起于上世纪70年代。当时凯恩斯主义的需求管理政策失效，西方国家陷入经济'滞胀'局面。供给学派强调供给会自动创造需求，应该从供给着手推动经济发展；增加生产和供给首先要减税，以提高人们储蓄、投资的能力和积极性。"

【3-36】错误用法：马克思主义政治经济学阐明了生产、交换、分配、消费之间的关系

正确用法：马克思主义政治经济学阐明了生产、分配、交换、消费之间的关系

辨析：

马克思在《〈政治经济学批判〉导言》中论述了政治经

济学的对象和方法，批判资产阶级经济学把分配放在首位和把资产阶级生产看作永恒的错误看法，阐明了生产、分配、交换、消费之间的辩证统一关系，强调生产的决定作用及其历史的阶段性，把一定社会发展阶段上的生产当作自己的研究对象。生产是起决定作用的环节，它决定着分配、交换和消费的对象、方式、数量和性质；分配和交换是联结生产和消费的桥梁和纽带，对生产和消费起着重要的影响作用；消费是最终目的和动力。

【3-37】错误用法：工业支持农业、城市反哺农村
　　　　正确用法：工业反哺农业、城市支持农村
辨析：

　　长期以来，农业为工业发展提供积累，农村为城市建设作出了很大的贡献与牺牲。当前，我国经济实力和综合国力显著增强，具备了支撑城乡发展一体化物质技术条件，到了工业反哺农业、城市支持农村的发展阶段。顺应我国发展的新特征新要求，必须加强发挥制度优势，加强体制机制建设，把工业反哺农业、城市支持农村作为一项长期坚持的方针，坚持和完善实践证明行之有效的强农惠农富农政策，动员社会各方面力量加大对"三农"的支持力度，努力形成城乡发展一体化新格局。

　　习近平总书记2016年1月18日在省部级主要领导干部学习贯彻党的十八届五中全会精神专题研讨班上讲话时指出："要坚持工业反哺农业、城市支持农村和多予少取放活

方针,促进城乡公共资源均衡配置,加快形成以工促农、以城带乡、工农互惠、城乡一体的工农城乡关系,不断缩小城乡发展差距。"

【3-38】历史用法:逐步消灭贫穷,达到共同富裕

　　　　规范用法:逐步实现全体人民共同富裕

辨析:

　　二十大党章修正案将总纲第十一自然段里关于共同富裕的表述,由"逐步消灭贫穷,达到共同富裕"修改为"逐步实现全体人民共同富裕"。作出这样的修改,主要是因为我国已经历史性地解决绝对贫困问题、如期全面建成小康社会,"逐步消灭贫穷"的历史任务已经完成。新时代新征程我们党团结带领全国各族人民全面建成社会主义现代化强国、实现第二个百年奋斗目标,以中国式现代化全面推进中华民族伟大复兴的使命任务,要求实现全体人民共同富裕。实现全体人民共同富裕是一个渐进的过程,我们既要坚定信心,又要稳中求进,为此进行长期奋斗。

【3-39】错误用法:生产发展、生活宽裕、生态良好

　　　　正确用法:生产发展、生活富裕、生态良好

辨析:

　　"宽裕"指宽绰有余,生活还行;"富裕"指富足充裕,生活很好。

　　生产发展、生活富裕、生态良好是紧密联系、辩证统一的关系。生产发展,是走文明发展道路的基础环节。离开生产发展,社会进步就失去前提,生活富裕也不可能实现。生活富裕,是走文明发展道路的重要体现。不断提高整个社会的物质和精神生活水平,使社会财富得到合理分配,使全体社会成员共享发展成果,人类文明才能不断进步。生态良好,是走文明发展道路的应有之义。遵循经济规律和自然规律,合理利用自然资源,保护和优化生态环境,坚持可持续发展,实现人与自然和谐相处,人类文明才能得到持久永续发展。

党的十九届四中全会通过的决定指出,生态文明建设是关系中华民族永续发展的千年大计。必须践行绿水青山就是金山银山的理念,坚持节约资源和保护环境的基本国策,坚持节约优先、保护优先、自然恢复为主的方针,坚定走生产发展、生活富裕、生态良好的文明发展道路,建设美丽中国。党的二十大报告指出,"坚定不移走生产发展、生活富裕、生态良好的文明发展道路,实现中华民族永续发展"。

【3-40】历史用法:生产发展、生活宽裕、乡风文明、村容整洁、管理民主

正确用法:产业兴旺、生态宜居、乡风文明、治理有效、生活富裕

辨析:

2005年中央提出社会主义新农村建设"生产发展、生活宽裕、乡风文明、村容整洁、管理民主"的方针。党的

十九大报告提出:"实施乡村振兴战略。农业农村农民问题是关系国计民生的根本性问题,必须始终把解决好'三农'问题作为全党工作重中之重。要坚持农业农村优先发展,按照产业兴旺、生态宜居、乡风文明、治理有效、生活富裕的总要求,建立健全城乡融合发展体制机制和政策体系,加快推进农业农村现代化。""产业兴旺、生态宜居、乡风文明、治理有效、生活富裕"的乡村振兴战略新"20字"与"生产发展、生活宽裕、乡风文明、村容整洁、管理民主"相比,进一步丰富了内涵、提升了层次。

【3-41】错误用法:建设更高水平开放型经济体制
　　　　正确用法:建设更高水平开放型经济新体制
权威出处:

党的十九届四中全会通过的决定指出,"建设更高水平开放型经济新体制"。这是推动我国经济由高速增长转向高质量发展的必然要求,是从我国开放型经济体制现状出发的战略选择,是在经济全球化规则面临重构、全球治理体系面临变革形势下的主动担当,也是维护国家经济安全的现实需要。我国开放型经济体制尚存在水平还不高、发展不平衡不充分等问题,需要进一步提升层次和水平。党的二十大报告指出,"改革开放迈出新步伐,国家治理体系和治理能力现代化深入推进,社会主义市场经济体制更加完善,更高水平开放型经济新体制基本形成"。

【3-42】错误用法：雁形模式

正确用法：雁行模式

辨析：

日本经济学家赤松要教授从纺织工业的兴衰过程中，发现了经济发展与产业结构升级的内在联系，提出"雁行形态"理论，即以最发达国家为顶端，处于不同发展阶段的国家按顺序排列的产业发展状态。随着"雁行模式"的延续和扩张，世界经济正在形成"多极雁行"的产业格局。即随着一些跟随者成长为"头雁"，将逐步形成不同产业部门交织的、由不同国家和地区领头的"多极雁行"格局。从当前世界经济格局看，美国是芯片、金融等产业的"头雁"，欧盟是医药、化工等产业的"头雁"，日本是家电、汽车等产业的"头雁"，中国是高铁、电商等产业的"头雁"。随着新兴经济体的崛起，世界进入大变革大调整的时期，多极化趋势愈益明显。

【3-43】历史用法：政策沟通、道路联通、贸易畅通、货币流通、民心相通

正确用法：政策沟通、设施联通、贸易畅通、资金融通、民心相通

辨析：

2013年9月3日至13日，国家主席习近平对土库曼斯坦、哈萨克斯坦、乌兹别克斯坦、吉尔吉斯斯坦进行国事访问并出席上海合作组织比什凯克峰会。习近平主席提出，构建"丝绸之路经济带"要创新合作模式，加强"五通"，即

政策沟通、道路联通、贸易畅通、货币流通和民心相通,以点带面,从线到片,逐步形成区域大合作格局。

2015年3月28日,国家发展改革委、外交部、商务部联合发布的《推动共建丝绸之路经济带和21世纪海上丝绸之路的愿景与行动》提出了"一带一路"关于"五通"的新内容,即政策沟通、设施联通、贸易畅通、资金融通、民心相通。加强政策沟通是"一带一路"建设的重要保障,基础设施互联互通是"一带一路"建设的优先领域,投资贸易合作是"一带一路"建设的重点内容,资金融通是"一带一路"建设的重要支撑,民心相通是"一带一路"建设的社会根基。

2016年8月17日,习近平总书记在推进"一带一路"建设工作座谈会上指出:"聚焦政策沟通、设施联通、贸易畅通、资金融通、民心相通,聚焦构建互利合作网络、新型合作模式、多元合作平台,聚焦携手打造绿色丝绸之路、健康丝绸之路、智力丝绸之路、和平丝绸之路,以钉钉子精神抓下去,一步一步把'一带一路'建设推向前进,让'一带一路'建设造福沿线各国人民。"

【3-44】历史用法:建立"产权清晰、权责明确、政企分开、管理科学"的现代产权制度

正确用法:建立"归属清晰、权责明确、保护严格、流转顺畅"的现代产权制度

辨析:

为了适应建立社会主义市场经济、使国有企业成为市

场竞争主体的需要,党的十四届三中全会明确了国有企业改革的方向是建立"产权清晰、权责明确、政企分开、管理科学"的现代企业制度。主要改革措施包括:推进股份制改革与国有企业上市,打造国有资本流动机制;实施"抓大放小"战略,推进国有资产授权经营试点;深化国有资产管理体制改革,推进政企分开、政资分开;加大兼并重组力度,调整和优化国有资产布局。党的十六届三中全会提出,"归属清晰、权责明确、保护严格、流转顺畅"的现代产权制度"有利于维护公有财产权,巩固公有制经济的主体地位;有利于保护私有财产权,促进非公有制经济发展;有利于各类资本的流动和重组,推动混合所有制发展;有利于增强企业和公众创业创新的动力,形成良好的信用基础和市场秩序"。

正是鉴于产权的重要性,2020年7月中共中央印发的《中共中央 国务院关于新时代加快完善社会主义市场经济体制的意见》在明确完善产权制度是建立和完善社会主义市场经济体制之重点的基础上,明确提出:"健全归属清晰、权责明确、保护严格、流转顺畅的现代产权制度,加强产权激励。"

【3-45】慎重用法:中美贸易战

　　正确用法:中美经贸摩擦

权威出处:

　　中美经贸摩擦,是中美经济关系中的重要问题。经贸摩擦主要发生在两个方面：一是中国比较具有优势的出口领域；二是中国没有优势的进口和技术知识领域。前者基本上是竞争性的，而后者是市场不完全起作用的，它们对两国经济福利和长期发展的影响是不同的。

国务院新闻办公室2018年9月发布《关于中美经贸摩擦的事实与中方立场》白皮书指出，中美两国经济发展阶段、经济制度不同，存在经贸摩擦是正常的，关键是如何增进互信、促进合作、管控分歧。长期以来，两国政府本着平等、理性、相向而行的原则，先后建立了中美商贸联委会、战略经济对话、战略与经济对话、全面经济对话等沟通协调机制，双方为此付出了不懈努力，保障了中美经贸关系在近40年时间里克服各种障碍，不断向前发展，成为中美关系的压舱石和推进器。

【3-46】错误用法：必须践行绿水青山就是金山银山的观念
正确用法：必须践行绿水青山就是金山银山的理念
权威出处：

习近平总书记提出了"我们既要绿水青山，也要金山银山。宁要绿水青山，不要金山银山，而且绿水青山就是金山银山"的重要理念。

党的十九届四中全会通过的决定指出，"必须践行绿水青山就是金山银山的理念"。践行绿水青山就是金山银山的理念，是实现中华民族永续发展的客观需要，是适应我国主要矛盾变化的客观需要，是推动经济高质量发展的客观需要,是构建人类命运共同体、携手共建地球美好家园的客观需要。

【3-47】错误用法:深入推进新型城市化
　　　正确用法:深入推进新型城镇化
辨析:

新型城镇化是以城乡统筹、城乡一体、产业互动、节约集约、生态宜居、和谐发展为基本特征的城镇化,是大中小城市、小城镇、新型农村社区协调发展、互促共进的城镇化。我国新型城镇化稳步推进,到2022年末,全国常住人口城镇化率达65.22%,比上年末提高0.5个百分点。

习近平总书记非常关注城镇化发展,发表了一系列重要讲话,强调要深刻认识城镇化对经济社会发展的重大意义,牢牢把握城镇化蕴含的巨大机遇,准确研判城镇化发展的新趋势新特点,妥善应对城镇化面临的风险挑战,走以人为本、五化同步、优化布局、生态文明、文化传承的中国特色新型城镇化道路。

党的二十大报告指出,"推进以人为核心的新型城镇化,加快农业转移人口市民化"。

【3-48】错误用法:只有公有制经济是我国经济社会发展的重要基础
　　　正确用法:公有制经济和非公有制经济都是我国经济社会发展的重要基础

辨析：

我国从20世纪70年代末开始的所有制结构改革，不拘泥于苏联的传统社会主义所有制结构模式，也不同于当代西方发达国家的所有制结构模式，而是探求一种符合中国国情的新的所有制结构，即"公有制为主体、多种所有制经济共同发展"。我们强调公有制经济和非公有制经济都是社会主义市场经济的重要组成部分，都是我国经济社会发展的重要基础，这是符合我国国情和发展实际的科学战略定位；强调"两个毫不动摇"，即毫不动摇巩固和发展公有制经济，毫不动摇鼓励、支持、引导非公有制经济发展，这是激发市场主体活力、保持我国经济持续健康发展的科学战略决策。

【3-49】错误用法： 非公有制经济是社会主义经济的重要组成部分

正确用法： 非公有制经济是社会主义市场经济的重要组成部分

辨析：

社会主义市场经济就是同社会主义基本社会制度结合在一起的市场经济，体现社会主义的根本性质。在公有制为主体的前提下，非公有制经济也是社会主义市场经济的重要组成部分。在社会主义初级阶段，生产力发展的水平低，发展又很不平衡，客观上要求多种所有制经济共同发展。而且，非公有制经济与市场经济有着天然的联系，如产权清晰、机制灵活、适应性强，能在经济发展中发挥重要作用。因此，必须鼓励、支持和引导非公有制经济有更大更健康的发展，使非公有制经济在社会主义建设中发挥更大的作用。

党的十八届三中全会指出，公有制经济和非公有制经济都是社会主义市场经济的重要组成部分，都是我国经济社会发展的重要基础。公有制经济、非公有制经济应该相辅相成、相得益彰，而不是相互排斥、相互抵消。任何想把公有制经济否定掉或者把非公有制经济否定掉的观点，都是不符合最广大人民根本利益的，都是不符合我国改革发展要求的，都是错误的。

党的二十大报告指出，"坚持和完善社会主义基本经济制度，毫不动摇巩固和发展公有制经济，毫不动摇鼓励、支持、引导非公有制经济发展，充分发挥市场在资源配置中的决定性作用，更好发挥政府作用"。

【3-50】错误用法：根据第七次全国人口普查数据，全国总人口为141178万人；我国14亿人口中有4亿多中产阶级

正确用法：根据第七次全国人口普查数据，全国人口为141178万人；我国14亿人口中有4亿多中等收入群体

辨析：

国家统计局《第七次全国人口普查公报（第二号）》指出，根据第七次全国人口普查结果：全国总人口为1443497378人，其中：普查登记的内地31个省、自治区、直

辖市和现役军人的人口共1411778724人；香港特别行政区人口为7474200人；澳门特别行政区人口为683218人；台湾地区人口为23561236人（注：全国总人口包括内地31个省、自治区、直辖市和现役军人的人口、香港特别行政区人口、澳门特别行政区人口和台湾地区人口）。特别需要指出，全国人口共141178万人，与2010年（第六次全国人口普查数据）的133972万人相比，增加7206万人，增长5.38%，年平均增长率为0.53%，比2000年到2010年的年平均增长率0.57%下降0.04个百分点。（注：全国人口是指我国内地31个省、自治区、直辖市和现役军人的人口，不包括居住在31个省、自治区、直辖市的港澳台居民和外籍人员）。

"中产阶级"在当代西方社会主要指收入比较丰厚的白领阶层，包括国家公务员、工商企业中从事管理、技术工作的中上层人员、记者、医生、教师等。我们则使用"中等收入群体"一词。

发展的根本目的是增进民生福祉。共同富裕是社会主义的本质要求，是人民群众的共同期盼。《中华人民共和国国民经济和社会发展第十四个五年规划和2035年远景目标纲要》提出，要提高人民收入水平，拓展居民收入增长渠道，扩大中等收入群体，完善再分配机制。我国中等收入的标准是家庭年可支配收入10万—50万元。中等收入群体生活比较宽裕，消费意愿和消费能力较强，是形成强大国内市场的重要支撑。要实施扩大中等收入群体行动计划，以高校和职业院校毕业生、技能型劳动者、农民工等为重点，不断提高中等收入群体比重。要完善相关机制，使越来越多的低收入人员上升到中等收入群体里，逐步形成两头小、中间大的橄榄形分配结构。

党的二十大报告指出，"坚持多劳多得，鼓励勤劳致富，促进机会公平，增加低收入者收入，扩大中等收入群体"。

第四章

关于社会文化的相关用法

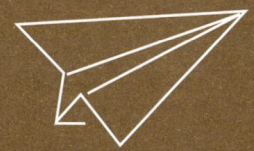

（50例）

导 言

　　党的十八大以来，以习近平同志为核心的党中央坚持以人民为中心的发展思想和总体国家安全观，顺应人民群众对美好生活的向往，把增进人民福祉、促进人的全面发展作为一切工作的出发点和落脚点，从人民群众最关心最直接最现实的利益问题入手，统筹做好教育、就业、收入分配、社会保障、医疗卫生等各领域民生工作，不断提高人民生活水平。认真学习贯彻习近平总书记关于社会主义社会建设的重要论述，对实现第二个百年奋斗目标、实现中华民族伟大复兴的中国梦，具有十分重要的指导意义。

　　文化是一个国家、一个民族的灵魂。文化自信是更基础、更广泛、更深厚的自信，是一个国家、一个民族发展中更基本、更深沉、更持久的力量。习近平总书记说："没有高度的文化自信，就没有中华民族的伟大复兴。"坚定中国特色社会主义道路自信、理论自信、制度自信，说到底是要坚定文化自信。

　　本章列举了社会和文化两方面可能出错的用法。我们要紧密结合新时代新实践，紧密结合思想和工作，紧密结合难点和困惑，多思多想，知其言又知其意，知其然又知其所以然，真正提高自己的思想理论水平。

第四章 关于社会文化的相关用法

【4-1】 错误用法：满清

　　　正确用法：清朝

辨析：

　　"满清"这个名词是在清朝末年中国人民反对当时封建统治者这一段历史上遗留下的称谓。在目前我国各民族已经团结成为一个自由平等的大家庭的情况下，如果继续使用，可能使满族人民在情绪上引起不愉快的感觉。为了增进各民族之间的团结，各级国家机关、学校、企业，各民主党派，各人民团体，在各种文件、著作和报纸、刊物中，除了引用历史文献不便改动外，一律不要用"满清"这个名称。国务院曾在1956年下发了《关于今后在行文中和书报杂志里一律不用"满清"的称谓的通知》(〔56〕国秘习字第18号)。

【4-2】 错误用法：历史周期律

　　　正确用法：历史周期率

辨析：

　　从"率"字的起源来看，"率"字是象形字，本义为捕鸟的丝网或者捕鱼的渔网。在甲骨文中，此字中间呈网状，两侧的四点如同水流下来，表示提网时难免水花四溅。用网捕鸟或者捕鱼不是一定能成功，但比采用其他手段成功的可能性会高一些，从而延伸出"大概、大略、大抵、往往如此"等意思。"律"指"规律、定律"，强调不可改变性、确定性。因此，历史周期率应该用"率"。

1945年7月，著名民主人士黄炎培访问延安，应邀到毛泽东处做客，两人就政权兴亡周期现象的问题做了一番长谈，这就是著名的"窑洞对"。黄炎培回到重庆写成了《延安归来》一书并出版，该书写道："我生六十多年，耳闻的不说，所亲眼见到的，真所谓'其兴也浡焉，其亡也忽焉'，一人，一家，一团体，一地方，乃至一国，不少单位都没有能跳出这周期率的支配力。……一部历史，'政怠宦成'的也有，'人亡政息'的也有，'求荣取辱'的也有。总之没有能跳出这周期率。"这就是"历史周期率"的起源。

党的十八大以来，对历史周期率问题的分析更多地与反腐败斗争联系在一起。严重的腐败问题，是我国封建王朝灭亡危机的集中体现，也是压垮封建政权的最后一根稻草。对中国共产党来说，腐败是我们党面临的最大威胁。打铁必须自身硬，我们要紧紧抓住依靠全面从严治党这个法宝，以壮士断腕的决心和刮骨疗毒的勇气，坚决把党风廉政建设和反腐败斗争进行到底。

2020年1月13日，习近平总书记在中国共产党第十九届中央纪律检查委员会第四次全体会议上发表重要讲话。他指出："党的十八大以来，我们探索出一条长期执政条件下解决自身问题、跳出历史周期率的成功道路，构建起一套行之有效的权力监督制度和执纪执法体系，这条道路、这套制度必须长期坚持并不断巩固发展。"党的二十大报告指出，"经过不懈努力，党找到了自我革命这一跳出治乱兴衰历史周期率的第二个答案，自我净化、自我完善、自我革新、自我提高能力显著增强,管党治党宽松软状况得到根本扭转,风清气正的党内政治生态不断形成和发展,确保党永远不变质、不变色、不变味"。

【4-3】 慎重用法:炎黄子孙
        提倡用法:中华儿女

辨析:

　　1985年,中共中央办公厅下发文件说:"今后对此词(炎黄子孙)使用的意见是,在党和国家机关文件及领导人的正式讲话中,还是用'中华民族'代称中国各族人民更好一些。鉴于'炎黄子孙'一词今天在港台同胞和海外侨胞中有积极作用,今后这个方面的个人署名文章、一般性谈话以及对台宣传中,仍可沿用。"1993年,当时的政协主席李瑞环提出就用"中华儿女"或者"海内外中华儿女"。2002年,广电总局发出《要求切实把握好民族宗教宣传的正确导向的通知》,其中第二条说:"宣传中华文明史要多提'中华民族'的概念,慎用'炎黄子孙'的概念,注意表明是各民族共同创造了中华文明。"

　　习近平总书记2012年11月29日在参观《复兴之路》展览时指出:"实现中华民族伟大复兴,就是中华民族近代以来最伟大的梦想。这个梦想,凝聚了几代中国人的夙愿,体现了中华民族和中国人民的整体利益,是每一个中华儿女的共同期盼。历史告诉我们,每个人的前途命运都与国家和民族的前途命运紧密相连。国家好,民族好,大家才会好。实现中华民族伟大复兴是一项光荣而艰巨的事业,需要一代又一代中国人共同为之努力。"

【4-4】 错误用法:省、直辖市、自治区
       正确用法:省、自治区、直辖市

权威出处:

宪法第三十条规定:"中华人民共和国的行政区域划分如下:(一)全国分为省、自治区、直辖市;(二)省、自治区分为自治州、县、自治县、市;(三)县、自治县分为乡、民族乡、镇。直辖市和较大的市分为区、县。自治州分为县、自治县、市。自治区、自治州、自治县都是民族自治地方。"

中华人民共和国的省级行政区共划分为23个省、5个自治区(内蒙古自治区、广西壮族自治区、西藏自治区、宁夏回族自治区、新疆维吾尔自治区)、4个直辖市(北京市、天津市、上海市、重庆市)、2个特别行政区(香港特别行政区、澳门特别行政区),合计34个省级行政区。

【4-5】 错误用法:新疆维吾尔族自治区;我国有傈僳族、乌兹别克族等55个少数民族
       正确用法:新疆维吾尔自治区;我国有傈僳族、乌孜别克族等55个少数民族

辨析:

自治区是中国行政区划之一,行政区划级别与省、直辖市、特别行政区相同,是中国少数民族聚居地设立的省级民

族区域自治地方。需特别注意，地名中有民族名称时，不再加民族名称，如西藏自治区、内蒙古自治区。地名中无民族名称时，要加上民族名称，如广西壮族自治区、宁夏回族自治区、新疆维吾尔自治区。除新疆外的民族地区行政名称中都要加"族"字。

我国长期以来就是统一的多民族国家。除人口最多的汉族外，有蒙古、回、藏、维吾尔、苗、彝、壮、布依、朝鲜、满、侗、瑶、白、土家、哈尼、哈萨克、傣、黎、傈僳、佤、畲、高山、拉祜、水、东乡、纳西、景颇、柯尔克孜、土、达斡尔、仫佬、羌、布朗、撒拉、毛南、仡佬、锡伯、阿昌、普米、塔吉克、怒、乌孜别克、俄罗斯、鄂温克、德昂、保安、裕固、京、塔塔尔、独龙、鄂伦春、赫哲、门巴、珞巴、基诺等55个民族。

★ **知识链接**

乌孜别克与乌兹别克

乌孜别克族，中国少数民族。17世纪起陆续从中亚安集延、浩罕等地迁入中国。1.1万人（2010年）。散居新疆伊宁、塔城、乌鲁木齐、喀什、莎车等地。语言属阿尔泰语系突厥语族，曾用过以阿拉伯字母为基础的文字，现一般通用维吾尔文或哈萨克文。多从事商业和手工业，部分经营农牧业。多信伊斯兰教。

乌兹别克人，乌兹别克斯坦的民族。约2573万人

（2018年）。语言属阿尔泰语系突厥语族，有文字。信伊斯兰教，属逊尼派。系由东来的蒙古种人与中亚的欧罗巴种人结合而成。主要从事农业和工业。另有约300万人分布在阿富汗和其他中亚国家。

乌兹别克语，属阿尔泰语系突厥语族。乌兹别克斯坦官方语言。主要分布于乌兹别克斯坦，以及土耳其、阿富汗的部分地区。文字最早采用阿拉伯字母，后代之以斯拉夫字母。与中国的乌孜别克语为同一种语言。

（摘自《辞海》）

【4-6】 错误用法：支持内蒙深度参与中蒙俄经济走廊建设
　　　　正确用法：支持内蒙古深度参与中蒙俄经济走廊建设
辨析：

内蒙古自治区于1947年5月1日建立，是我国最早成立的民族自治地方。内蒙古自治区共辖12个地级行政区，包括9个地级市、3个盟，分别是呼和浩特市、包头市、乌海市、赤峰市、通辽市、鄂尔多斯市、呼伦贝尔市、巴彦淖尔市、乌兰察布市、兴安盟、锡林郭勒盟、阿拉善盟。自治区首府是呼和浩特市。内蒙古自治区的简称是"内蒙古"，而不是"内蒙"。

新疆维吾尔自治区简称"新疆"，1955年10月1日建立，自治区首府乌鲁木齐市；广西壮族自治区简称"广西"，1958年3月15日设立，原称广西僮族自治区，1965年10月12日改今名，自治区首府为南宁市；宁夏回族自治区简称"宁夏"，1958年10月25日设立，自治区首府银川市；西藏自治区简称"西藏"，1965年9月1日设立，自治区首府拉萨市。

★ 知识链接

新疆维吾尔自治区的由来

1952年8月8日，中央人民政府颁布《中华人民共和国民族区域自治实施纲要》，进一步明确了推进民族区域自治的政策和方法。1952年8月22日，新疆省召开了第一届第二次各族各界人民代表大会，并于9月10日通过了《关于执行〈中华人民共和国民族区域自治实施纲要〉的决议》，成立了由包尔汉·沙赫德拉为主任的新疆省民族区域自治筹备委员会。1953年12月22日，中央人民政府政务院批复同意《新疆省民族区域自治实施办法》，新疆自治地方筹建准备工作有序展开。

在筹备过程中，毛主席曾主张在"自治区"前不冠少数民族的名称，定名为"新疆自治区"。据2010年中共中央文献研究室和中共新疆维吾尔自治区委员会合编的《新疆工作文献选编》记载：1953年2月至3月，邓小平、习仲勋、李维汉向毛主席、党中央呈送《关于审批新疆民族区域自治实施计划草案的两份报告》，其中披露，当时对新疆自治区名称有两种意见：一是"新疆维吾尔族自治区"，二是"天山维吾尔族自治区"。毛主席一开始主张"新疆自治区"的名称，请习仲勋等同志征求包尔汉、赛福鼎等同志的意见。"包无表示，赛不同意"。赛福鼎认为民族区域自治实施纲要上规定民族自治区名称"由民族名称冠以地方名称组成之"。后来，毛主席同意了新疆自治区冠名增加"维吾尔"族名的意见。

1955年2月28日，中共新疆分局也致电党中央，建议实施民族区域自治后的新疆还是称作"新疆维吾尔自治区"为好。4月16日，中共中央复电新疆分局表示同意。1955年10月1日，在中华人民共和国成立6周年大庆之际，在新疆各族人民的欢呼声中，新疆维吾尔自治区宣告成立。

（摘自《中国共产党新疆历史大事记》，新疆人民出版社1993年版）

【4-7】 错误用法：回教
正确用法：伊斯兰教

辨析：

国务院1956年6月2日发出了《关于"伊斯兰教"名称问题的通知》。《通知》指出：在我国汉民族地区，一般都把伊斯兰教称为"回教"，意思是，这个教是回民信仰的宗教。报纸、杂志也相因成习，经常使用"回教"这个名称。这是不确切的。伊斯兰教是一种国际性的宗教，伊斯兰教这个名称也是国际通用的名称。我国信仰伊斯兰教的除了回族以外，还有维吾尔、哈萨克、乌孜别克、塔吉克、塔塔尔、柯尔克孜、东乡、撒拉、保安等9个民族，共约1000万人。因此，今后对于伊斯兰教一律不要使用"回教"这个名称，应该称为"伊斯兰教"。

"穆罕默德"通常是指伊斯兰教先知。有一些穆斯林的名字叫"穆罕默德"。为了区别和避免误解，对这些穆斯林应加上其姓，即使用两节姓名。

穆斯林是伊斯兰信徒的通称，不能把宗教和民族混为一谈。不能说"回教就是伊斯兰教""伊斯兰教就是回教"。稿件中遇到"阿拉伯人"等提法，不要改称"穆斯林"。

涉及信仰伊斯兰教的民族的报道，不得提及与猪相关的内容。

穆斯林宰牛羊及家禽，只说"宰"，不能写作"杀"。

【4-8】 历史用法：僮族

正确用法：壮族

辨析：

国务院《关于更改僮族及僮族自治地方名称问题的批复》(〔65〕国内字347号) 指出：

1958年，广西僮族自治区成立。1965年，周恩来总理在一次座谈会上指出，"僮族"的"僮"是旧社会统治阶级对少数民族的歧视，"僮"含有"仆人"的意思；现在全国解放了，少数民族与汉族都是国家的主人，我们应该改变过去的错误看法。周恩来总理建议将"僮族"改为"壮族"，"壮"有健壮、茁壮、充满活力的意思，希望壮族兄弟身体健壮，壮族自治区发展蓬勃向上。周恩来总理的提议被采纳，1965年10月12日，国务院批复广西壮族自治区人民委员会、云南省人民委员会、广东省人民委员会："广西壮族自治区人民委员会一九六五年四月二十日报告、云南省民政厅九月二十三日函和广东省人民委员会五月二十九日函均悉。同意将：（一）'僮'族改为'壮'族。（二）广西僮族自治区改为广西壮族自治区，云南省文山僮族苗族自治州改为文山壮族苗族自治州，广东省连山僮族瑶族自治县改为连山壮族瑶族自治县。"

在宣传工作中，要注意把握住"1965年10月12日"这个时间点。既要尊重原始文献，又要与时俱进。

【4-9】 历史用法：佧瓦族

正确用法：佤族

辨析：

佤族原名佧瓦族，1963年4月2日，云南省人民委员会根据佤族人民的要求，改佧瓦族称谓为佤族，并报国务院批准。国务院批复同意更名。

【10】历史用法：毛难族

正确用法：毛南族

辨析：

1956年2月，经国务院批准，毛南族被正式确认为单一民族，当时称为毛难族。1986年6月，应当时广西壮族自治区环江县人民政府及毛南族群众的要求,国务院批准将毛难族改为毛南族(参见《国务院关于同意广西壮族自治区将"毛难族"改为"毛南族"给广西壮族自治区人民政府的批复》,国函〔1986〕75号)。1986年11月1日,国务院批准撤销环江县,设立环江毛南族自治县。

【4-11】历史用法:崩龙族

　　　　正确用法:德昂族

辨析:

德昂族原名崩龙族,1985年7月23日,云南省人民政府根据德昂族群众的要求,向国务院呈文,将族称崩龙族更改为德昂族。1985年9月17日,国务院批复同意(参见《国务院关于同意更改崩龙族族称给云南省人民政府的批复》〔85〕国函字144号)。

【4-12】错误用法:蒙古大夫;蒙古症

　　　　正确用法:蒙古医生;唐氏综合征

辨析:

蒙医蒙药是蒙古族人民医疗经验与知识的总结,是我国传统医学的宝贵财富,新中国成立以来,党和政府也一直十分支持我国蒙医蒙药事业的发展,目前"蒙古大夫"一词的解释和使用多为贬斥、指责,伤害了蒙古族群众的感情,给蒙医蒙药的继承和推广造成严重障碍。

过去,医学上常把唐氏综合征(又名"先天愚型")称为蒙古症。这一称谓带有民族歧视成分,在宣传工作中应禁止使用。

【4-13】错误用法:回回、蛮子;蒙族;维族;鲜族

正确用法:回族;蒙古族;维吾尔族;朝鲜族

辨析:

中华民族是包括汉族和55个少数民族在一起的中华各民族的总称。新中国成立以来,特别是党的十一届三中全会以来,各族人民在中国共产党的领导下,取得了社会主义革命、社会主义建设和改革开放事业的巨大成就。各民族之间建立了平等、团结、互助、和谐的新关系。对各民族,不得使用旧社会流传的带有侮辱性的称呼。不能使用"回回""蛮子"等,而应使用"回族"等。不能随意简称,如"蒙古族"不能简称"蒙族","维吾尔族"不能简称"维族","朝鲜族"不能简称"朝族"等。

另,少数民族支系、部落不能称为民族,只能称为"××人"。如"摩梭人""撒尼人""穿(川)青人",不能称为"摩梭族""撒尼族""穿(川)青族"。不能把古代民族名称与后世民族名称混淆,如不能将"高句丽"称为"高丽",不能将"哈萨克族""乌孜别克族"等泛称为"突厥族"或"突厥人"。

【4-14】错误用法:尖阁群岛,尖阁列岛

正确用法:钓鱼岛

辨析：

钓鱼岛，是中国东海钓鱼岛及其附属岛屿的主岛，是中国自古以来的固有领土，不得称为"尖阁群岛"。

1972年美国撤离琉球时，将钓鱼岛"行政管辖权"混合琉球"交给"日本，而据中国古代史书记载中国一直对钓鱼岛拥有领土权。因此，钓鱼岛争议也由此而生，目前钓鱼岛及其领海归属中华人民共和国，但日本实际非法管辖该岛。2012年9月10日起，中国政府部门对钓鱼岛及附属岛屿开展常态化监视、监测。

中国海监执法船在钓鱼岛海域坚持巡航执法，渔政执法船在钓鱼岛海域进行常态化执法巡航和护渔，维护该海域正常的渔业生产秩序。中国还通过发布天气和海洋观测预报等，对钓鱼岛及其附近海域实施管理。

【4-15】错误用法：斯普拉特利群岛，长沙群岛

正确用法：南沙群岛

辨析：

南沙群岛（Nansha Islands），是中国南海诸岛四大群岛之一，是南海诸岛中位置最南、岛礁最多、散布最广的群岛。其曾母暗沙是中国领土最南点。属海南省三沙市南沙区管辖。20世纪70年代始，越南、菲律宾、马来西亚等国相继出兵侵占了南沙群岛部分岛礁，引发南海争端。我国南海中的南沙群岛，西方称之为"斯普拉特利群岛"，越南称之为"长沙群岛"。在我国的宣传出版物中不得采用西方的

"斯普拉特利群岛"或者越南的"长沙群岛"称谓。

常见岛屿译名正误对照表

错误译名	正确译名	错误英语名称	正确英语名称
斯普拉特利群岛、长沙群岛	南沙群岛	Spratly Islands	Nansha Islands
黄沙群岛、帕拉塞尔群岛	西沙群岛	Paracel Islands	Xisha Islands
民主礁、斯卡伯勒浅滩、斯卡伯勒礁	黄岩岛	Scarborough Shoal Scarborough Reef	Huangyan Island

（摘自《图书编校质量差错案例》，商务印书馆2019年版）

【4-16】错误用法：东突厥斯坦

正确用法：新疆

辨析：

严禁将新疆称为"东突厥斯坦"。

国务院新闻办公室2019年7月21日发表的《新疆的若干历史问题》白皮书指出，中国历史上从来没有把新疆称为"东突厥斯坦"，更不存在所谓的"东突厥斯坦国"。在题为"新疆从来不是'东突厥斯坦'"的第二部分，白皮书介绍说，突厥是6世纪中叶兴起于阿尔泰山地区的一个游牧部落，于552年消灭柔然汗国，建立突厥汗国。744年，唐朝与漠北回纥、葛逻禄等联手平定了后突厥汗国。回纥首领骨力裴罗因功被册封为怀仁可汗,在漠北建立回纥汗国。

白皮书说,突厥作为中国古代的一个游牧民族,也随着汗国的消亡于8世纪中后期解体,并在西迁中亚西亚过程中与当地部族融合,形成多个新的民族,新的民族与古突厥民族有本质区别。从此,突厥在中国北方退出历史舞台。

18世纪至19世纪上半叶,随着西方对阿尔泰语系突厥语族各种语言的划分,一些国家的学者和作家频繁使用"突厥斯坦"一词,指代天山以南到阿富汗北部,大体包括新疆南部到中亚的地域,并且习惯以帕米尔高原为界,将这一地理区域分为"西突厥斯坦"和"东突厥斯坦"。19世纪末20世纪初,"泛突厥主义""泛伊斯兰主义"思潮传入新疆以后,境内外分裂势力将这个地理名词政治化,将其内涵扩大化,鼓噪所有使用突厥语族语言和信奉伊斯兰教的民族联合起来,组成政教合一的"东突厥斯坦国"。

白皮书指出,所谓的"东突厥斯坦"论调,成为境内外民族分裂势力、国外反华势力企图分裂中国、肢解中国的政治工具和行动纲领。我们要高度注意,高度重视这一问题。

【4-17】错误用法:阿鲁纳恰尔邦

　　正确用法:我国藏南地区

辨析:

"阿鲁纳恰尔邦"是指印度非法侵占的我国藏南地区,中国政府不承认印度控制该地区并设立此邦的合法性。因此，我国承认的印度只有28个邦，而不是29个邦。

【4-18】错误用法：额菲尔士峰，埃佛勒斯峰

正确用法：珠穆朗玛峰

辨析：

珠穆朗玛峰是我国和尼泊尔交界处的喜马拉雅山的主峰，是世界最高峰。"珠穆朗玛"藏语意思为"女神第三"。清康熙五十六年（1717年）《皇舆全览图》上作"朱母郎马阿林"。满语"阿林"即山之意。1858年印度测量局在英国人主持下，擅自用该局前局长额菲尔士（George Everest，或译埃佛勒斯，1790—1866）的姓氏命名此峰。1952年中国政府将额菲尔士峰正名为珠穆朗玛峰（Mount Qomolangma）。尼泊尔称萨迦玛塔。

2020年12月8日，国家主席习近平同尼泊尔总统班达里互致信函，共同宣布珠穆朗玛峰最新高程——8848.86米。

【4-19】错误用法：西海

正确用法：黄海

辨析：

黄海是我国三大边缘海之一，北起鸭绿江口，南以长江口北岸到韩国济州岛一线同东海分界，西以渤海海峡与渤海相连。南北长870千米，东西宽556千米，面积37.86万平方千米。我国称之为"黄海"（Yellow Sea），朝鲜和韩国称之为"西海"（West Sea）。国际社会一直使用"黄海"这一

称谓。

我国与其他国家/地区常见界河称谓对照表

界河	英文名称	跨界国家/地区	国外译名	英文名称
黑龙江	Heilong River	俄罗斯	阿穆尔河	Amur River
澜沧江	Lancang River	缅甸、老挝、越南	湄公河	Mekong River
怒江	Nujiang River	缅甸	萨尔温江	Salween River
狮泉河	Shiquan River	克什米尔、巴基斯坦	印度河	Indus River
图们江	Tumen River	朝鲜	豆满江	Tumangang
雅鲁藏布江	Yarlung Zangbo River	印度	布拉马普特拉河	Brahmaputra River
元江	Yuanjiang River	越南	红河/珥河	Hong River

（摘自《图书编校质量差错案例》）

【4-20】错误用法：在俄罗斯远东地区地图上出现符拉迪沃斯托克时，可括注中国名称海参崴

正确用法：在俄罗斯远东地区地图上出现符拉迪沃斯托克时，应当括注中国名称海参崴

辨析：

根据自然资源部2023年2月6日发布的《公开地图内容

表示规范》，以下地名应当加括注表示，汉语拼音版地图和外文版地图除外：

（一）"符拉迪沃斯托克"括注"海参崴"；

（二）"乌苏里斯克"括注"双城子"；

（三）"哈巴罗夫斯克"括注"伯力"；

（四）"布拉戈维申斯克"括注"海兰泡"；

（五）"萨哈林岛"括注"库页岛"；

（六）"涅尔琴斯克"括注"尼布楚"；

（七）"尼古拉耶夫斯克"括注"庙街"；

（八）"斯塔诺夫山脉"括注"外兴安岭"。

此外，长白山天池为中、朝界湖，湖名"长白山天池（白头山天池）"注我国界内，不能简称"天池"。

【4-21】错误用法：北朝鲜

正确用法：朝鲜

辨析：

朝鲜民主主义人民共和国于第二次世界大战后的1948年9月9日建立。领土面积约12万平方公里，人口约2566万（2019年）。朝鲜民族/韩民族为单一民族，通用朝鲜语。

朝鲜1958年宣称完成了城市、农村生产关系的社会主义改造，建立了社会主义经济制度。1970年宣称实现了社会主义工业化。1975年5月，成为七十七国集团正式成员国，同年8月正式加入不结盟运动。1991年9月17日同韩国一起加入了联合国。

不得使用"北朝鲜（英文 North Korea）"来称呼"朝鲜民主主义人民共和国"，可直接使用简称"朝鲜"。英文应使用"the Democratic People's Republic of Korea"或使用缩写"DPRK"。

【4-22】错误用法：前苏联，原苏联
　　规范用法：苏联

辨析：

苏维埃社会主义共和国联盟，简称苏联。是一个存在于1922年至1991年的联邦制社会主义国家，也是当时世界上土地面积最大的国家。苏联是一个联邦制国家，由15个权利平等的加盟共和国按照自愿联合的原则组成，并奉行社会主义制度及计划经济政策，由苏联共产党执政。

1990年国内政局变动，同年3月11日立陶宛加盟共和国首先宣布独立。至1991年12月，15个加盟共和国全部成为独立国家，苏联解体。12月21日，其中11个独立国在阿拉木图签署《阿拉木图宣言》，成立独立国家联合体并宣布苏联停止存在。25日，苏联正式解体。

前苏联的叫法是不科学的，我们在宣传中一般不使用"前苏联"或"原苏联"概念，因为历史上的苏联只有一个，既不曾有过"前"与"后"，也不存在"原"与"前"。

★ **知识链接**

俄罗斯

14—16世纪建立以莫斯科为中心的俄罗斯中央集权国家——莫斯科大公国，合并东北和西北罗斯的全部领土。1547年伊凡四世改"大公"称号为沙皇。

16—17世纪，吞并喀山汗国、阿斯特拉罕汗国、西西伯利亚和东西伯利亚。

1721年彼得一世改国号为"俄罗斯帝国"。

19世纪末俄国成为军事封建帝国主义国家。

1917年11月7日（俄历10月25日）十月革命胜利，建立世界上第一个社会主义国家，称"俄罗斯苏维埃联邦社会主义共和国"（简称"苏俄"）。

1922年12月30日，成为苏维埃社会主义共和国联盟（简称"苏联"）的一员。

1991年12月苏联正式解体，俄罗斯联邦成为独立国家。后与其中的11个加盟共和国组成独联体。

（摘自《辞海》）

【4-23】错误用法：工农检察院
　　　　正确用法：工农检查院

辨析：

工农检查院（工农检查人民委员部）是苏维埃俄国的国

家监察机关，1920年2月由国家监察人民委员部改组而成，享有人民委员部的一切权力和职责。它的主要任务是：监督各国家机关和经济管理机关的活动，监督各社会群体，同官僚主义和拖拉作风作斗争，检查苏维埃政府法令和决议的执行情况等。工农检查院在工作中依靠广大的工人、农民和专家中的知识分子。根据列宁的意见，1923年俄共（布）第十二次代表大会决定成立中央监察委员会—工农检查院这一党和苏维埃的联合监察机构。1934年工农检查院撤销，分设党的监察委员会和苏维埃监察委员会。

请注意，工农检查院是监察机关，不是行使检察权的检察机关，不要误用为"工农检察院"。

【4-24】错误用法：1999年5月，以美国为首的北约悍然袭击我驻南斯拉夫大使馆

正确用法：1999年5月，以美国为首的北约悍然袭击我驻南联盟大使馆

辨析：

此处的南联盟指1992年4月27日由塞尔维亚共和国、黑山共和国联合成立的南斯拉夫联盟共和国。1955年1月2日，我国与南斯拉夫联邦人民共和国（后改称南斯拉夫社会主义联邦共和国）建交。1992年4月27日，南斯拉夫联盟共和国宣布成立。中国驻前南斯拉夫大使馆改为驻南联盟共和国大使馆，中国驻前南斯拉夫大使改任驻南联盟共和国大使。

★ 知识链接

南斯拉夫

公元6世纪，斯拉夫人越过喀尔巴阡山移居巴尔干半岛，后发展为南斯拉夫各民族的祖先。9世纪起，陆续建立塞尔维亚、斯洛文尼亚和克罗地亚等各民族的国家。15世纪起，先后被土耳其和奥匈帝国统治。1918年12月，成立塞尔维亚-克罗地亚-斯洛文尼亚王国。1929年，改名"南斯拉夫王国"。1941年，被德、意法西斯占领。1945年11月29日，成立南斯拉夫联邦人民共和国。1963年，改名"南斯拉夫社会主义联邦共和国"。实行联邦制，由塞尔维亚、克罗地亚、斯洛文尼亚、波斯尼亚和黑塞哥维那、马其顿、黑山6个共和国组成。1991年，国内民族矛盾激化，政局变动。1991年6月起，斯洛文尼亚共和国、克罗地亚共和国、波斯尼亚和黑塞哥维那共和国、马其顿共和国先后宣布独立，南斯拉夫社会主义联邦共和国正式解体。

1992年4月27日，塞尔维亚共和国、黑山共和国联合成立了南斯拉夫联盟共和国，简称"南联盟"。2003年，更名为"塞尔维亚和黑山"，简称"塞黑"。2006年，塞尔维亚和黑山分别宣布独立。

（摘自《辞海》）

第四章　关于社会文化的相关用法

【4-25】错误用法：联合国常任理事国；中国是联合国创始成员国之一

正确用法：联合国安理会常任理事国；中国是联合国创始会员国之一

辨析：

联合国是根据1945年6月在美国圣弗朗西斯科（旧金山）签署的《联合国宪章》，于同年10月24日正式成立的国际组织。参加宪章签字的51个国家为联合国创始会员国。中国是创始会员国之一。至2017年6月，已有会员国193个。主要机构有大会、安全理事会、经济及社会理事会、托管理事会、国际法院和秘书处。

联合国安全理事会简称安理会，由中国、俄罗斯、美国、英国、法国五个常任理事国和十个非常任理事国组成；非常任理事国由大会选出，任期二年，每年改选五个，期满不得连任。根据《联合国宪章》规定，安理会是联合国唯一有权采取行动来维持国际和平及安全的机构。其职能还包括向联合国大会推荐秘书长人选和新会员国等。它的行动以"五个常任理事国一致"原则为基础。五个常任理事国在实质问题上有否决权。

【4-26】错误用法：我国陆界长达2万多千米，共与15个国家接壤

正确用法：我国陆界长达2万多千米，共与14个国家接壤

299

辨析：

我国陆地上接壤的 14 个国家分别是：朝鲜、俄罗斯、蒙古国、哈萨克斯坦、吉尔吉斯斯坦、塔吉克斯坦、阿富汗、巴基斯坦、印度、尼泊尔、不丹、缅甸、老挝、越南。

2005 年 4 月 18 日，国家测绘局行业管理司正式下发《关于地图上锡金表示方法变更的通知》，中国出版的地图不再把锡金标示为主权国家。锡金作为印度的一个邦表示，原首都"甘托克"作为一般城市表示。与之相应，印度面积改为约 298 万平方千米；南亚的国家数由原来的 8 个改为 7 个，即巴基斯坦、印度、孟加拉国、斯里兰卡、尼泊尔、不丹、马尔代夫；亚洲的国家数由原来的 49 个改为 48 个。

【4-27】错误用法：世界贸易组织成员国；联合国科教文组织
　　　　正确用法：世界贸易组织成员方、世界贸易组织成员；联合国教科文组织

辨析：

世界贸易组织（WTO）前身是 1947 年 10 月 30 日签订的关税与贸易总协定；1995 年 1 月 1 日，世界贸易组织正式开始运作；1996 年 1 月 1 日，世界贸易组织正式取代关贸总协定临时机构；2001 年 12 月 11 日，中国正式加入世界贸易组织；截至 2020 年 5 月，世界贸易组织有 164 个成员，24 个观察员。因为世界贸易组织既包括一些既有国家，也包括一些地区，故不能使用世界贸易组织成员国的表述。

联合国教育、科学及文化组织，简称教科文组织，其宗

第四章 关于社会文化的相关用法

旨为增进在教育、科学及文化方面的合作,以促进对全人类不分种族、性别、语言或宗教均得享受的人权与基本自由的普遍尊重,对和平与发展作出贡献。

【4-28】错误用法:上海合作组织,是中华人民共和国、哈萨克斯坦共和国、吉尔吉斯斯坦共和国、俄罗斯联邦、塔吉克斯坦共和国、乌兹别克斯坦共和国于2001年6月15日在中国上海宣布成立的永久性政府间国际组织

正确用法:上海合作组织,是中华人民共和国、哈萨克斯坦共和国、吉尔吉斯共和国、俄罗斯联邦、塔吉克斯坦共和国、乌兹别克斯坦共和国于2001年6月15日在中国上海宣布成立的永久性政府间国际组织

辨析:

上海合作组织,简称"上合组织",是中华人民共和国、哈萨克斯坦共和国、吉尔吉斯共和国、俄罗斯联邦、塔吉克斯坦共和国、乌兹别克斯坦共和国于2001年6月15日在中国上海宣布成立的永久性政府间国际组织,后来又吸收印度共和国和巴基斯坦伊斯兰共和国加入,成员国在此进行政治、安全、经贸、投资、互联互通人文等全方位合作。目前,上合组织已成为幅员最广、人口最多、发展潜力巨大的多边综合性区域组织,为维护地区安全稳定、促进共同发展繁荣作出了重要贡献。其中,"吉尔吉斯斯坦共和国"应为

"吉尔吉斯共和国"。

吉尔吉斯斯坦是吉尔吉斯共和国的简称。15世纪下半叶吉尔吉斯民族基本形成。19世纪60—70年代并入帝俄。1917—1918年建立苏维埃政权。1926年成立吉尔吉斯社会主义自治共和国。1936年改称吉尔吉斯苏维埃社会主义共和国,成为苏联加盟共和国。1991年8月31日宣布独立,称吉尔吉斯斯坦共和国,同年12月21日加入独联体。1993年5月改名为吉尔吉斯共和国。吉尔吉斯语为其官方语言。与中国的柯尔克孜语为同一种语言。

【4-29】历史用法:跨太平洋战略经济伙伴关系协定;跨太平洋伙伴关系协定

正确用法:全面与进步跨太平洋伙伴关系协定

辨析:

跨太平洋伙伴关系协定,英语缩写为TPP(Trans-Pacific Partnership Agreement),是亚太地区自由贸易协定,前身是跨太平洋战略经济伙伴关系协定(Trans-Pacific Strategic Economic Partnership Agreement)。2006年由新加坡、文莱、智利和新西兰4国发起。2015年10月达成初步协定,涉及美国、日本、澳大利亚、新西兰、加拿大、墨西哥、智利、秘鲁、文莱、马来西亚、新加坡、越南等12国。2016年2月正式签署。决定取消18000多种商品的进口关税以及其他贸易壁垒,以推动贸易和投资自由化。2017年1月,美国退出该协定。

全面与进步跨太平洋伙伴关系协定（简称CPTPP，Comprehensive and Progressive Agreement for Trans-Pacific Partnership），是美国退出跨太平洋伙伴关系协定（TPP）后该协定的新名字。2017年11月11日，由启动TPP谈判的11个亚太国家共同发布了一份联合声明，宣布"已经就新的协议达成了基础性的重要共识"，并决定协定改名为"全面与进步跨太平洋伙伴关系协定"。2018年3月8日，参与"全面与进步跨太平洋伙伴关系协定"谈判的11国代表在智利首都圣地亚哥举行协定签字仪式。12月30日，全面与进步跨太平洋伙伴关系协定正式生效。习近平主席2020年11月20日在北京以视频方式出席亚太经合组织第二十七次领导人非正式会议并发表重要讲话指出，中方欢迎区域全面经济伙伴关系协定完成签署，将积极考虑加入全面与进步跨太平洋伙伴关系协定。

【4-30】错误用法：跨大西洋贸易与投资关系协定
　　　　正确用法：跨大西洋贸易与投资伙伴协议
辨析：

跨大西洋贸易与投资伙伴协议，英语缩写为TTIP（Transatlantic Trade and Investment Partnership），是美国和欧盟之间的贸易协定。2013年6月启动。旨在降低主要产品关税，达成公共采购和服务业的市场准入，以及解决非关税贸易壁垒问题，如规则与标准的统一，最终形成美欧自由贸易区。

【4-31】错误用法：刚果民主共和国简称刚果（布）；刚果共和国简称刚果（金）

正确用法：刚果共和国简称刚果（布）；刚果民主共和国简称刚果（金）

辨析：

刚果共和国，简称刚果（布），中非国家。在刚果河下游右岸，西南濒临大西洋，面积34.2万平方千米，人口530万（2017年）。主要有班图语系的巴刚果人、姆博希人等。官方语言为法语。首都布拉柴维尔。

刚果民主共和国，简称刚果（金），旧称"比属刚果""扎伊尔"，中非国家。西端狭长地段濒临大西洋，面积234.49万平方千米，人口8130万（2017年）。84%以上属班图语系的巴刚果人、巴卢巴人、蒙戈人等。官方语言为法语。首都金沙萨。

【4-32】错误用法：爱斯基摩人

正确用法：因纽特人

辨析：

因纽特人是北极地区原住民。"Inuit"为因纽特人自称，意为"人"。旧称"爱斯基摩人"（Eskimos），意思是"生食者"，带有嘲笑和歧视色彩，故不再使用。

其语言"因纽特语"属于因纽特—阿留申语系。不使用"爱斯基摩语"。

第四章　关于社会文化的相关用法

【4-33】错误用法：黑非洲

　　　　正确用法：撒哈拉以南非洲

辨析：

　　撒哈拉以南非洲泛指撒哈拉沙漠中部以南的非洲。当地居民主要是黑种人。其历史文化发展与撒哈拉沙漠中部以北的阿拉伯人和柏柏人不同。因"黑非洲"有歧视色彩，故不应使用。

【4-34】错误用法：诺贝尔生理学和医学奖

　　　　正确用法：诺贝尔生理学或医学奖

辨析：

　　根据诺贝尔（1833—1896，瑞典化学家、工程师）的遗嘱，以其遗产的大部分作为基金，设置了诺贝尔奖金，分设物理学、化学、生理学或医学、文学、和平五种奖金。1968年起，增设经济学奖金。每一种奖金可发给一个人，也可由二三人分得。如当年无适当人也可不发。除和平奖金由挪威议会五人委员会评定外，其他各项奖金均由瑞典有关科研机构评定。

　　2015年10月5日，瑞典卡罗琳医学院在斯德哥尔摩宣布，中国女科学家屠呦呦和一名日本科学家及一名爱尔兰科学家分享2015年诺贝尔生理学或医学奖，以表彰他们在疟疾治疗研究中取得的成就。屠呦呦由此成为迄今为止第一位获得诺贝尔科学奖项的本土中国科学家、第一位获得诺贝尔生理学或医学奖的华人科学家，由此实现了中国人在自然科学领域诺贝尔奖零的突破。

【4-35】错误用法：神州飞船

正确用法：神舟飞船

辨析：

神舟飞船是中国自行研制，具有完全自主知识产权，达到或优于国际第三代载人飞船技术的飞船。神舟号飞船是采用三舱一段，即由返回舱、轨道舱、推进舱和附加段构成，由13个分系统组成。神舟号飞船与国外第三代飞船相比，具有起点高、具备留轨利用能力等特点。1999年11月20日，中国第一艘无人试验飞船"神舟一号"成功发射升空，这既是我国实施载人航天工程"三步走"计划的第一次飞行试验，也是中国航天史上的重要里程碑，"神舟"从此成为载人航天的代名词。

【4-36】错误用法：2019年中央纪委立案审查调查xxx；中央全面深化改革领导小组

正确用法：2019年中央纪委国家监委立案审查调查xxx；中央全面深化改革委员会

辨析：

2018年3月11日，十三届全国人大一次会议通过，中华人民共和国国家监察委员会是最高监察机关。3月17日，十三届全国人大一次会议审议通过了国务院机构改革方案，将中华人民共和国监察部并入新组建的国家监察委员会。

中央全面深化改革委员会是2018年3月中共中央根据《深化党和国家机构改革方案》由原中央全面深化改革领导

小组改成的中共中央直属决策议事协调机构。中国共产党中央全面深化改革委员会成立于2018年。

2018年3月，中共中央印发了《深化党和国家机构改革方案》。《方案》称：为加强党中央对涉及党和国家事业全局的重大工作的集中统一领导，强化决策和统筹协调职责，将中央全面深化改革领导小组、中央网络安全和信息化领导小组、中央财经领导小组、中央外事工作领导小组分别改为中央全面深化改革委员会、中央网络安全和信息化委员会、中央财经委员会、中央外事工作委员会，负责相关领域重大工作的顶层设计、总体布局、统筹协调、整体推进、督促落实。

同时，还组建中央全面依法治国委员会（办公室设在司法部）、中央审计委员会（办公室设在审计署）、中央教育工作领导小组（秘书组设在教育部）、中央和国家机关委员会（不再保留中央直属机关工作委员会、中央国家机关工作委员会）、新的中央党校（国家行政学院）、中央党史和文献研究院（不再保留中央党史研究室、中央文献研究室、中央编译局）等。

【4-37】历史用法：军委机关总参谋部、总政治部、总后勤部、总装备部

正确用法：军委机关7个部（厅）、3个委员会、5个直属机构共15个职能部门

辨析：

深化国防和军队改革，是实现中国梦、强军梦的时代要求，是强军兴军的必由之路，也是决定军队未来的关键一招。军委机关调整改革后，由原来的总参谋部、总政治部、总后勤部、总装备部等4个总部，改为军委机关7个部（厅）、3个委员会、5个直属机构共15个职能部门，即军委办公厅、军委联合参谋部、军委政治工作部、军委后勤保障部、军委装备发展部、军委训练管理部、军委国防动员部、军委纪委、军委政法委、军委科技委、军委战略规划办公室、军委改革和编制办公室、军委国际军事合作办公室、军委审计署、军委机关事务管理总局。构建军委、战区两级联合作战指挥体制，彻底突破了长期实行的总部体制、大军区体制、大陆军体制，立起了军队新体制的"四梁八柱"，形成了军委管总、战区主战、军种主建的新格局。

【4-38】历史用法：中央港澳工作协调小组
　　　　正确用法：中央港澳工作领导小组

辨析：

中央港澳工作协调小组成立于2003年7月，是中国共产党和中华人民共和国政府负责领导香港和澳门两个特别行政区工作的议事协调机构，由中共中央、国务院等多个部门的负责人组成，下设办事机构"国务院港澳事务办公室"。2020年2月，党中央决定成立中央港澳工作领导小组取代中央港澳工作协调小组，设立领导小组办公室，与国务院港澳事务办公室合并设置。2020年6月3日,时任中共中央政治局常委、中央港澳工作领导小组组长韩正,在中南海会见了时任香港特别行政区行政长官林郑月娥和有关主要官员,认真听取了特区政府对香港特别行政区维护国家安全立法问题的意见。这是党中央面对世界百年未有之大变局和港澳内外环境新变化作出的重要战略决策,不仅对促进香港局势由乱转治发挥了重要作用,而且对"一国两制"实践行稳致远产生了深远影响。

【4-39】错误用法:中华人民共和国国家卫生和健康委员会
　　　　正确用法:中华人民共和国国家卫生健康委员会

辨析:

2018年3月,根据第十三届全国人民代表大会第一次会议批准的国务院机构改革方案,将国家卫生和计划生育委员会的职责整合,组建中华人民共和国国家卫生健康委员会;将国家卫生和计划生育委员会的新型农村合作医疗职责整合,组建中华人民共和国国家医疗保障局;不再保留国家卫生和计划生育委员会。

2018年3月中共中央印发的《深化党和国家机构改革方案》涉及的机构还包括:组建自然资源部(不再保留国土资源部、国家海洋局、国家测绘地理信息局)、生态环境部(不再保留环境保护部)、农业农村部(不再保留农业部)、文化和旅游部(不再保留文化部、国家旅游局)、退役军人事务部、组建应急管理部(不再保留国家安全生产监督管理总局)、重新组建科学技术部(不再保留单设的国家外国专家局)、重新组建司法部(不再保留国务院法制办公室)、优化审计署职责(不再设立国有重点大型企业监事会)、组建国家市场监督管理总局(不再保留国家工商行政管理总局、国家质量监督检验检疫总局、国家食品药品监督管理总局)、组建国家广播电视总局(不再保留国家新闻出版广电总局)、组建中央广播电视总台〔撤销中央电视台(中国国际电视台)、中央人民广播电台、中国国际广播电台建制。对内保留原呼号,对外统一呼号为"中国之声"〕、组建国家国际发展合作署、组建国家医疗保障局、组建国家粮食和物资储备局(不再保留国家粮食局)、组建国家移民管理局、组建国家林业和草原局(不再保留国家林业局)等等。

【4-40】历史用法:国务院扶贫开发领导小组办公室
　　　　正确用法:国家乡村振兴局

辨析:

　　2021年2月25日,习近平总书记在全国脱贫攻坚总结表彰大会上庄严宣告,我国脱贫攻坚战取得了全面胜利。作为国务院议事协调机构,国务院扶贫开发领导小组成立于1986年5月16日,当时称国务院贫困地区经济开发领导小组,1993年12月28日改用现名。国务院扶贫开发领导小组办公室负责承担领导小组的日常工作。2021年2月25日,国家乡村振兴局正式挂牌。这既是我国脱贫攻坚战取得全面胜利的一个标志,也是全面实施乡村振兴,奔向新生活、新奋斗的起点。

【4-41】错误用法：文化产品要把经济效益放在首位，做到经济效益和社会效益相统一

正确用法：文化产品要把社会效益放在首位，做到社会效益和经济效益相统一

辨析：

文化产品具有不同于一般商品的双重属性，既有鲜明的意识形态属性，也有通过市场交换获取经济利益、实现再生产的商品属性。要把握好文化产品的意识形态属性和商品属性的关系，正确处理社会效益和经济效益、社会价值和经济价值的关系。当两个效益、两个价值发生矛盾时，经济效益要服从社会效益、市场价值要服从社会价值。习近平总书记指出："一部好的作品，应该是把社会效益放在首位，同时也应该是社会效益和经济效益相统一的作品。文艺不能当市场的奴隶，不要沾满了铜臭气。"这一重要论述，就是对两者关系的鲜明回答。

【4-42】历史用法：培养德智体美全面发展的社会主义建设者和接班人

正确用法：培养德智体美劳全面发展的社会主义建设者和接班人

辨析：

教育是国之大计、党之大计。党的十九届四中全会通过的《决定》强调指出："全面贯彻党的教育方针，坚持教育优先发展，聚焦办好人民满意的教育，完善立德树人体制机

制,深化教育领域综合改革,加强师德师风建设,培养德智体美劳全面发展的社会主义建设者和接班人。"社会主义初级阶段促进人的全面发展,基础在教育。在党的教育方针中,从"德智体"到"德智体美"再到现在的"德智体美劳",集中体现了以习近平同志为核心的党中央立足基本国情、遵循教育规律,创造性地丰富了教育方针的基本内涵。弘扬劳动精神,教育引导学生崇尚劳动、尊重劳动,懂得劳动最光荣、劳动最崇高、劳动最伟大、劳动最美丽的道理,长大后能够辛勤劳动、诚实劳动、创造性劳动。德智体美劳"五育并举",将成为我国新时代改革发展的重要遵循。

【4-43】错误用法:构建以国家公园为主体的自然保护制度
　　　　正确用法:构建以国家公园为主体的自然保护地制度
辨析:

　　自然保护地是由各级政府依法划定或确认,对重要的自然生态系统、自然遗迹、自然景观及其所承载的自然资源、生态功能和文化价值实施长期保护的陆域或海域。按照自然生态系统原真性、整体性、系统性及其内在规律,依据管理目标和效能并借鉴国际经验,将自然保护地按生态价值和保护强度高低,依次分为国家公园、自然保护区、自然公园三类。党的十九届四中全会通过的决定指出,"构建以国家公园为主体的自然保护地制度",为维护国家生态安全和实现社会可持续发展筑牢基石,为建设富强民主文明和谐美丽的社会主义现代化强国奠定生态根基。党的二十大报告指出,

"推进以国家公园为主体的自然保护地体系建设"。

【4-44】错误用法：国务院津贴

　　正确用法：国务院政府特殊津贴

辨析：

　　国务院政府特殊津贴是国务院对于高层次专业技术人才和高技能人才的一种奖励制度。获得者被称为享受国务院政府特殊津贴专家。1990年，党中央、国务院决定，给作出突出贡献的专家、学者、技术人员发放政府特殊津贴。这是党中央、国务院为加强和改进党的知识分子工作，关心和爱护广大专业技术人员而采取的一项重大举措。对于进一步营造"尊重知识、尊重人才"的良好社会环境，加强高层次专业技术人才队伍建设发挥了重要作用。

　　国务院政府特殊津贴每两年选拔一次，对经批准享受国务院政府特殊津贴的人员，国务院授权人力资源和社会保障部颁发政府特殊津贴证书，由国家一次性发给人民币20000元，免征个人所得税；对1995年以前享受国务院政府特殊津贴的人员，仍按月发放政府特殊津贴。

【4-45】错误用法："五个一工程奖"

　　正确用法："五个一工程"奖

辨析：

　　由中共中央宣传部组织的精神文明建设"五个一工程"评选活动，自1992年起每年进行一次，评选上一年度各省、自治区、直辖市和中央部分部委,以及解放军总政治部等单位组织生产、推荐申报的精神产品中五个方面的精品佳作。这五个方面是:一部好的戏剧作品,一部好的电视剧(片)作品,一部好的电影作品,一部好的图书(限社会科学方面),一部好的理论文章(限社会科学方面)。并对组织这些精神产品生产成绩突出的省、自治区、直辖市党委宣传部和部队有关部门,授予组织工作奖。对获奖单位与入选作品,颁发获奖证书与奖金。1995年度起,将一首好歌和一部好的广播剧列入评选范围,"五个一工程"的名称不变。

【4-46】错误用法:马克思主义理论和建设工程
正确用法:马克思主义理论研究和建设工程

权威出处:

马克思主义理论研究和建设工程是巩固马克思主义在意识形态领域指导地位的基础工程,一项重大的理论创新工程。2004年1月,中共中央发出《关于进一步繁荣发展哲学社会科学的意见》,提出实施马克思主义理论研究和建设工程。之后,中共中央办公厅转发《中央宣传思想工作领导小组关于实施马克思主义理论研究和建设工程的意见》,对实施工程作出部署。

坚持和发展中国特色社会主义,是当今中国的时代主题,是党和国家全部工作的主线,也是深入实施马克思主义理论研究和建设工程必须紧紧围绕的主题主线。中国特色社会主义事业永不停息地向前发展,马克思主义中国化的进程也会持续不断地向前推进,马克思主义理论研究和建设工程是一项长期的战略任务。

【4-47】错误用法:鉴定结论
　　　　正确用法:鉴定意见

辨析:

　　长期以来,我国刑事诉讼实践中,将司法鉴定所得的结果称为"鉴定结论"。"结论"表示的是对事物的最终判断,司法实践中将鉴定结论作为盖棺论定、毋庸置疑的结果,不经质证抗辩一律采信。2012年刑事诉讼法修正案将"鉴定结论"修改为"鉴定意见",突出强调了鉴定意见是证据类型的一种,充分考虑了证据的客观性和人的认识的局限性,使司法鉴定不再是不容置疑的结论,而是同样应该经过司法机关审查的意见。鉴定意见是纪委监委办理违纪违法和职务犯罪案件中常见的证据类型,证据审核工作要确保鉴定意见的依法、公正、科学、合理,符合审理和司法机关的要求。

　　鉴定意见,是指具备法定资质和条件的鉴定机构或鉴定人运用科学技术或者专门知识,对案件中所涉及的专门性问题通过分析、判断所形成的一种意见。鉴定意见是凭借人的专业、经验判断作出的,表达的是鉴定人的个人看法,属于言词证据的一种,鉴定意见在职务犯罪案件中,起着建立证据与证据之间、证据与事实之间关联性的重要作用。

【4-48】历史用法：奥林匹克格言是：更快、更高、更强

正确用法：奥林匹克格言是：更快、更高、更强、更团结

辨析：

2021年7月20日，正在日本东京召开的国际奥委会第138次全会正式通过，将"更团结"（together）加入奥林匹克格言中。奥林匹克格言从此变为"更快、更高、更强、更团结"（Faster, Higher, Stronger, Together），这是奥林匹克格言108年来首次进行更新。

在2021年3月国际奥委会第137次全会中，国际奥委会主席巴赫提议，为了更好地应对后疫情时代，建议在奥林匹克格言"更快、更高、更强"后再加入"更团结"，该提议得到了国际奥委会执委会的支持。

"当前，我们更加需要团结一致，这不仅是为了应对新冠疫情，更是为了应对我们面临的巨大挑战。当今世界彼此依靠，单靠个体已经无法解决这些挑战。因此，我发起提议，为了实现更快、更高、更强，我们需要在一起共同应对，我们需要更团结。"巴赫表示。

"更快、更高、更强"是由"现代奥林匹克之父"顾拜旦的好友亨利·马丁·迪东提出。1891年他在巴黎创办了一所体育学校。1895年他把上述格言作为该校校训。顾拜旦对此大为赞赏。

1913年国际奥委会正式批准，将"更快、更高、更强"这一格言写入《奥林匹克宪章》，自此之后奥林匹克格言就未改变过。1920年在第6次国际奥林匹克代表大会上又通过

了把"更快、更高、更强"作为国际奥林匹克委员会会徽构成部分的决定,这一格言便正式成为奥林匹克标志的一部分。

2020年起全世界受到新冠疫情的猛烈冲击,为了更好应对后疫情时代,国际奥委会主席巴赫提议将"更团结"加入到格言之中。这一提议得到了广泛的支持。随着这一提议正式通过,本届奥运会开始奥林匹克格言将更新为"更快、更高、更强、更团结"。

【4-49】错误用法:面向世界科技前沿、面向经济主战场、面向国家重大需求

正确用法:面向世界科技前沿、面向经济主战场、面向国家重大需求、面向人民生命健康

辨析:

党的十九届五中全会进一步明确了创新在我国现代化建设全局中的核心地位,提出"面向世界科技前沿、面向经济主战场、面向国家重大需求、面向人民生命健康",加快建设科技强国。"四个面向"对于汇聚科技创新资源要素,形成重大科学研究成果,形成经济社会发展的核心驱动力,实现我国"关键核心技术实现重大突破,进入创新型国家前列"目标具有重要意义。面向人民生命健康,增强美好生活的科技服务能力。"科技惠民、改善民生"是科学技术发展的重要宗旨。生命健康是高品质生活和美好生活的前提和保障。在这次抗击新冠疫情过程中,党中央始终把人民生命安

全和身体健康放在第一位,坚持人民至上、生命至上,采取主动防御措施,为重大疫情防控贡献中国力量。

党的二十大报告指出,"坚持面向世界科技前沿、面向经济主战场、面向国家重大需求、面向人民生命健康,加快实现高水平科技自立自强"。

【4-50】错误用法:自闭症

正确用法:孤独症

辨析:

中国残疾人联合会宣文部2022年3月在《关于宣传报道中规范残疾人及残疾人工作有关称谓的通知》附件《关于宣传报道中残疾人及残疾人工作有关称谓提示》中指出。

(1)建议使用"残疾人"这一法定称谓,"残障人士"等残疾人乐意听到的称呼也可酌情使用;

(2)与残疾人对应的是"健全人",不用"正常人"来对比;

(3)注明身份时,只打职务、通用称谓即可,类似"北京市民×××",无需强调残疾人身份;

(4)"残疾人"就是一个群体的概念,不必再用"残疾人群体"这样表述;

(5)用"中国残疾人联合会"或简称"中国残联",不用"中残联";

(6)称"残疾运动员""残奥运动员",一般不称"残疾健儿""残奥健儿";

（7）称"孤独症"，不用"自闭症"；

（8）可称"盲人"或"视障人士"，禁用"瞎子"等贬损称谓。

可称"聋人"或"听障人士"，一般不用"聋哑"等称谓。

可称"肢体残疾人"或"肢残人士"，禁用"瘸子"等贬损称谓。

可称"言语残疾"或"言语障碍"，禁用"哑巴"等贬损称谓。

可称"智力残障"或"智障人士"，禁用"傻子""弱智"等贬损称谓。

可称"精神残疾"或"精神障碍"，禁用"疯子"等贬损称谓。

（9）目前我国已从"无障碍设施建设"慢慢向整体"无障碍环境建设"过渡，因此提到无障碍时，可多用打造"无障碍环境"等表述；

（10）英文翻译时，残疾人多用"persons with disabilities（PWD）"。

参考文献

1.《习近平著作选读》第一卷、第二卷,人民出版社2023年版。

2.《习近平谈治国理政》第一卷,外文出版社2018年版。

3.《习近平谈治国理政》第二卷,外文出版社2017年版。

4.《习近平谈治国理政》第三卷,外文出版社2020年版。

5.《习近平谈治国理政》第四卷,外文出版社2022年版。

6. 习近平:《决胜全面建成小康社会 夺取新时代中国特色社会主义伟大胜利》,人民出版社2017年版。

7. 习近平:《高举中国特色社会主义伟大旗帜 为全面建设社会主义现代化国家而团结奋斗》,人民出版社2022年版。

8.《习近平新时代中国特色社会主义思想学习纲要(2023年版)》,学习出版社、人民出版社2023年版。

9.《习近平新时代中国特色社会主义思想学习问答》,学习出版社、人民出版社2021年版。

10.《习近平强军思想学习问答》,解放军出版社、人民出版社2022年版。

11.《中国共产党简史》,人民出版社、中共党史出版社2021年版。

12.《中共党史知识问答》,人民出版社2021年版。

13. 国家发展和改革委员会编写:《〈中华人民共和国国民经济和社会发展第十四个五年规划和2035年远景目标纲要〉辅导读本》,人民出版社2021年版。

14.《〈中共中央关于坚持和完善中国特色社会主义制度、推进国家治理体系和治理能力现代化若干重大问题的决定〉辅导读本》,人民出版社2019年版。

15.《〈中共中央关于制定国民经济和社会发展第十四个五年规划和二〇三五年远景目标的建议〉辅导读本》,人民出版社2020年版。

16.《〈中共中央关于党的百年奋斗重大成就和历史经验的决议〉辅导读本》,人民出版社2021年版。

17. 中共中央党史研究室:《中国共产党九十年》,中共党史出版社、党建读物出版社2016年版。

18.《十九大党章学习手册》,人民出版社2017年版。

19.《二十大党章学习手册》,人民出版社2022年版。

20.《二十大党章修正案学习问答》,党建读物出版社2022年版。

21.《党的十九届四中全会〈决定〉学习辅导百问》,学习出版社、党建读物出版社2019年版。

22. 李学同、陈金龙主编:《新时代全面从严治党知识问答》,人民出版社2018年版。

23. 人民日报海外版"学习小组":《学习关键词》,人民出版社2016年版。

24. 柳斌杰主编:《学习十九大报告:经济50词》,人民出版社2017年版。

25. 陈庆立编著:《怎样当好人大代表》,人民出版社2017年版。

26. 利来友编:《编辑必备语词规范手册》,广西师范大学出版社2019年版。

27.《图书编校质量差错案例》,商务印书馆2019年版。

28.《辞海》(第七版),上海辞书出版社2020年版。

29. 杨振武:《贯彻习近平法治思想 推动宪法全面实施》,《人民日报》2020年12月4日。

30. 吴义雄:《"福摩萨情结"与台湾形象建构》,《近代史研究》2014年第4期。

31.《党章公开课》,人民出版社2023年版。

索 引

A
爱斯基摩人 / 304

B
把权力关进制度的笼子里 / 039
半殖民地半封建社会 / 057
不断提高政治判断力、政治领悟力、政治执行力 / 049
《布尔塞维克》/ 124

C
财政部党组；外交部党委；公安部党委 / 173
产业兴旺、生态宜居、乡风文明、治理有效、生活富裕 / 263
长期共存、互相监督、肝胆相照、荣辱与共 / 194
朝鲜 / 294
城镇调查失业率 / 258
创新驱动发展战略 / 252

D
"打虎""拍蝇""猎狐" / 052
打铁必须自身硬 / 037
"大跃进"运动 / 075
当今世界正经历百年未有之大变局 / 025
党的一大开幕时间 / 117
党委领导、政府负责、民主协商、社会协同、公众参与、法治保障 / 099
道路自信、理论自信、制度自信、文化自信 / 023
德昂族 / 287
邓小平南方谈话 / 078
"低级红""高级黑" / 049
第五次反"围剿" / 063
钓鱼岛 / 288
多层次社会保障体系 / 249

E

二十国集团杭州峰会 / 243

F

发展为了人民、发展依靠人民、发展成果由人民共享 / 084

《反分裂国家法》/ 086

"福摩萨" / 106

G

刚果共和国；刚果民主共和国 / 304

更快、更高、更强、更团结 / 316

工农革命军 / 125

工农检查院 / 296

工业反哺农业、城市支持农村 / 261

供给侧结构性改革 / 237

构建一体推进不敢腐、不能腐、不想腐体制机制 / 040

构建以国家公园为主体的自然保护地制度 / 312

国际金融危机 / 246

《国家八七扶贫攻坚计划》/ 082

国家乡村振兴局 / 310

国家治理体系和治理能力现代化 / 238

国民生产总值（GNP）/ 257

国内生产总值（GDP）/ 257

国务院政府特殊津贴 / 313

国有经济；国有企业 / 243

国有资本授权经营体制 / 251

H

海南自由贸易港 / 236

画出最大同心圆；把做人做事的底线划出来 / 055

环境保护督察；"互联网+督查" / 097

J

吉尔吉斯共和国 / 301

加强党的长期执政能力建设 / 008

坚持党总揽全局、协调各方 / 014

坚持干部队伍革命化、年轻化、知识化、专业化 / 088

坚持山水林田湖草沙一体化保护和系统治理 / 244

坚持依法治国和以德治国相结合 / 033

索引

建设更高水平开放型经济新体制 / 264
建设现代化经济体系 / 253
建设宜居宜业和美乡村 / 253
鉴定意见 / 315
脚力、眼力、脑力、笔力 / 049
较场口事件 / 067
金砖国家新工业革命伙伴关系 / 029
金砖国家新开发银行 / 233
经济新常态；经济发展新常态 / 254
京津冀协同发展 / 242
九三学社 / 196
九一八事变 / 065
军士 / 042

K

开展习近平新时代中国特色社会主义思想主题教育 / 007
抗美援朝战争 / 071
科学执政、民主执政、依法执政 / 090
跨大西洋贸易与投资伙伴协议 / 303

L

劳动密集型产业 / 248
历史周期率 / 277
联合国安理会常任理事国 / 299
联合国教科文组织 / 300
"联合国军" / 070
联接中外、沟通世界 / 046
"两个维护" / 005
"六稳""六保" / 227

M

马克思主义理论研究和建设工程 / 314
毛南族 / 286
满清 / 277
面向现代化，面向世界，面向未来 / 079
民国纪年 / 107
民族地区 / 099

N

南京国民政府 / 057
南沙群岛 / 289
南斯拉夫 / 297
努力建设团结富裕文明和谐美丽的社会主义新西藏 / 110

努力建设团结和谐、繁荣富裕、文明进步、安居乐业、生态良好的新时代中国特色社会主义新疆 / 110

诺贝尔生理学或医学奖 / 305

P

培育和践行社会主义核心价值观 / 041

"普世价值" / 092

Q

"七个有之" / 105

前苏联，原苏联，苏联 / 295

亲历、亲见、亲闻 / 218

亲清新型政商关系 / 250

区域协调发展新机制 / 251

权为民所用、情为民所系、利为民所谋 / 085

全国总人口 / 271

全过程人民民主 / 030

全面建成小康社会 / 031

全面与进步跨太平洋伙伴关系协定 / 302

R

人才引领发展 / 054

人民民主专政 / 073

S

撒哈拉以南非洲 / 305

"三不限制"原则 / 219

"三个有利于" / 081

"三严三实" / 047

扫黑除恶专项斗争 / 051

深入推进新型城镇化 / 269

神舟飞船 / 306

生产发展、生活富裕、生态良好 / 262

省、自治区、直辖市 / 280

十四年抗日战争 / 064

时度效 / 045

实现好、维护好、发展好最广大人民根本利益 / 083

世界观、人生观、价值观 / 095

世界贸易组织成员 / 300

守土有责、守土负责、守土尽责 / 044

"四个服从" / 102

"四个面向" / 317

"四个全面"战略布局 / 019

索 引

四项基本原则 / 077
四一二反革命政变；七一五反革命政变 / 062
苏东剧变 / 080

T

碳达峰，碳中和 / 228
统筹中华民族伟大复兴战略全局和世界百年未有之大变局 / 049
推动建设中阿利益和命运共同体 / 029
推动建设持久和平、普遍安全、共同繁荣、开放包容、清洁美丽的世界 / 055
脱贫攻坚战 / 082

W

佤族 / 286
伟大斗争，伟大工程，伟大事业，伟大梦想 / 021
伪满洲国 / 062
为把我国建设成为富强民主文明和谐美丽的社会主义现代化强国而努力奋斗 / 012
"文化大革命" / 076
我国经济增长速度换挡期 / 255

我国社会的主要矛盾 / 015
我国藏南地区 / 291
乌孜别克与乌兹别克 / 281
无党派人士 / 183
五大发展理念 / 231
"五个一工程"奖 / 313
"五位一体"总体布局 / 017

X

新疆维吾尔自治区 / 280
巡视—巡察—巡查 / 166

Y

亚太经合组织成员方、亚太经合组织成员 / 234
炎黄子孙 / 279
"颜色革命" / 094
雁行模式 / 265
一二·九运动 / 066
"一带一路"国际合作高峰论坛 / 096
"一带一路"倡议 / 232
一篮子货币 / 245
依宪治国、依宪执政 / 094
伊斯兰教 / 284
英国对香港实行殖民统治 / 109

庸懒散奢 / 052
有法可依、有法必依、执法必严、违法必究 / 087
有中国特色的社会主义、有中国特色社会主义、中国特色社会主义 / 009

Z

增强政治敏锐性和政治鉴别力 / 086
正风肃纪 / 103
政策沟通、设施联通、贸易畅通、资金融通、民心相通 / 265
治国理政新理念新思想新战略 / 036
滞胀 / 260
中等收入群体 / 271
中共八大二次会议；中共八届二中全会 / 134
中共中央机关报刊 / 124
中国革命、建设、改革是一项完整事业 / 068
《中国共产党章程》/ 156
中国国际进口博览会 / 233
中国（上海）自由贸易试验区 / 235
中国新民主主义青年团 / 111
中华人民共和国成立以来；新中国成立以来 / 067
《中华人民共和国国民经济和社会发展第十四个五年规划和2035年远景目标纲要》/ 240
中美经贸摩擦 / 267
中央港澳工作领导小组 / 308
重度老龄化 / 259
珠穆朗玛峰 / 292
"抓早抓小，动辄则咎" / 037
壮族 / 285
准入前国民待遇加负面清单 / 248
自闭症 / 318
自我净化、自我完善、自我革新、自我提高能力 / 038
自重自省自警自励 / 042
宗教极端思想；宗教极端主义；宗教极端势力 / 091
总体国家安全观 / 030
尊法学法守法用法 / 035
遵义会议 / 128
"左"倾机会主义；右倾机会主义；极左；极右 / 060

附表一 世界各国及其首都中英文名称对照表

亚洲（Asia）

序号	国家	国家全称	国家英文名	首都	首都英文名
1	阿尔巴尼亚	阿尔巴尼亚共和国	The Republic of Albania	地拉那	Tirana
2	阿联酋	阿拉伯联合酋长国	The United Arab Emirates	阿布扎比	Abu Dhabi
3	阿曼	阿曼苏丹国	The Sultanate of Oman	马斯喀特	Muscat
4	阿塞拜疆	阿塞拜疆共和国	Republic of Azerbaijan	巴库	Baku
5	巴基斯坦	巴基斯坦伊斯兰共和国	The Islamic Republic of Pakistan	伊斯兰堡	Islamabad
6	巴勒斯坦	巴勒斯坦国	the State of Palestine	耶路撒冷	Jerusalem（1988年巴勒斯坦委员会宣布为其首都，目前总统府等在拉马拉）
7	巴林	巴林王国	The Kingdom of Bahrain	麦纳麦	Manama
8	不丹	不丹王国	The Kingdom of Bhutan	廷布	Thimphu
9	朝鲜	朝鲜民主主义人民共和国	Democratic People's Republic of Korea	平壤	Pyongyang

续表

序号	国家	国家全称	国家英文名	首都	首都英文名
10	东帝汶	东帝汶民主共和国	Democratic Republic of Timor-Leste	帝力	Dili
11	菲律宾	菲律宾共和国	Republic of the Philippines	大马尼拉市	Metro Manila
12	格鲁吉亚	格鲁吉亚	Georgia	第比利斯	Tbilisi
13	哈萨克斯坦	哈萨克斯坦共和国	The Republic of Kazakhstan	努尔苏丹	Nur-sultan
14	韩国	大韩民国	Republic of Korea	首尔	Seoul
15	吉尔吉斯斯坦	吉尔吉斯共和国	Kyrgyz Republic	比什凯克	Bishkek
16	柬埔寨	柬埔寨王国	the Kingdom of Cambodia	金边	Phnom Penh
17	卡塔尔	卡塔尔国	The State of Qatar	多哈	Doha
18	科威特	科威特国	The State of Kuwait	科威特城	Kuwait City
19	老挝	老挝人民民主共和国	The Lao People's Democratic Republic	万象	Vientiane
20	黎巴嫩	黎巴嫩共和国	The Lebanese Republic	贝鲁特	Beirut
21	马尔代夫	马尔代夫共和国	The Republic of Maldives	马累	Malé
22	马来西亚	马来西亚	Malaysia	吉隆坡	Kuala Lumpur
23	蒙古国	蒙古国	Mongolia	乌兰巴托	Ulaanbaatar
24	孟加拉国	孟加拉人民共和国	The People's Republic of Bangladesh	达卡	Dhaka

续表

序号	国家	国家全称	国家英文名	首都	首都英文名
25	缅甸	缅甸联邦共和国	The Republic of the Union of Myanmar	内比都	Nay Pyi Taw
26	尼泊尔	尼泊尔	Nepal	加德满都	Kathmandu
27	日本	日本国	Japan	东京	Tokyo
28	沙特阿拉伯	沙特阿拉伯王国	Kingdom of Saudi Arabia	利雅得	Riyadh
29	斯里兰卡	斯里兰卡民主社会主义共和国	The Democratic Socialist Republic of Sri Lanka	科伦坡	Colombo
30	塔吉克斯坦	塔吉克斯坦共和国	The Republic of Tajikista	杜尚别	Dushanbe
31	泰国	泰王国	The Kingdom of Thailand	曼谷	Bangkok
32	土耳其	土耳其共和国	Republic of Turkey	安卡拉	Ankara
33	土库曼斯坦	土库曼斯坦	Turkmenistan	阿什哈巴德	Ashgabat
34	文莱	文莱达鲁萨兰国	Negara Brunei Darussalam	斯里巴加湾市	Bandar Seri Begawan
35	乌兹别克斯坦	乌兹别克斯坦共和国	The Republic of Uzbekistan	塔什干	Tashkent
36	新加坡	新加坡共和国	Republic of Singapore	新加坡	Singapore
37	叙利亚	阿拉伯叙利亚共和国	The Syrian Arab Republic	大马士革	Damascus
38	亚美尼亚	亚美尼亚共和国	Republic of Armenia	埃里温	Yerevan
39	也门	也门共和国	Republic of Yemen	萨那	Sana'a

续表

序号	国家	国家全称	国家英文名	首都	首都英文名
40	伊拉克	伊拉克共和国	The Republic of Iraq	巴格达	Baghdad
41	伊朗	伊朗伊斯兰共和国	The Islamic Republic of Iran	德黑兰	Tehran
42	以色列	以色列国	THE STATE OF ISRAEL	特拉维夫	TEL AVIV（1950年迁往耶路撒冷，但未获国际社会普遍承认。目前，国际社会同以建交的国家基本将使馆设在特拉维夫或其周边城市）
43	印度	印度共和国	The Republic of India	新德里	New Delhi
44	印度尼西亚	印度尼西亚共和国	Republic of Indonesia	雅加达	JAKARTA
45	约旦	约旦哈希姆王国	The Hashemite Kingdom of Jordan	安曼	Amman
46	越南	越南社会主义共和国	The Socialist Republic of Viet Nam	河内	Ha Noi
47	中国	中华人民共和国	The People's Republic of China	北京	Beijing

欧洲（Europe）

序号	国家	国家全称	国家英文名	首都	首都英文名
1	阿尔巴尼亚	阿尔巴尼亚共和国	The Republic of Albania	地拉那	Tirana
2	爱尔兰	爱尔兰	Ireland	都柏林	Dublin

附表一　世界各国及其首都中英文名称对照表

续表

序号	国家	国家全称	国家英文名	首都	首都英文名
3	爱沙尼亚	爱沙尼亚共和国	Republic of Estonia	塔林	Tallinn
4	安道尔	安道尔公国	The Principality of Andorra	安道尔城	Andorra la Vella
5	奥地利	奥地利共和国	The Republic of Austria	维也纳	Wien
6	白俄罗斯	白俄罗斯共和国	Republic of Belarus	明斯克	Minsk
7	保加利亚	保加利亚共和国	The Republic of Bulgaria	索非亚	Sofia
8	北马其顿	北马其顿共和国	The Republic of North Macedonia	斯科普里	Skopje
9	比利时	比利时王国	The Kingdom of Belgium	布鲁塞尔	Brussels
10	冰岛	冰岛共和国	the Republic of Iceland	雷克雅未克	Reykjavik
11	波黑	波斯尼亚和黑塞哥维那	Bosnia and Herzegovina	萨拉热窝	Sarajevo
12	波兰	波兰共和国	The Republic of Poland	华沙	Warsaw
13	丹麦	丹麦王国	The Kingdom of Denmark	哥本哈根	Copenhagen
14	德国	德意志联邦共和国	The Federal Republic of Germany	柏林	Berlin
15	俄罗斯	俄罗斯联邦	Russian Federation	莫斯科	Moscow
16	法国	法兰西共和国	The French Republic	巴黎	Paris
17	梵蒂冈	梵蒂冈城国	The Vatican City State	梵蒂冈城	The Vatican City
18	芬兰	芬兰共和国	The Republic of Finland	赫尔辛基	Helsinki

续表

序号	国家	国家全称	国家英文名	首都	首都英文名
19	荷兰	荷兰王国	The Kingdom of the Netherlands	阿姆斯特丹	Amsterdam
20	黑山	黑山	Montenegro	波德戈里察	Podgorica
21	捷克	捷克共和国	The Czech Republic	布拉格	Prague
22	克罗地亚	克罗地亚共和国	The Republic of Croatia	萨格勒布	Zagreb
23	拉脱维亚	拉脱维亚共和国	The Republic of Latvia	里加	Riga
24	立陶宛	立陶宛共和国	The Republic of Lithuania	维尔纽斯	VILNIUS
25	列支敦士登	列支敦士登公国	The Principality of Liechtenstein	瓦杜兹	Vaduz
26	卢森堡	卢森堡大公国	The Grand Duchy of Luxembourg	卢森堡市	Luxembourg
27	罗马尼亚	罗马尼亚	Romania	布加勒斯特	Bucharest
28	马耳他	马耳他共和国	The Republic of Malta	瓦莱塔	Valletta
29	摩尔多瓦	摩尔多瓦共和国	Republic of Moldova	基希讷乌	Chisinau
30	摩纳哥	摩纳哥公国	The Principality of Monaco	摩纳哥	Monaco
31	挪威	挪威王国	The Kingdom of Norway	奥斯陆	Oslo
32	葡萄牙	葡萄牙共和国	A República Portuguesa	里斯本	Lisbon
33	瑞典	瑞典	Sweden	斯德哥尔摩	Stockholm
34	瑞士	瑞士联邦	Swiss Confederation	伯尔尼	Bern

续表

序号	国家	国家全称	国家英文名	首都	首都英文名
35	塞尔维亚	塞尔维亚共和国	The Republic of Serbia	贝尔格莱德	Belgrade
36	塞浦路斯	塞浦路斯共和国	The Republic of Cyprus	尼科西亚	Nicosia
37	圣马力诺	圣马力诺共和国	La Repubblica di San Marino	圣马力诺	San Marino
38	斯洛伐克	斯洛伐克共和国	Slovak Republic	布拉迪斯拉发	Bratislava
39	斯洛文尼亚	斯洛文尼亚共和国	The Republic of Slovenia	卢布尔雅那	Ljubljana
40	乌克兰	乌克兰	Ukraine	基辅	Kyiv
41	西班牙	西班牙王国	The Kingdom of Spain	马德里	Madrid
42	希腊	希腊共和国	The Hellenic Republic	雅典	Athens
43	匈牙利	匈牙利	Hungary	布达佩斯	Budapest
44	意大利	意大利共和国	Repubblica Italiana	罗马	Roma
45	英国	大不列颠及北爱尔兰联合王国	The United Kingdom of Great Britain and Northern Ireland	伦敦	London

非洲（Africa）

序号	国家	国家全称	国家英文名	首都	首都英文名
1	阿尔及利亚	阿尔及利亚民主人民共和国	The People's Democratic Republic of Algeria	阿尔及尔	Algiers

续表

序号	国家	国家全称	国家英文名	首都	首都英文名
2	埃及	阿拉伯埃及共和国	The Arab Republic of Egypt	开罗	Cairo
3	埃塞俄比亚	埃塞俄比亚联邦民主共和国	The Federal Democratic Republic of Ethiopia	亚的斯亚贝巴	Addis Ababa
4	安哥拉	安哥拉共和国	The Republic of Angola	罗安达	Luanda
5	贝宁	贝宁共和国	The Republic of Benin	波多诺伏,国民议会所在地;科托努,政府所在地	Porto-Novo Cotonou
6	博茨瓦纳	博茨瓦纳共和国	The Republic of Botswana	哈博罗内	Gaborone
7	布基纳法索	布基纳法索	The Burkina Faso	瓦加杜古	Ouagadougou
8	布隆迪	布隆迪共和国	The Republic of Burundi	经济首都布琼布拉;政治首都基特加	Bujumbura Gitega
9	赤道几内亚	赤道几内亚共和国	The Republic of Equatorial Guinea	马拉博	Malabo
10	多哥	多哥共和国	The Republic of Togo	洛美	Lomé
11	厄立特里亚国	厄立特里亚国	The State of Eritrea	阿斯马拉	Asmara
12	佛得角	佛得角共和国	The Republic of Cabo Verde	普拉亚	Praia

附表一　世界各国及其首都中英文名称对照表

续表

序号	国家	国家全称	国家英文名	首都	首都英文名
13	冈比亚	冈比亚共和国	The Republic of The Gambia	班珠尔	Banjul
14	刚果（布）	刚果共和国	The Republic of the Congo	布拉柴维尔	Brazzaville
15	刚果（金）	刚果民主共和国	The Democratic Republic of the Congo	金沙萨	Kinshasa
16	吉布提	吉布提共和国	The Republic of Djibouti	吉布提市	Djibouti
17	几内亚	几内亚共和国	The Republic of Guinea	科纳克里	Conakry
18	几内亚比绍	几内亚比绍共和国	The Republic of Guinea-Bissau	比绍	Bissau
19	加纳	加纳共和国	The Republic of Ghana	阿克拉	Accra
20	加蓬	加蓬共和国	The Gabonese Republic	利伯维尔	Libreville
21	津巴布韦	津巴布韦共和国	The Republic of Zimbabwe	哈拉雷	Harare
22	喀麦隆	喀麦隆共和国	The Republic of Cameroon	雅温得	YAOUNDE
23	科摩罗	科摩罗联盟	Union of Comoros	莫罗尼	Moroni
24	科特迪瓦	科特迪瓦共和国	The Republic of Côte d'Ivoire	政治首都亚穆苏克罗；经济首都阿比让	Yamoussoukro Abidjan
25	肯尼亚	肯尼亚共和国	The Republic of Kenya	内罗毕	Nairobi
26	莱索托	莱索托王国	The Kingdom of Lesotho	马塞卢	Maseru

续表

序号	国家	国家全称	国家英文名	首都	首都英文名
27	利比里亚	利比里亚共和国	The Republic of Liberia	蒙罗维亚	Monrovia
28	利比亚	利比亚国	State of Libya	的黎波里	Tripoli
29	卢旺达	卢旺达共和国	The Republic of Rwanda	基加利	Kigali
30	马达加斯加	马达加斯加共和国	The Republic of Madagascar	塔那那利佛	Antananarivo
31	马拉维	马拉维共和国	The Republic of Malawi	利隆圭	Lilongwe
32	马里	马里共和国	The Republic of Mali	巴马科	Bamako
33	毛里求斯	毛里求斯共和国	The Republic of Mauritius	路易港	Port Louis
34	毛里塔尼亚	毛里塔尼亚伊斯兰共和国	The Islamic Republic of Mauritania	努瓦克肖特	Nouakchott
35	摩洛哥	摩洛哥王国	The Kingdom of Morocco	拉巴特	Rabat
36	莫桑比克	莫桑比克共和国	The Republic of Mozambique	马普托	Maputo
37	纳米比亚	纳米比亚共和国	The Republic of Namibia	温得和克	Windhoek
38	南非	南非共和国	The Republic of South Africa	比勒陀利亚为行政首都；开普敦为立法首都；布隆方丹为司法首都	Pretoria Cape Town Bloemfontein
39	南苏丹	南苏丹共和国	The Republic of South Sudan	朱巴	Juba
40	尼日尔	尼日尔共和国	The Republic of Niger	尼亚美	Niamey

续表

序号	国家	国家全称	国家英文名	首都	首都英文名
41	尼日利亚	尼日利亚联邦共和国	The Federal Republic of Nigeria	阿布贾	Abuja
42	塞拉利昂	塞拉利昂共和国	The Republic of Sierra Leone	弗里敦	Freetown
43	塞内加尔	塞内加尔共和国	The Republic of Senegal	达喀尔	Dakar
44	塞舌尔	塞舌尔共和国	Republic of Seychelles	维多利亚	Victoria
45	圣多美和普林西比	圣多美和普林西比民主共和国	The Democratic Republic of Sao Tome and Principe	圣多美	São Tomé
46	斯威士兰	斯威士兰王国	The Kingdom of Eswatini	姆巴巴内	Mbabane
47	苏丹	苏丹共和国	The Republic of the Sudan	喀土穆	Khartoum
48	索马里	索马里联邦共和国	The Federal Republic of Somalia	摩加迪沙	Mogadishu
49	坦桑尼亚	坦桑尼亚联合共和国	The United Republic of Tanzania	多多马	Dodoma
50	突尼斯	突尼斯共和国	The Republic of Tunisia	突尼斯市	Tunis
51	乌干达	乌干达共和国	The Republic of Uganda	坎帕拉	Kampala
52	赞比亚	赞比亚共和国	The Republic of Zambia	卢萨卡	Lusaka
53	乍得	乍得共和国	The Republic of Chad	恩贾梅纳	N'Djamena
54	中非	中非共和国	The Central African Republic	班吉	Bangui

北美洲（North America）

序号	国家	国家全称	国家英文名	首都	首都英文名
1	安提瓜和巴布达	安提瓜和巴布达	Antigua and Barbuda	圣约翰	St. John's
2	巴巴多斯	巴巴多斯	Barbados	布里奇顿	Bridgetown
3	巴哈马	巴哈马国	The Commonwealth of The Bahamas	拿骚	Nassau
4	巴拿马	巴拿马共和国	The Republic of Panama	巴拿马城	Panama City
5	伯利兹	伯利兹	Belize	贝尔莫潘	Belmopan
6	多米尼加	多米尼加共和国	The Dominican Republic	圣多明各	Santo Domingo
7	多米尼克	多米尼克国	The Commonwealth of Dominica	罗索	Roseau
8	格林纳达	格林纳达	Grenada	圣乔治	St.George's
9	哥斯达黎加	哥斯达黎加共和国	The Republic of Costa Rica	圣何塞	San José
10	古巴	古巴共和国	The Republic of Cuba	哈瓦那	La Habana
11	海地	海地共和国	The Republic of Haiti	太子港	Port au Prince
12	洪都拉斯	洪都拉斯共和国	The Republic of Honduras	特古西加尔巴	Tegucigalpa（宪法规定首都由特古西加尔巴城和科马亚圭拉城（Comayagüela）共同组成）
13	加拿大	加拿大	Canada	渥太华	Ottawa

续表

序号	国家	国家全称	国家英文名	首都	首都英文名
14	美国	美利坚合众国	The United States of America	华盛顿哥伦比亚特区	Washington D. C.
15	墨西哥	墨西哥合众国	The United Mexican States	墨西哥城	Ciudad de México
16	尼加拉瓜	尼加拉瓜共和国	The Republic of Nicaragua	马那瓜	Managua
17	萨尔瓦多	萨尔瓦多共和国	The Republic of El Salvador	圣萨尔瓦多市	San Salvador
18	圣基茨和尼维斯	圣基茨和尼维斯联邦	The Federation of Saint Kitts and Nevis	巴斯特尔	Basseterre
19	圣卢西亚	圣卢西亚	Saint Lucia	卡斯特里	Castries
20	圣文森特和格林纳丁斯	圣文森特和格林纳丁斯	Saint Vincent and the Grenadines	金斯敦	Kingstown
21	特立尼达和多巴哥	特立尼达和多巴哥共和国	The Republic of Trinidad and Tobago	西班牙港	Port of Spain
22	危地马拉	危地马拉共和国	The Republic of Guatemala	危地马拉城	Ciudad de Guatemala
23	牙买加	牙买加	Jamaica	金斯敦	Kingston

南美洲（South America）

序号	国家	国家全称	国家英文名	首都	首都英文名
1	阿根廷	阿根廷共和国	the Republic of Argentina	布宜诺斯艾利斯	Buenos Aires
2	巴拉圭	巴拉圭共和国	Republic of Paraguay	亚松森	Asunción

续表

序号	国家	国家全称	国家英文名	首都	首都英文名
3	巴西	巴西联邦共和国	The Federative Republic of Brazil	巴西利亚	Brasília
4	秘鲁	秘鲁共和国	Republic of Peru	利马	Lima
5	玻利维亚	多民族玻利维亚国	Plurinational State of Bolivia	政府、议会所在地：拉巴斯；法定首都（最高法院所在地）：苏克雷	La Paz Sucre
6	厄瓜多尔	厄瓜多尔共和国	Republic of Ecuador	基多	Quito
7	哥伦比亚	哥伦比亚共和国	Republic of Colombia	波哥大	Bogotá
8	圭亚那	圭亚那合作共和国	The Cooperative Republic of Guyana	乔治敦	Georgetown
9	苏里南	苏里南共和国	The Republic of Suriname	帕拉马里博	Paramaribo
10	委内瑞拉	委内瑞拉玻利瓦尔共和国	Bolivarian Republic of Venezuela	加拉加斯	Caracas
11	乌拉圭	乌拉圭东岸共和国	Oriental Republic of Uruguay	蒙得维的亚	Montevideo
12	智利	智利共和国	Republic of Chile	圣地亚哥	Santiago

附表一　世界各国及其首都中英文名称对照表

大洋洲（Oceania）

序号	国家	国家全称	国家英文名	首都	首都英文名
1	澳大利亚	澳大利亚联邦	The Commonwealth of Australia	堪培拉	Canberra
2	巴布亚新几内亚	巴布亚新几内亚独立国	The Independent State of Papua New Guinea	莫尔斯比港	Port Moresby
3	斐济	斐济共和国	The Republic of Fiji	苏瓦	Suva
4	基里巴斯	基里巴斯共和国	The Republic of Kiribati	塔拉瓦	Tarawa
5	库克群岛	库克群岛	The Cook Islands	阿瓦鲁阿	Avarua 位于拉罗汤加岛（Rarotonga）
6	马绍尔群岛	马绍尔群岛共和国	The Republic of the Marshall Islands	马朱罗	Majuro
7	密克罗尼西亚联邦	密克罗尼西亚联邦	The Federated States of Micronesia	帕利基尔	Palikir 位于波纳佩州（Pohnpei）
8	瑙鲁	瑙鲁共和国	The Republic of Nauru	不设首都。行政管理中心在亚伦区（Yaren District）	
9	纽埃	纽埃	Niue	阿洛菲	Alofi
10	帕劳	帕劳共和国	The Republic of Palau	梅莱凯奥克	Melekeok
11	萨摩亚	萨摩亚独立国	The Independent State of Samoa	阿皮亚	Apia
12	所罗门群岛	所罗门群岛	Solomon Islands	霍尼亚拉	Honiara

续表

序号	国家	国家全称	国家英文名	首都	首都英文名
13	汤加	汤加王国	The Kingdom of Tonga	努库阿洛法	Nuku'alofa
14	图瓦卢	图瓦卢	Tuvalu	富纳富提	Funafuti
15	瓦努阿图	瓦努阿图共和国	The Republic of Vanuatu	维拉港	Port Vila
16	新西兰	新西兰	New Zealand	惠灵顿	Wellington

注：本表格摘自外交部官网（https://www.fmprc.gov.cn），其中个别国家或首都外文使用了其官方语言。

国务院关于机构设置的通知

国发〔2023〕5号

各省、自治区、直辖市人民政府，国务院各部委、各直属机构：

根据党的二十届二中全会审议通过的《党和国家机构改革方案》、第十四届全国人民代表大会第一次会议审议批准的国务院机构改革方案和国务院第一次常务会议审议通过的国务院直属特设机构、直属机构、办事机构、直属事业单位设置方案，现将国务院机构设置通知如下：

一、中华人民共和国国务院办公厅

二、国务院组成部门

中华人民共和国外交部

中华人民共和国国防部

中华人民共和国国家发展和改革委员会

中华人民共和国教育部

中华人民共和国科学技术部

中华人民共和国工业和信息化部

中华人民共和国国家民族事务委员会

中华人民共和国公安部

中华人民共和国国家安全部

中华人民共和国民政部

中华人民共和国司法部

中华人民共和国财政部

中华人民共和国人力资源和社会保障部

中华人民共和国自然资源部

中华人民共和国生态环境部

中华人民共和国住房和城乡建设部

中华人民共和国交通运输部

中华人民共和国水利部

中华人民共和国农业农村部

中华人民共和国商务部

中华人民共和国文化和旅游部

中华人民共和国国家卫生健康委员会

中华人民共和国退役军人事务部

中华人民共和国应急管理部

中国人民银行

中华人民共和国审计署

教育部对外保留国家语言文字工作委员会牌子。工业和信息化部对外保留国家航天局、国家原子能机构牌子。人力资源和社会保障部加挂国家外国专家局牌子。自然资源部对外保留国家海洋局牌子。生态环境部对外保留国家核安全局牌子。农业农村部加挂国家乡村振兴局牌子。

三、国务院直属特设机构

国务院国有资产监督管理委员会

四、国务院直属机构

中华人民共和国海关总署

国家税务总局

国家市场监督管理总局

国家金融监督管理总局

中国证券监督管理委员会

国家广播电视总局

国家体育总局

国家信访局

国家统计局

国家知识产权局

国家国际发展合作署

国家医疗保障局

国务院参事室

国家机关事务管理局

国家市场监督管理总局对外保留国家反垄断局、国家认证认可监督管理委员会、国家标准化管理委员会牌子。国家新闻出版署（国家版权局）在中央宣传部加挂牌子，由中央宣传部承担相关职责。国家宗教事务局在中央统战部加挂牌子，由中央统战部承担相关职责。

五、国务院办事机构

国务院研究室

国务院侨务办公室在中央统战部加挂牌子,由中央统战部承担相关职责。国务院港澳事务办公室在中共中央港澳工作办公室加挂牌子,由中共中央港澳工作办公室承担相关职责。国务院台湾事务办公室与中共中央台湾工作办公室、国家互联网信息办公室与中央网络安全和信息化委员会办公室,一个机构两块牌子,列入中共中央直属机构序列。国务院新闻办公室在中央宣传部加挂牌子,由中央宣传部承担相关职责。

六、国务院直属事业单位

新华通讯社

中国科学院

中国社会科学院

中国工程院

国务院发展研究中心

中央广播电视总台

中国气象局

国家行政学院与中央党校,一个机构两块牌子,作为党中央直属事业单位。

国务院

2023年3月16日

(此件公开发布)

后　记

　　时间砥砺信仰，岁月见证初心。2021年是中国共产党成立100周年，回首100年发展历程，我们党紧紧依靠人民，跨过一道又一道沟坎，取得一个又一个胜利，中华民族迎来了从站起来、富起来到强起来的伟大飞跃。一百年雄关漫道，九万里风鹏正举。中国特色社会主义进入新时代，新的历史方位赋予我们新的历史使命。前行于百尺竿头，发展正中流击水。中国共产党始终同人民想在一起、干在一起，勇担使命、奋发有为，不负历史重托，创造了属于新时代的光辉业绩。

　　2022年中国共产党第二十次全国代表大会胜利召开。这是一次高举旗帜、凝聚力量、团结进步的大会，取得了圆满成功，达到了统一思想、坚定信心、明确方向、鼓舞斗志的目的，必将对全面建设社会主义现代化国家、全面推进中华民族伟大复兴，对夺取中国特色社会主义新胜利发挥十分重要的指导和保证作用。

　　这本《宣传工作常用规范表述300例》是应人民日报出版社之约编著而成。本书出版后，引起了一定的积极反响和广大读者的好评。鉴于宣传工作是与时俱进的，尤其是党的二十大胜利召开后，又有了很多新表述、新提法，故笔者在原来基础上做了部分修订，以与党的二十大报告和二十大党章修正案保持一致。

感谢人民日报出版社各级领导从选题立项到书稿修改的大力支持，他们提出了很多建设性的意见和建议，令拙著提升很多。写作中参考相关的资料和文中"知识链接"来源已在参考文献中注明，在此一并致谢。特别感谢广大读者提出的宝贵意见。

由于笔者能力有限，有些观点还不够成熟，立论不够严谨，错误之处在所难免，敬请读者批评指正。

吕　飞
2023年12月